i nodi

Dello stesso autore
negli «Specchi»
Massimo Fini è Cyrano

nei «Tascabili»
Il Conformista
Elogio della guerra

nei «Tascabili Maxi»
Il denaro. «Sterco del demonio»
Il Ribelle
Il vizio oscuro dell'Occidente e Sudditi
La Ragione aveva Torto?
Di[zion]ario erotico
Nerone
Nietzsche. L'apolide dell'esistenza
Ragazzo. Storia di una vecchiaia

nei «nodi»
Il Mullah Omar

nei «Romanzi e racconti»
Il Dio Thoth

Massimo Fini

Una vita

Un libro per tutti. O per nessuno

Marsilio

Prima edizione: febbraio 2015
ISBN 978-88-317-1934
www.marsilioeditori.it

Indice

Legenda

Le parti in corsivo, in terza persona, sono scritte ed elaborate da Fini. L'uso della terza persona ha la funzione di contestualizzare il racconto, snellendolo, e di osservare e, a volte, anche giudicare il narratore in qualche modo 'da fuori', quella specie di 'terzo occhio' di cui lo stesso Fini parla nel testo. E poiché "nessuno può vedersi la propria nuca", in questo senso sono stati importanti gli stimoli di Riccardo Girardi.

Questo libro non sarebbe stato possibile senza l'aiuto della mia assistente Nadia Barin.

UNA VITA
UN LIBRO PER TUTTI. O PER NESSUNO

Introduzione

«Non ho mai attribuito tanta importanza alla mia persona dal sentire il desiderio di raccontare ad altri la storia della mia vita. Molte cose dovevano accadere, molti più eventi, catastrofi e prove di quanto solitamente tocchi a una generazione, prima che trovassi il coraggio di iniziare un libro che ha il mio io a protagonista o per meglio dire quale centro». Così scrive ne *Il mondo di ieri* Stefan Zweig, letterato austriaco nato nel 1881, morto nel 1943.

Quando compii quarantacinque anni li confrontai con quelli di mio padre che, nato nel 1901, era della generazione immediatamente successiva a quella di Zweig. Lui aveva vissuto la prima guerra mondiale, il fascismo, la seconda guerra mondiale, il tracollo del regime, la guerra civile, la caduta della Monarchia, l'avvento della Repubblica. Nella sua vita era successo di tutto, ma non era cambiato niente: i valori, i modelli, i costumi e, in buona sostanza, anche i modi di vivere erano rimasti gli stessi. Per la mia generazione (sono del 1943) e tutte quelle del dopoguerra è stato esattamente il contrario: non è successo niente, ma è cambiato tutto, valori, modelli, costumi, way of life. Zweig o mio padre, e tutti coloro che hanno appartenuto a quelle generazioni, si sono trovati a vivere degli eventi fondanti che li hanno costretti a delle scelte.

Sono stati, in maggiore o minor misura, protagonisti delle loro vite. Noi gli enormi cambiamenti avvenuti nell'arco della nostra esistenza li abbiamo vissuti passivamente, sono passati sopra le nostre teste. Si può dire sì o no al fascismo o alla guerra, non si può dire sì o no alla tecnologia o alla globalizzazione. Non sono eventi, sono processi inarrestabili che si insinuano nelle nostre vite, le avvolgono e le determinano senza che ci si possa far nulla.

La mia vita, che qui racconto, ha attraversato questa terra di nessuno. Anche se ha qualche peculiarità (sono figlio di tre culture, italiana, russa, francese e ho fatto un mestiere, quello del giornalista, che mi ha permesso, forse, di avere un angolo di visuale privilegiato e più ravvicinato su certi protagonisti e su alcune situazioni, sociali, antropologiche e, in misura minore, politiche) non si differenzia da quelle degli uomini e delle donne delle generazioni che si sono susseguite nel dopoguerra. Questo quindi è un libro per tutti. O per nessuno.

Mosca, Parigi e Pisa

Credo di poter dire, a maggior ragione di Bernard-Henri Lévy, di essere «il figlio naturale di una coppia diabolica: il fascismo e lo stalinismo»[1].

Parigi, anni Trenta. È qui che dobbiamo andare se vogliamo raccontare dall'inizio la storia di Massimo Fini, risalendo a quelle radici che ne forgeranno, almeno in parte, la personalità.

Era, quella, la Parigi meravigliosa e affascinante di Man Ray, di Max Ernst, di Tristan Tzara, di Duchamp, di Max Jacob, di Picabia, di Van Dongen, di Foujita, di Dalí, di Picasso, di Miró, di Paul Éluard, di Breton, di Fitzgerald, di Hemingway, di Joyce, degli émigrés *russi e italiani. Crocevia di tutte le avanguardie, il dadaismo, il surrealismo, il cubismo, il simbolismo.*

È in questo contesto che si conoscono i genitori di Massimo Fini. Due giovani intellettuali, poveri in canna, figli di due storie personali avventurose, molto diverse e, nello stesso tempo, simili. In quella Parigi, per quanto spiantati, possono frequentare quegli straordinari bohémien, artisti famosi, ma a loro volta più o meno poveri. Solo Pablo Picasso e Salvador Dalí, già

[1] Bernard-Henri Lévy, *La barbarie dal volto umano*, Venezia, Marsilio, 1977, p. 7.

ricchissimi, sono fuori portata. È insomma la Parigi della rive gauche, *di Montparnasse, di Montmartre.*

Zinaide Tubiasz, classe 1908, piccola russa affascinante e bizzarra, sarà di lì a una dozzina d'anni la madre di Massimo Fini. Viene da Saratov, città sul Volga, all'epoca costruita interamente in legno e che solo in seguito diventerà un centro industriale. Studia lettere alla Sorbona e, per mantenersi all'università, fa la segretaria presso un fabbricante di biciclette, un certo Rousseau.

Mia madre era figlia di Liydia Aranskaja, una grande proprietaria terriera, appartenente all'aristocrazia russa. Mio nonno, Max Tubiasz, di origini ebraiche, era docente di matematica all'Università di Mosca, menscevico fu amico di Trotsky nel suo periodo menscevico. Con la Rivoluzione d'Ottobre persero tutto.

A seguito della Rivoluzione del 1917, Max Tubiasz viene cacciato dall'università e mandato a dirigere una fabbrica di legnami. Le proprietà terriere della moglie sono confiscate.

Ma non fu per la Rivoluzione che i miei lasciarono la Russia. Nel 1920-21 il Paese fu colpito da una terribile carestia. La gente era ridotta a mangiarsi le suole delle scarpe. I miei nonni, con mia madre e la sorellina più piccola, Anja, cercarono di raggiungere la Lituania con una fuga rocambolesca. Al confine vendettero l'ultimo pezzo pregiato che gli era rimasto, una grande insalatiera d'argento, per un milione di rubli. Ci comprarono un chilo di pane. Ripararono presso degli amici a Wilcomir. Nonostante avessero ormai le pezze al culo seguirono la tradizione delle grandi famiglie russe, nelle cui case si parlava francese, di mandare il figlio primogenito a studiare a Parigi. In questo caso mia madre (il fratello maggiore e il più piccolo, Joseph, un bambino di otto anni di straordinaria bellezza, alla Nurejev si direbbe dalle fotografie, erano morti, il primo in una guerra, il secondo nelle convulsioni della Rivoluzione, ucciso da un soldato bolscevico).

Ed è a Parigi che si incontrarono i miei genitori. Mio padre, Benso, fuoruscito dall'Italia fascista, ci viveva da cinque anni. Si conobbero in un Caffè, mi pare il *Dome*. Fu un classico. «Io, con quello spaventapasseri magro come un chiodo?». «Io, con quella piccola russa che fuma con un bocchino lungo un metro?». Si sposarono, dopo un lungo fidanzamento, nel 1935 alla nascita di mia sorella, Anna. Mio padre in quel periodo se la passava davvero male. Mia madre ha l'immagine di lui che rovista in un bidone della spazzatura e ne tira fuori tre arance mezze marce.

Benso Fini era di Pisa. Dall'età di sedici anni scriveva per «La Nazione». Era un liberale cattolico, suo padre lo aveva marchiato dandogli quel nome: Benso. Mentre l'Italia s'infatuava di Benito Mussolini, lui non aveva manifestato alcun entusiasmo per il fascismo. Tutt'altro. E, per quel che andava scrivendo su «La Nazione», era stato manganellato un paio di volte dalle squadracce pisane. Erano manganellature, se vogliamo, all'acqua di rose, 'all'amichevole'. Pisa era piccola, si conoscevano tutti e non si infieriva. Quando però, la terza volta, arrivarono i fascisti fiorentini la bastonatura fu seria. Fini capì che era il caso di cambiare aria. E lasciò Pisa. Venticinquenne, Benso Fini si rifugia a Milano, all'istituto religioso «Cardinal Ferrari». Ci resterà un anno, annoiandosi a morte («Durante gli esercizi spirituali contavo gli alberi lungo i filari»). Non vuole aderire al fascismo. Non resta che espatriare. A Parigi, meta obbligata di tutti gli émigrés *italiani. Le maglie dell'Italia fascista sono ancora larghe, per Fini raggiungere la capitale francese si rivela tutto sommato facile.*

Dai racconti dei miei genitori credo di poter dire che quelli parigini furono per loro anni straordinari. Poterono vivere Montparnasse, Montmartre, il quartiere latino, boulevard Saint-Michel ("boul'miche" in gergo), noto anche come la 'rue des italiens'. Conobbero da vicino quella che fu forse la più effervescente comunità intellettuale fra le due guerre. Erano, per dirla con l'Hemingway di *Festa mobile*, gli anni del "quando eravamo molto poveri e molto felici". Era bizzarra, quella Parigi. Si poteva vedere il figlio di Rasputin cenare tranquillamente con il principe Jusupov, che aveva assassinato suo padre. Gli *émigrés* russi quando erano al verde, cioè quasi sempre, e non avevano i soldi per la vodka, si facevano versare nei bicchierini da vodka acqua ghiacciata. La cosa curiosa, come raccontava mia madre, è che finivano per ubriacarsi lo stesso. Una notte Picabia, o forse era Foujita, si presentò in un locale tenendo in spalla una gabbia con dentro una donna nuda.

Non si vive di sola poesia e anche Benso Fini deve darsi da fare. A riprova che il fascismo è certamente un regime, ma pur sempre un regime "all'italiana", prende a collaborare – lui che è un fuoruscito e non potrebbe – col «Corriere della Sera». Fini scrive, protetto dall'anonimato, un po' di tutto: ora racconta il fervore culturale della capitale transalpina, ora parte e va a seguire le scalate di Trueba, «la pulce di Torrelavega», al Tour de France. Quella di Fini resta una collaborazione clandestina: i suoi articoli non sono mai firmati, solo Aldo Borelli, direttore del giornale, Paolo Monelli, responsabile della redazione parigina, e l'amministratore della testata conoscono l'identità dell'ignoto redattore. Benso Fini scrive bene, ma non esce dalla media. E la sua carriera, sarà quella dell''uomo di macchina'.

Scrivo meglio io di mio padre. Certamente, e su questo non ci piove, sono sempre stato totalmente privo di capacità organizzative e direttoriali, campo in cui lui invece eccelleva. Come dimostrerà nel dopoguerra.

Il carattere di Zinaide Tubiasz, forgiatosi attraverso molte avventure e disavventure, prima ricchissima, poi esiliata, quindi, almeno agli inizi, ragazza sola e povera a Parigi, la famiglia d'origine interamente distrutta durante la guerra perché ebbe la sorte di trovarsi sul fronte russo-tedesco (e certamente il fatto di essere ebrea non l'aiutò) che fu il più feroce, dove i contadini e i kulaki difesero letteralmente con le unghie e con i denti la loro terra a maggior gloria di Stalin che li aveva sterminati a milioni, si rivelerà, negli anni, fortissimo e duro. Non sarà mai la classica 'madre all'italiana', castratrice dei figli per eccesso di affetto. Lo sarà per difetto.

Ma nemmeno Benso Fini sarà un padre facile. Almeno per il figlio maschio. Toscano fine, come possono esserlo i pisani o i lucchesi, anche se passionale, conversatore brillante, è pur sempre un uomo di struttura ottocentesca, dai principi rigidi e rigorosi che non lasciano spazio alla dolcezza. Da questo melange di culture molto diverse e di caratteri, per certi versi simili, nasce Massimo Fini.

Questo 'mix' di due mondi, di due culture etereogenee, fa di me un vero 'bastardo' e credo che forse qui ci sia il germe della mia stranezza, della mia 'diversità', del mio essermi sempre sentito uno 'straniero in patria'. Ma le ragioni le capirò più tardi. Per decenni non me ne sono mai reso conto: in fin dei conti sono nato in Italia, mi ero sempre sentito italiano. Ma fu quando mi recai in Russia, nel 1988, per un reportage per la «Domenica del Corriere», che capii che avevo anche altre radici e molto profonde. Nello spirito del popolo russo. Questo popolo immenso e affascinante, che è tutto e il contrario di tutto, sentimentale e crudele, generoso e avido, ospitale e infido, orgoglioso e masochista, scialacquatore, malinconico, fatalista, indolente, sognatore, melodrammatico (più dramma che melo), supremamente bugiardo, e comunque in ogni aspetto eccessivo. Ma una cosa non ha: il cinismo italico, roman-andreottiano. Che è sempre mancato anche a me.

Il cielo con la rete

'Right or wrong, my country'. Credo sia stata questa ottocentesca coerenza che spinse mio padre, nella primavera del 1940, poco prima dell'entrata in guerra dell'Italia, a far ritorno in patria.

Benso Fini, contrariamente a quanto fecero altri fuorusciti, non se la sentì di rimanere in un Paese che è in guerra contro il suo.

Se poi aggiungiamo che mia madre era ebrea, sia pur convertita alla religione ortodossa, e che le leggi razziali erano in vigore già dal 1938, la scelta era rischiosa. Tuttavia per gli uomini del primo Novecento, concetti come Patria, nazione, onore non erano slogan.

Autunno del 1943. Re Vittorio Emanuele III ha da qualche mese destituito Mussolini, avvicendandolo col Maresciallo Badoglio. Mentre il Duce, dopo l'audacissimo blitz di Otto Skorzeny al Gran Sasso, che però Mussolini sente più come una condanna che una liberazione («Madonna, i tedeschi!» dirà alla vista degli aeroplani che in un primo tempo aveva preso per inglesi) si arrocca nella Repubblica di Salò e il Meridione viene conquistato dagli Alleati, il Nord Italia è ancora in mano ai tedeschi e ai fascisti. Per piegarne la resistenza le principali città italiane vengono sconvolte dai bombardamenti alleati, degli americani in particolare. Milano, dove la famiglia Fini si è trasferita al rientro da Parigi, è ovviamente l'obbiettivo principale. Le donne e i bambini vengono prudenzialmente spediti in paesi e località sulle colline intorno ai laghi ('gli sfollati'). Gli uomini rimangono in città, a lavorare. Zinaide e la piccola Anna si trasferiscono a Cremeno, paesino a est del lago di Como. Siamo a quasi 60 chilometri in linea d'aria dal capoluogo lombardo: eppure anche da lì si possono scorgere i bagliori dei bombardamenti.

Zinaide a Parigi ha vissuto il dramma di una secondogenita morta pochi giorni dopo il parto, a causa di un'allergia alimentare. Un problema che qualche decennio più tardi sarebbe stato tranquillamente risolto. Sulle prime, la comprensibile reazione della madre ferita è che di bambini non ne vuole più sapere. Ma si è in guerra, si può morire da un momento all'altro, che cosa resta se non fare l'amore? Massimo Fini nasce il 19 novembre 1943, nel momento probabilmente più drammatico della seconda guerra mondiale. In città Benso Fini partecipa a quel poco di Resistenza che ci fu al «Corriere della Sera». A differenza di altri non se ne vanterà mai. Comunque è sotto la sua direzione tecnica che verrà pubblicata la prima edizione dell'«Unità» nell'Italia liberata. A guerra finita la moglie, con i due figli, si ricongiunge al marito, a Milano.

Di Cremeno, o per essere più precisi di Maggio, un paesino ancor più minuscolo dove sono nato, ho solo ricordi vaghi: le mucche, un corvo che cerca di strapparmi a beccate un panino che sto sbocconcellando e io che mi difendo come posso («pio, pio, pic, pic» spiegherò a mia madre che mi troverà in lacrime. Ma il panino, quello no, non l'avevo mollato).

I primi ricordi nitidi sono di Milano. Per me, bambino di campagna, i cavi dei tram e dei filobus, allora molto fitti e che nelle piazze si intrecciavano (in quel primissimo dopoguerra tram e autobus erano quasi i soli mezzi di trasporto, le automobili, le 'pot pot' come le chiamavo io per il rumore dei clacson, rare) erano una novità. Alzavo gli occhi e dicevo «Milano ha il cielo con la rete».

La seconda immagine è quella della città sventrata. Si vedevano le facciate delle case, con le occhiaie vuote delle finestre senza vetri. Ma dietro non c'era niente. Sembravano delle quinte di teatro. Conservo una fotografia dove io, boccoluto e biondo, ho alle spalle una finestra senza vetri, protetta solo da delle assi di legno incrociate. Gli americani avevano bombardato alla cieca, come sempre, senza curarsi dei bersagli. Un obbiettivo strategico come la Stazione Centrale, a pochi passi da dove ora abito, rimase intatta.

Zinaide Tubiasz Fini esce dalla guerra con un altro figlio ma senza più una famiglia d'origine. Tutte le ricerche, fatte attraverso la Croce Rossa Internazionale, daranno esito negativo. Genitori, la sorella Anja, zii, cugini, parenti vari: non resta più nessuno («Non ho mai avuto nonni – dice Massimo – anche i genitori di mio padre sono morti, per cause naturali, prima della mia nascita»). Comunque Zinaide si ambienta con grande facilità in Italia anche grazie alla notoria propensione degli slavi per le lingue.

Mia madre parlava sette lingue, almeno a suo dire. Che ne potevo sapere io se conosceva davvero il polacco o il lituano? Comunque parlava un italiano perfetto, senza accenti o inflessioni. Nello scrivere aveva difficoltà solo con le 'doppie' che in russo non esistono. La cosa curiosa è che io, che scrivo da quarant'anni, se qualche volta ho un dubbio mi viene proprio sulle 'doppie' e devo andare a consultare il Palazzi.

Benso Fini lavora al «Corriere Lombardo» (ex «Giornale Lombardo») che gli Alleati subito dopo la guerra hanno regalato a quattro giornalisti che vengono dal «Corriere» momentaneamente in 'stand by': Fini, Afeltra, Fallaci (lo zio di Oriana) e Dino Buzzati che pur essendo stato connivente col fascismo è considerato, giustamente, 'irresponsabile'. Quando il «Corrie-

re» riprenderà le pubblicazioni, Afeltra, Fallaci e Buzzati vi rientreranno. Fini rimarrà invece al «Lombardo» e lo dirigerà per tredici anni.

La nuova casa milanese di via Washington, dove la famiglia Fini va a vivere, porta ancora i segni della guerra. Verrà sistemata un po' alla volta. È una casa modesta. Ma con quel giardino sul retro per il piccolo Massimo è la casa più bella che ci sia («Era solare. Era 'la bianca casa che i bambini non vorrebbero mai lasciar', cioè la loro infanzia», Marisa Sannia).

Milano a quel tempo era molto diversa. La cementificazione selvaggia era ancora di là da venire. Negli anni Cinquanta e nei primi Sessanta Milano era una città di quartieri. Bambini o ragazzini uscivamo di casa alle due del pomeriggio e rientravamo alle otto di sera. I nostri genitori non si preoccupavano, e non perché fossero degli incoscienti, forse lo erano anche un po', ma perché esisteva un controllo sociale. Ci conoscevamo tutti, e se un bambino o un ragazzino si fosse messo nei guai sarebbe intervenuto un adulto. Un pedofilo sarebbe stato avvistato a un chilometro di distanza. C'era poi il 'ghisa', figura mitica, che era una sorta di vigile di quartiere: disarmato, svolgeva le funzioni del 'bobby' londinese. Per ogni questione ci si rivolgeva a lui («Dillo al ghisa», «C'è lì il ghisa», «Chiedilo al ghisa»).

Via Washington era una strada molto larga. Con una palla e le cartelle a fare i pali giocavamo a calcio. C'era solo l'eterno dilemma: era il tiro ad essere troppo alto o il portiere ad essere troppo piccolo? Quando, ogni tanto, passava una macchina, ci spostavamo. L'altra questione era quella dei falli. Se uno toccava la palla con la mano dicevamo 'ens!'. Perché 'ens'? Il dilemma l'ho risolto di recente, deriva dall'inglese *hands*, mani (sono gli inglesi, com'è noto, ad aver inventato il calcio e, nella loro proverbiale superbia, per molti anni si sono rifiutati di incontrare le nazionali degli altri paesi). Se uno teneva troppo la palla dicevamo 'sei un Venezia'. L'ho sentito gridare qualche anno dopo anche a Berlusconi che ho visto giocare sul campo dei Salesiani in via Copernico: era alto come un soldo di cacio, pretendeva di fare il centravanti e, appunto, non passava mai la palla. C'era già tutto Berlusconi. L'origine del 'Venezia' però, nonostante le ricerche non l'ho mai appurata.

Col padre, impegnatissimo al giornale, il piccolo Massimo cresce circondato da sole donne: la madre, la sorella, la domestica («Mia madre, in memoria dei suoi trascorsi zaristi, pretendeva la 'domestica fissa' in casa, cosa che nemmeno i ricchi si permettevano, svenando mio padre. La faceva dormire in un bugigattolo vergognoso»).

Quando non uscivo a prendere a calci il pallone ero totalmente chiuso in me stesso, giocavo in modo solitario, barricato nel mio mondo. Quanto alle bambine, era come non esistessero. Non giocavano, quindi non mi interessavano.

Nel 1953, quando Massimo ha dieci anni, Benso Fini compra un appartamento in un condominio di una cooperativa di giornalisti che sanno che di lì a poco nella zona sorgerà la 'City'. La posizione è centrale, il palazzo, in perfetto stile anni Cinquanta, anonimo. Ma i giornalisti, spesso famosi (Dino Buzzati, Giovanni Mosca, Achille Campanile, Paolo Murialdi, Egisto Corradi) vi vengono via via ad abitare. Lo considerano un salto sociale.

Il piccolo Massimo stenta a lasciare il suo incantato mondo di giochi.

Non volevo, disperatamente non volevo, uscire dall'infanzia. Quando i miei coetanei indossavano già da tempo i calzoni lunghi, io li portavo ancora corti, quasi all'inguine. Con i 'figli dei giornalisti' mi trovavo a disagio. Poveri ragazzini non era tutta colpa loro, ma esprimevano il razzismo sociale dei loro genitori, un ceto medio borghese *sine nobilitate* che si stava allora affermando. Un ascensore era per 'i signori', l'altro per la servitù. C'era proprio un cartello: «Riservato alla servitù». Una cosa ridicola perché entrambi gli ascensori erano piccoli. Ma i giornalisti invece di farne uno solo, spazioso e comodo per tutti, ne avevano voluti due, per marcare le distanze. Eppoi c'erano fenomeni di 'bullismo' che non avevo mai visto finché ero vissuto in periferia. Un pomeriggio in via Galilei, sotto casa, vidi un gruppo dei 'figli dei giornalisti' che aveva preso in mezzo un ragazzo magro fino ai limiti dell'handicap, un 'quattrocchi' nel gergo di allora quando a portare gli occhiali erano in pochi ed era considerato un'onta. Lo stavano sottoponendo ad ogni sorta di vessazioni e di umiliazioni. Io osservavo la scena a una ventina di metri di distanza. Di colpo un velo nero mi calò davanti agli occhi e non so come mi ritrovai in mezzo al gruppo che avevo sferrato un cazzotto al capoccia, Mariano Campanile, nipote dell'umorista, spaccandogli il labbro a sangue. Fu una delle poche volte che 'il terzo occhio' che da sempre mi guarda vivere e mi giudica si chiuse, liberandomi. Il giorno dopo il gruppo pretese una sfida all''ok Corral' tra me e Mariano. Lui aveva quindici anni, io tredici, era già sviluppato, io no, ma soprattutto a me era passato il furore. Le presi di santa ragione. Quando fui ben pesto e sanguinante il branco decise che la lezione poteva bastare.

Ma non fu questo episodio ad allontanarmi definitivamente dal mondo borghese. La cosa che mi colpiva era l'ipocrisia dei cosiddetti 'figli dei giornalisti', ipocrisia che rifletteva, anche qui, quella dei loro genitori. Andavano in chiesa, facevano i pii, ma fuori davano addosso ai più deboli o ai più timidi o ai più soli. Una cosa per me intollerabile. Una bella lezione evangelica. Così mi allontanai anche dalla Chiesa.

Massimo, lasciati i vecchi compagni, comincia a frequentare i ragazzi che bazzicano la via General Fara, strada popolare non lontana da casa sua.

Giocavamo a calcio dai Salesiani, l'unico posto in cui c'era un campo vero, con le porte. Ma ci andavo solo per quello. Riuscivo a disertare anche i dieci minuti di catechismo che, in tutta la giornata, il povero prete ci richiedeva, nascondendomi, insieme al mio amichetto Paolo Mosca, dietro certe colonne.

Se all'altezza dei vent'anni il percorso universitario a Giurisprudenza sarà ottimo, la carriera dello scolaro Massimo Fini è a dir poco sciagurata.

Non studiavo. Dopo le elementari, alle medie fui rimandato in quattro materie in prima, in cinque in seconda (credo sia un record). Fui promosso in terza, ma solo perché ero abilissimo nell'intortare i professori delle commissioni esterne, che non mi conoscevano. Quattro materie in quarta ginnasio. Nel secondo trimestre della quinta arrivai a casa tutto allegro mostrando la pagella ai miei genitori: avevo migliorato di tredici punti. Ciò non toglieva che la pagella fosse piena di 5, di 4 e anche di 3 (in greco). Mio padre mi disse: «Se quest'anno vieni promosso ti porto a Roma in Settebello (il massimo del lusso, allora) e buttiamo i libri dal finestrino». Aggiunse anche: e io inseguo il treno a piedi. Fui promosso. Per il solito motivo: c'erano gli esami. Pretesi da mio padre che onorasse la scommessa. Gli abbonai solo, per pietà, l'inseguimento del treno, ma il mio austero genitore, appena fummo in un tratto di campagna, dovette gettare con me gli odiati libri nei prati.

I licei classici li ho girati quasi tutti: il Parini, il Berchet, il Carducci. Perennemente 'l'ultimo della classe', recuperavo sempre in extremis, come in certe corse ciclistiche ad eliminazione. In seconda liceo, al Berchet, nel compito in classe di greco, io e l'altro asino della classe, Piero Derenzio, figlio di un noto ginecologo, fummo sbattuti in fondo all'aula, separati dagli altri da un banco vuoto, per impedirci di copiare. Lui prese 1, io 1-, «perché – disse il prof – perlomeno il tuo compagno ci ha provato». Mentre io avevo copiato da lui. La volta successiva smontammo gli ultimi banchi così il professore non poteva isolarci. I banchi furono riparati ma noi li smantellammo di nuovo. Il prof sgamò l'inganno. Ci beccammo due giorni di sospensione. Una bravata assai più grave, audacissima per i tempi, la feci l'anno dopo quando dal Berchet ero passato al Carducci dove mi trovai come compagno di banco Claudio Martelli. Nell'ambiente nuovo, nonostante i tentativi di Claudio di inserirmi, ero a disagio. Inoltre mio padre si era ammalato, di cuore, e questo non aiutava il mio equilibrio. Uno dei primi giorni decisi di ritornare nella mia vecchia classe del Berchet. Mi nascosi dietro le spalle di un compagno. La professoressa, mi pare di latino, era nuova e non conosceva ancora tutti gli alunni. Ma non mi bastava. Mi feci anche interrogare, alla cattedra. A metà girai il culo e aprendo la porta della classe mi voltai verso i compagni: «Bye, bye ragazzi». Dopo pochi minuti il Berchet era circondato dai caramba. La pelata del preside, Joseph Colombo, un ebreo di grande capacità, moderno, duttile coi ragazzi, cui mi rammarico di aver fatto quello sberleffo, era rossa per l'indignazione: «Chi ha profanato il mio istituto?». I compagni del Berchet sottoposti a interrogatorio resistettero stoicamente, ma alla fine qualcuno cedette. Tutta la classe fu sospesa per quattro giorni. Il preside del Carducci mi convocò, accompagnato da mia madre. Dopo la rituale ramanzina disse che mi avrebbe sospeso per due giorni. «Eh no – replicai io – deve darmene almeno quattro». Altrimenti avrei perso ogni prestigio con i miei compagni del Berchet. In realtà facevo queste cose un po' per ribellismo e molto più per superare la mia timidezza e insicurezza, per farmi notare.

In greco credo di non aver mai preso più di 3. La cultura greca, che considero la più profonda, molto più della strombazzata cultura giudaico-cristiana, avrei cominciato a recuperarla qualche anno dopo, attraverso la lettura di Nietzsche: soprattutto i presocratici, Eraclito, Parmenide, Democrito e, naturalmente, i tragici, Eschilo, Euripide, Sofocle. Proprio il modo dissennato con cui l'ho fatto dimostra la validità del 'classico' di Gentile perché, nonostante tutto, me ne è rimasto l'imprinting.

A far da spartiacque tra il turbolento studente liceale e l'universitario che si laurea col massimo dei voti e la lode, c'è un evento chiave: la morte del padre.

Trascorsi il periodo del liceo facendo pena a scuola e il

cazzaro, in una contestazione che non aveva alcun senso se non quello di una ribellione, confusa e generica, all'Autorità. Quando mio padre morì, apparentemente non provai alcun dolore. Scoprii però che un padre morto pesava assai di più di un padre vivo. Ci metterò vent'anni per liberarmi della sua ingombrante figura. Comunque con la morte di mio padre, d'infarto (io avevo diciassette anni), ci fu un capovolgimento inconscio: se prima pensavo che nulla di male avrebbe potuto mai capitarmi, adesso pensavo che solo tutto di male poteva accadermi. Entrai in un periodo di depressione (il primo della mia vita, il successivo lo vivrò nei primissimi anni Ottanta). Giocavo a calcio, in quegli anni. Più d'una volta, al momento d'entrare in campo, mi sentivo così privo di forze che ero tentato di dire all'allenatore di lasciarmi fuori (allora non c'erano le sostituzioni). Cominciava la partita e in qualche minuto quell'angoscia mi lasciava, dandomi tregua. Ma poi tutto ricominciava. «Come prima, più di prima» come cantava Tony Dallara.

L'università arriva al momento giusto per il diciannovenne Massimo Fini. Da sempre insofferente alle imposizioni ora deve autoregolarsi. E la cosa funziona.

Avrei voluto fare filosofia, ma lì c'erano esami di greco e latino, ostacoli per me insormontabili. Scelsi Giurisprudenza, un po' per prendere tempo e capire qual era la mia vocazione, se mai ne avevo una, e perché era una facoltà apparentemente facile, mnemonica. Però, oltre ai rudimenti del diritto che, visto come siamo conciati oggi, io comincerei a ficcare in testa ai bambini fin dalla prima elementare, mi ha insegnato qualcosa di più importante, la 'logica formale' che mi sarebbe tornata molto utile nell''arte della polemica'.

Studiavo in un modo tutto mio. Avendo capito fin dall'inizio che in quell'università nozionistica frequentare le lezioni era inutile perché i professori non facevano che ripetere quanto era scritto nei libri, non ci andavo. Per sei mesi non la vedevo neanche la Statale di Milano, con quello splendido cortile del Filarete e i suoi chiostri. Giocavo a poker, facevo il filo alle ragazze, viaggiavo. Due mesi prima dell'appello (allora ce n'erano tre, a giugno a ottobre e a febbraio) mi chiudevo in casa. In modo monacale e maniacale. Amici, amiche, eventuali fidanzate non esistevano più. Avesse bussato al mio convento anche Brigitte Bardot, il mito assoluto della mia generazione, non le avrei aperto (e qualche volta è accaduto, non con Brigitte ovviamente, per lei forse avrei fatto un'eccezione).

Per sperimentare se il mio metodo fosse azzeccato diedi come primo esame il più difficile: Istituzioni di diritto privato. «Trenta» disse l'assistente. «No, trenta e lode» lo corresse il professore. Poiché il libretto allora contava, da lì fu una strada tutta in discesa, una serie di 30 e lode e di 30, con pochissime eccezioni, il voto più basso fu un 27, mi pare in Scienza delle Finanze.

L'educazione sentimentale

Il rapporto fisico con mio padre era stato inesistente, a parte certi ceffoni, peraltro sacrosanti, che ogni tanto mi mollava. Era nella cultura ottocentesca di quella generazione (lui era del 1901) che il rapporto fra il padre e i figli maschi non ammettesse svenevolezze, baci, abbracci, carezze. Non è che non ci volessero bene, probabilmente ce ne volevano anche, ma erano stati educati così (con le madri le cose erano diverse). Considero uno dei pochi portati positivi del Sessantotto aver accorciato queste distanze fra padri e figli. Ma *con juicio*. I genitori non devono essere 'amici' dei propri figli, devono rimanere dei punti di riferimento ed 'esserci' quando serve.

Bambi, il famoso *cartoon* di Walt Disney, illustra bene, credo, ciò che intendo dire. Nella prima scena (io lo ricordo in fumetto) è schierata l'intera famiglia della foresta. Al centro c'è il Grande Cervo, il capo della tribù, padre di Bambi. Il cucciolo viene svezzato dalla madre. Il padre non si vede mai. Un giorno Bambi e la madre vengono sorpresi dai cacciatori nella foresta. Fuggono verso la tana, Bambi davanti, la madre dietro, a proteggerlo. Si sente un colpo di fucile ('bang!'). Arrivati alla tana Bambi, impaurito ma anche eccitato dall'avventura, si volta: «Ce l'abbiamo fatta, nevvero mamma?». Lei non c'è (le mie amiche che hanno visto il film da bambine mi raccontano che a questo punto sono fuggite dal cinema urlando). C'è il padre: «Tua *madre* non tornerà più». A primavera Bambi, Tippete e la puzzola-maschio escono dalle tane, convinti di tornare agli antichi giochi, che escludono le disprezzate femminucce. Ma il tempo e l'adolescenza hanno fatto il loro lavoro. Dietro un albero compare una puzzola con grandi occhi blu e delle enormi ciglia all'insù e il compagno di Bambi e Tippete è fottuto. I due lo guardano con un certo disprezzo, sicuri di sé, sono di ben altra tempra, loro, non si faranno distrarre da queste sciocchezze. Ma incrociano una coniglietta e anche Tippete s'invola. Bambi prosegue. A lui certe cose non possono capitare, non per nulla è il figlio del Re della foresta. Ma incontrerà e conquisterà Occhidolci battendosi con un rivale (di cui solo io, credo, che ho una certa predilezione per gli sconfitti, ricordo il nome: Ronno). Bambi è ormai un cervo adulto. Ma non ha ancora tutta l'esperienza necessaria. Nella foresta scoppia un grande incendio. Bambi è circondato dalle fiamme. Non sa come uscirne. Si sente perduto. Al suo fianco, a sorpresa, compare il padre. «Seguimi!». E guidandolo per torrenti e fiumi lo porta in salvo. Nell'illustrazione successiva si vede il vecchio cervo che va a morire, solo, nel più folto della foresta. La sua funzione è esaurita. Così vuole la leggenda, ma forse anche la realtà (Fra gli eschimesi esiste – o esisteva – questa usanza. Una sera, nell'igloo, dopo aver mangiato, il capo famiglia guarda a lungo, uno a uno, in silenzio tutti i membri del clan, poi esce e va a morire nella notte polare). L'ultima scena è identica alla prima. Ma adesso al centro c'è Bambi, il nuovo Re della foresta. È il ciclo della vita.

Con mio figlio, Matteo, ho fatto la lotta, gli ho insegnato a nuotare, ad andare in bici. Ma il nostro rapporto è passato soprattutto per il calcio. Appena è stato in grado di reggersi in piedi gli passavo la palla nel lungo corridoio di casa, per la disperazione di sua madre che temeva per i vetri liberty. Da grande era ambidestro, aveva piedi buoni, intelligenza tattica, senso della posizione, un impegno assoluto, doveristico, che assomiglia molto a quello che ho messo io nella mia attività di giornalista e di scrittore. Insomma aveva tutto per essere un buon giocatore. Una cosa però gli mancava: la cattiveria. «Matteo, in dodici anni di carriera una sola ammonizione, non è possibile». Verso i tredici, quattordici anni gli fu offerto un provino all'Inter. Quando lo vidi – ero già separato da mia moglie e vivevo in un'altra casa – gli chiesi: «Beh, com'è andata?». «Non mi sono presentato». «Perché?». «Perché il calcio deve rimanere un gioco». Da una parte non potevo che ammirare la saggezza di questo mio figliolo adolescente (Ne ho visti tanti di ragazzi di diciassette, diciotto anni, quasi all'esordio in prima squadra, liquefarsi nel giro di sei mesi. Per uno che ce la fa mille falliscono). Dall'altra dicevo, fra me e me: ma porco cane, proprio a me doveva capitare un figlio così saggio? Adesso ha trentasei anni fa il 'mister' per una squadra di dilettanti e si diverte moltissimo perché ha sempre avuto talento da educatore, come dimostrano i dieci anni in cui ha insegnato matematica all'università e il ruolo di organizzatore della formazione che gli è stato assegnato nella 'start up' di giovani e giovanissimi in cui lavora oggi.

Con mio padre il rapporto era solo intellettuale e anche questo molto rarefatto. Giocavamo a scacchi. Gli davo del filo da torcere perché mio nonno Max Tubiasz era stato un campione di scacchi e qualcosa era passato nel mio dna. Ma vinceva sempre lui. Solo una volta, dopo una partita tutta in difesa, con i suoi pezzi che assediavano il mio Re, con una mossa a sorpresa, usando l'ultimo alfiere che mi era rimasto, gli diedi scacco matto. «Figliol d'un Sette!» esclamò lui usando un'espressione toscana. Ma pareva contento (da quel giorno lo chiamai 'Sette'). Ci fu un periodo in cui, la sera, mi leggeva i classici, *I promessi sposi*, *L'isola del tesoro*, *Il capitano Nemo*, *I miserabili* (l'unica volta che ho visto piangere mio padre in vita mia è mentre mi leggeva l'ultima pagina, quella della morte di Jean Valjean, chissà per quale processo di identificazione). Un giorno mi fece ascoltare un disco con i discorsi di Mussolini. Alla fine mi chiese: «Beh, che ne pensi? C'è della forza non ti pare?». Io ci sentivo solo retorica.

C'erano troppi anni, quaranta, fra di noi. Comunque non

è che non mi avesse capito, mi aveva capito benissimo, mi chiamava «l'avvocato delle cause perse». Anche se avrebbe dovuto cercare di smorzare un po' questa mia inclinazione. Com'è naturale preferiva parlare con mia sorella Anna, di nove anni maggiore, 'pagella d'oro' in italiano al liceo internazionale Manin.

Anche se sostiene che i rapporti intellettuali con suo padre erano 'rarefatti', probabilmente esagerando perché quel padre, severo, rigido, non lo ha mai amato, l'adolescente Massimo gode, in casa, di alcune rendite di posizione. Benso Fini, toscano, parla uno splendido italiano, a tavola le conversazioni fra lui e la figlia spaziano dalla politica alla letteratura, al teatro, al cinema e naturalmente ai più importanti avvenimenti di cronaca. Massimo non interviene. Ascolta. E assorbe. Si imprime nella mente vicende come quelle di Rina Fort o della saponificatrice di Correggio. Quando inizierà a lavorare all'«Avanti!», come cronista, ha un bagaglio di informazioni che i suoi coetanei non posseggono o di cui hanno una conoscenza molto vaga («La prima volta che scesi nella tipografia della Same, i tipografi, straordinari artigiani che mi hanno insegnato i rudimenti del mestiere, si meravigliarono nel vedermi così giovane. Per ciò che scrivevo e da come lo scrivevo pensavano che fossi un uomo maturo. Avevo ventisette anni»). Eppoi c'erano le preziose 'mazzette' dei giornali che ogni direttore si porta a casa. Massimo si getta su «Tempo Illustrato», il primo settimanale italiano a colori, diretto da un grande giornalista, Arturo Tofanelli, perché in copertina ha sempre una bellissima donna («Mi ricordo un'Ava Gardner strepitosa»). Ma poi, sfogliando, si imbatte in 'Battibecco' di Curzio Malaparte che, dal punto di vista giornalistico, sarà una lettura fondante («Malaparte, Flaiano, Longanesi, Buzzati, Pasolini, oltre, naturalmente, a Montanelli, li imporrei come libri di testo a chi voglia cominciare questo mestiere»). C'è anche il «Borghese» che ha un inserto fotografico con immagini audacissime per i tempi. Massimo vi si butta a pesce ma poi finisce per leggere anche Gianna Preda, Mario Tedeschi e Piero Buscaroli.

Mio padre era estremamente pudico nella vita privata ma da giornalista cambiava pelle, necessariamente. Pubblicava anche lui, in prima, foto di 'donnine scollacciate' come diceva con comico linguaggio anni Cinquanta e i titoli del «Corriere Lombardo» erano così forzati che era stato soprannominato 'Il Bombardo'. Cose da educande viste con gli occhi di oggi. Comunque sguaiataggini alla maniera del «Giornale» o di «Libero» non ce n'erano né sul «Lombardo» né altrove. Erano pur sempre gli anni Cinquanta quando Oscar Luigi Scalfaro, in un ristorante, schiaffeggiava una signora colpevole di una scollatura troppo profonda.

Fino a sedici anni non ho letto un libro. I libri mi ricordavano la scuola. D'improvviso scoprii i russi. Fu un *coup de foudre*. Mi chiudevo in camera e, inginocchiato davanti al letto, su cui mettevo il volume, divoravo *Delitto e castigo*, *I fratelli Karamazov*, *I demoni*, *Memorie dal sottosuolo*. Mi piaceva anche *Guerra e pace* di Tolstoj. Ma *Anna Karenina* non lo lessi perché mia madre, con la solita perentorietà, affermava che era «il miglior libro di tutti i tempi». L'avrei letto solo dopo la sua morte ed è un libro straordinario ma io sono rimasto sempre dostoevskiano. Lessi Čechov, Gogol e Puškin anche se mia madre diceva, a ragione, che non è traducibile in italiano. Eppure italiano e russo hanno una musicalità molto simile. Quando mia madre era al telefono io, da lontano, non riuscivo a capire, dal suono, se stesse parlando in italiano o in russo.

Queste sono le letture adolescenziali. Ma quando raggiunsi 'l'età della ragione', per dirla col titolo del più importante romanzo di Sartre, si era in pieno clima esistenzialista. Tutta la mia generazione, che precede di poco quella sessantottina (e questo breve scarto sarà decisivo, marcherà la differenza), ha letto Sartre, Camus, Merleau-Ponty, Simone de Beauvoir, Paul Nizan, Boris Vian. Claudio Martelli era per Sartre, io per Camus. E già da qui si sarebbe potuto capire come le nostre vite parallele sarebbero state tanto diverse (la sua la potete trovare in *Ricordati di vivere*, un bel libro, quando non parla di politica). La cultura esistenzialista ci rimbalzava poi indietro, a Lautréamont e a Rimbaud che fonda la poesia moderna in quella famosa lettera a Verlaine: «Il poeta si fa veggente mediante un lungo e ragionato sregolamento di tutti i sensi».

L'esistenzialismo, il suo humus, è rimasto profondamente radicato in me: l'ateismo, l'individualismo, il problema della scelta e della assunzione della sua responsabilità, l'amicizia virile, e anche l'omosessualità, sia pur sfiorata, più idealizzata esteticamente che vissuta, quell'omosessualità che circolava a Saint-Germain-des-Prés e disgustava il 'macho' Malaparte (*Diario di uno straniero a Parigi*).

Ma dal punto di vista più prettamente culturale l'esistenzialismo parigino, subalterno della cultura tedesca, è stato importante perché mi traghettò a Heidegger e soprattutto a Nietzsche. Ricordo ancora il giorno in cui entrai alla Feltrinelli di via Manzoni e vidi questo volume, elegantissimo, appena uscito da Adelphi, *Umano, troppo umano*. Era il 1965. Da lì cominciò una lettura che sarebbe durata vent'anni («Le pagine più belle scritte in lingua tedesca» secondo Mazzino Montinari). Ho letto tutto Nietzsche come ho letto tutto, o quasi tutto, Dostoevskij anche nelle sue opere meno riuscite come *L'idiota*. Del resto fra Nietzsche e Dostoevskij ci sono molte affinità. («Dostoevskij? Ecco uno psicologo con cui potrei intendermi» scrive Nietzsche nei suoi taccuini, quando viveva isolato a Sils Maria e l'altro era considerato solo un romanziere di appendice). Nietzsche è stato fondamentale per la mia formazione. E chiunque lo conosca sa quanto gli sono debitore, anche se ho sempre tenuto ben presente il suo ammonimento: «Non fa onore al suo maestro chi rimane sempre allievo». Ogni autore va rielaborato secondo la propria sensibilità. È quello che, senza voler fare per questo paragoni blasfemi, dico sempre ai ragazzi che mi seguono: «Non dovete ripetere talmudicamente ciò che ho scritto. Non è utile a voi e neanche a me. Non è sano che un ragazzo di vent'anni pensi le stesse cose di un uomo che ne ha più di sessanta». La cultura è un continuo gioco di elaborazione e rielaborazione, non solo di letture ma, direi soprattutto, di esperienze di vita.

Quando avevo vent'anni ero certamente il meno colto nella cerchia dei miei amici. Alcuni di loro si sarebbero fermati. Io, spinto da una curiosità che fino a qualche anno fa è stata insaziabile, ho cercato di andare avanti.

Milano on my mind

Massimo Fini ha abitato a Milano fin dalla primissima infanzia. È la sua città. Ovviamente nel tempo Milano è cambiata moltissimo come tutte le grandi città italiane. Ma molto più di Firenze, di Palermo, di Genova, di Torino e della stessa Roma che anche nel centro, anzi forse soprattutto nel centro, conserva ancora un tono popolano che a Milano è scomparso da tempo. Roma, nonostante l'invasione turistica, che sta distruggendo tutte le città d'arte italiane, è rimasta romana, Milano non è più milanese. «Si dice che siano rimasti 300 mila milanesi doc. Ma io non li vedo, non sento parlare dialetto, ma piuttosto, oltre all'inglese, l'arabo, il giapponese, il cinese, il portoghese e gli infiniti idiomi di quella che un tempo era l'Africa nera che in qualche caso riesco a distinguere perché da quelle parti, prima che fossero definitivamente compromesse dall'intrusione occidentale, ho passato parecchio tempo, per lavoro e non».

Milano è stata l'avanguardia della modernizzazione italiana e quindi delle profonde trasformazioni, industriali, imprenditoriali, urbanistiche, sociali, antropologiche che avrebbero cambiato il volto del nostro Paese. È stato Cefis a creare Metanopoli capendo la centralità che avrebbe assunto l'energia in un'Italia che da agricola stava diventando industriale. E sulla scia di Cefis è stato Giovanni Borghi, il patron della Ignis, a inventarsi la 'rivoluzione del bianco' (frigorifero, lavatrice, lavastoviglie) intuendo come i consumi sarebbero cambiati e l'importanza che avrebbero assunto. Giovanni Borghi era un self-made man di Varese, naïf, preso bonariamente in giro dalla borghesia meneghina più radicata perché ostentava la propria ricchezza («S'el custa? Cumpri mi»), cosa allora considerata disdicevole, ma dell'imprenditore milanese, oltre al linguaggio e all'inesausta brama di fare i 'danee', aveva la capacità d'inventiva e di iniziativa. La Pirelli esisteva dai primi del Novecento, ma è stato Leopoldo ad affiancare alla tradizionale produzione dei pneumatici quella dei cavi a fibra ottica capendo, con un paio di decenni di anticipo su Internet, che l'informazione sarebbe diventata globale. C'era anche, in quegli imprenditori, una venatura umanistica e di generosità da 'Milan dal cœur in man'. I Crespi, i padroni del «Corriere della Sera», avevano costruito a Trezzo d'Adda, per i loro operai, l'omonimo villaggio, un gioiello oggi praticamente abbandonato. Ma il simbolo di questo 'capitalismo dal volto umano' fu Adriano Olivetti con la sua 'città ideale' creata intorno alla fabbrica di Ivrea. Qui usciamo dall'area lombarda ma rimaniamo pur sempre al nord e comunque le teste pensanti dell'Olivetti (spesso letterati o addirittura poeti come Giovanni Giudici) stavano nel centro di Milano, in via Clerici. Angelo Rizzoli senior pubblicò la «Bur», edizioni supereconomiche dei grandi classici su cui la generazione di Fini si è formata. «Anche Rizzoli era uno che si era fatto da sé, che veniva dal nulla, un 'ex Martinitt', totalmente incolto (diceva "Quel Tolstoj lì che sarebbe poi il Dostoevskij") ma aveva una qualità indispensabile all'imprenditore, che suo figlio e soprattutto suo nipote, Angelo Rizzoli jr., non avrebbero ereditato: sapeva scegliere i collaboratori. Poiché non aveva potuto farsi una cultura voleva che anche i poveri avessero questa opportunità. Con la «Bur» naturalmente ci perdeva ma si rifiutava di ammetterlo. C'era in Rizzoli anche una voglia di scherzo, di gioco. Arturo Tofanelli, il direttore di «Tempo Illustrato», si era trovato per le mani il pacchetto della Dolce vita *di Fellini (allora i giornalisti erano molto più legati al mondo artistico di quanto non lo siano ora). Intuiva che si trattava di un capola-*

voro, ma non aveva i soldi per produrlo da solo. Andò da Angelo Rizzoli e gli propose di fare a metà. "Non se ne parla neanche. O tutto io o niente". Tofanelli si rigirò per tre notti nel letto. Era stato sposato un paio di volte, aveva varie amanti, figli e alla fine cedette. La dolce vita *ebbe il successo che ebbe, pietra miliare nella storia del cinema italiano. Mi raccontò Tofanelli: "Ogni volta che, andando a Roma, incontravo, in treno o in aereo, Angelo Rizzoli lui tirava fuori dal taschino della giacca un rotolino di carta, lo svolgeva e diceva 'Caro Arturo, alla data odierna i vostri mancati guadagni ammontano a...'". Di questo tipo erano molti degli imprenditori del dopoguerra. Simpatiche canaglie. Abili. E alle volte nemmeno canaglie. Poi sono arrivati i manager».*

Con un'inchiesta dei primi Ottanta su Milano Due Fini raccontò l'humus da cui dieci anni dopo sarebbe nato il berlusconismo. Insomma per un giornalista Milano era un osservatorio privilegiato per tastare i mutamenti della società italiana. Cosa che Fini ha fatto in decine, forse centinaia, di articoli. Ma quasi sempre, e in crescendo, in chiave negativa. «Passato è bello» lo aveva soprannominato con affettuosa ironia il suo fraterno amico Walter Tobagi intuendone la natura più profonda (c'è il fondato sospetto, suffragato dal suo libro Ragazzo, *che a vent'anni Fini già rimpiangesse i tempi in cui ne aveva sedici). La Milano che gli è rimasta nella mente, anzi nel cuore, è quindi quella della sua infanzia e adolescenza. Una Milano dei 'bei tempi andati'. L'antimodernismo – che sarà il tema portante di tanti suoi libri – ce l'aveva già dentro, prima che lo scoprisse.*

La Milano dei Cinquanta era una città di quartieri. Popolari, ovviamente, quelli di periferia, la Barona, Baggio, Greco, Gorla, Affori. Ma popolari in qualche misura erano anche alcuni quartieri del centro, come il Garibaldi e Brera oggi economicamente inavvicinabili, dove le carte si mischiavano. Al Garibaldi abitavano Pirelli e il suo operaio. Con la differenza che Pirelli stava in un palazzo di Caccia Dominioni, l'operaio in una casa di ringhiera. A Brera, prima che diventasse un baraccone per turisti, insieme alla gente del popolo circolavano gli artisti, Crippa, Dova, Fontana, Munari and company, che, anche se già noti erano poveri, come i loro omologhi parigini degli anni Trenta, e a mangiare andavano in latteria, dalle mitiche sorelle Pirubini in via San Marco. Gli affitti erano bassi e alla portata di tutte le tasche, o quasi. Milano era una città interclassista e questo mischiarsi di ceti, sociali e intellettuali, la rendeva feconda.

Il quartiere era come un villaggio. Il 'ghisa', un bel 'giovanotto', come si diceva allora, alto, prestante, disarmato, milanese da generazioni, conosceva tutti ed era un'autorità indiscussa chiamato a dirimere ogni sorta di questioni.

L'altro giorno ho chiesto a una vigilessa, bassa e tarchiata, che non stava dirigendo il traffico ma era sul marciapiede a fare non so bene cosa, l'indicazione per piazzale Baracca. «E che ne sacciu?». «Sa allora dove posso trovare un posteggio taxi?». «E che ne sacciu?». Ma anche i tassisti, categoria tradizionalmente meneghina ora spodestata dagli immigrati, a furia di usare il GPS non conoscono più le strade e le vie di Milano nemmeno quelle del centro, quelle belle vie rievocate da Alberto Savinio in *Ascolto il tuo cuore, città* o, recentemente, in *Psycoarte*, un bel libro di Alessandra Manuela Filippi e Luca Steffenoni. Basta un senso unico per mandarli in tilt e le indicazioni le chiedono a te.

Anche il commissario di zona, che come il 'ghisa' ci conosceva uno ad uno, famiglia per famiglia, era una figura importante. Qualche anno fa, mentre stavo scrivendo, suona il citofono. È la portinaia: «C'è la polizia. Stanno salendo». Vado ad aprire: sono tre 'pulotti'. «Dobbiamo fare una perquisizione». Io sono laureato in Giurisprudenza ma poi quando le cose riguardano me non so bene quali sono i miei diritti. «Cerchiamo Benso Fini». «Beh, se lo trovate mi fate un piacere perché è morto da più di trent'anni. Posso chiedere il motivo? Qual è il capo d'imputazione?». «Falsificazione di marchio industriale». «Fate pure. Io intanto continuo a scrivere perché devo consegnare un articolo». Quando entrano in sala, foderata di libri, vedo che rimangono un po' perplessi. Telefonano al Pm di Firenze, ma non c'è. «Lei ha un garage?». «Sì, vi ci porto». Nel garage c'è solo la mia macchina. «Ha una cantina?». «Certo, ma non ci entro da anni e non ho le chiavi. Sfondate pure la porta». «Sfondare la porta? No no...». Cosa era successo? Sull'agenda di un trafficante di Firenze avevano trovato il mio numero ma senza il nome. Probabilmente il tipo aveva trascritto male il numero. La cosa finì a tarallucci e vino e i tre, dopo aver perso un paio d'ore, se ne andarono con la coda fra le gambe. Se ci fosse stato il vecchio commissario di quartiere gli avrebbe spiegato, conoscendomi, che potevo essere sospettato di assassinio, di stupro o di altri delitti ma mai di 'falsificazione di marchio industriale' perché è la cosa più lontana dalla mia persona.

Tutti giocavamo a calcio. Lo sci lo conoscevano solo quelli che vivevano in montagna, il tennis era sport da ricchi o da raccattapalle, in qualche liceo la palestra aveva il campo da basket con i canestri, ma era uno sport ancora molto americano e poco frequentato da noi.

La mattina di domenica si guardava il cielo, se faceva bello e non c'era proprio un 'classico' (Inter-Milan o Inter-Juve 'il derby d'Italia') si scendeva al Bar Sport di sotto, si prendevano i biglietti e si andava allo stadio. Oppure si compravano direttamente lì, agli sportelli, o dai 'bagarini'. Non c'era la 'tessera del tifoso', non c'erano i tornelli. Non c'erano le 'curve' organizzate. Certo, si creavano delle aggregazioni spontanee. Io tenevo al Torino, già falciato dalla tragedia di Superga. All'estremo angolo della curva (quella di sinistra guardando dalla Tribuna d'Onore) c'era, immancabilmente, uno striscione 'Forza Toro. I fedelissimi di Milano'. Patetico e commovente perché a Milano, anche grazie alla sudditanza psicologica degli arbitri, le buscavamo sempre. Tranne una volta. Era il 1953. Giocavamo contro la fortissima Inter di Foni che avrebbe vinto il campionato come l'anno precedente. Foni si era inventato il 'catenaccio', l'Inter segnava, poi si chiudeva a testuggine in difesa e la partita era finita. Segnò anche quella volta, nei primi minuti. Ma il Torino, a sorpresa, pareggiò. Poi facemmo il 2-1. L'Inter si avventò furente e mugghiante contro di noi tutti schierati in difesa. Fu una battaglia, un corpo a corpo feroce. A me i giocatori del Toro sembravano più piccoli di quelli dell'Inter. Mi sembravano dei bambini, come me. Finì 1-3. È stata una delle più grandi gioie della mia vita.

Questi bizantinismi inutili come la 'tessera del tifoso' sono tipicamente italiani. Sono stato abbastanza di recente al Camp Nou a vedere il Barcellona dove gioca il mio nuovo idolo, Iniesta, 'Don Andrés', un signore in campo e fuori. Sulle ramblas c'è uno stand del Barça, si comprano i biglietti e si va allo stadio. Mi pare, ma posso ricordar male, che non ci siano neanche i tornelli. Eppure in Spagna il calcio è importante quanto da noi.

Nel 1953 i miei decisero di lasciare via Washington, la casa della mia infanzia, a quattro piani ancora mezza diroccata dalla guerra, solare e con dietro un giardino un po' selvaggio dove c'erano tanti animaletti interessanti e anche delle pantegane enormi che vivevano nelle cantine ma a volte si facevano vedere anche fuori. Per risolvere questo problema dei topi gli inquilini avevano pensato di acquistare un gatto e metterlo a presidio nelle cantine. Il giorno dopo fu trovato morto. Allora ne presero uno molto più grosso. Miagolò, disperato, tutta la notte. Allora ne presero uno veramente enorme, una specie di tigre più che un gatto. Il giorno dopo le pantegane erano scomparse, se l'erano filata da qualche altra parte. Non so se questa storia sia tutta vera. Me la raccontò mia madre che, come tutti i russi, era una bugiarda impenitente.

Ci trasferimmo in una zona più centrale, nei pressi di piazza della Repubblica, a due passi dalla Stazione, ma era anche vicina alla cosiddetta 'Isola di Milano', una serie di *terrain vague* al posto dei quali oggi ci sono degli assurdi e orribili grattacieli. Noi andavamo lì a giocare. Al pallone, a darci battaglia fra bande rivali, a fare a cazzotti. C'erano però delle regole precise, solo pugni e niente calci, se uno cadeva a terra non poteva essere toccato finché non si rialzava, quando l'incidente pareva più serio del solito ci fermavamo tutti, amici e avversari, per soccorrerlo. Per molti di noi la vera educazione è nata sulla strada. L'unico rischio era di mettere il piede su qualche ordigno inesploso. Ma a noi non accadde mai. In qualche altra zona di Milano, simile all'"Isola', e ce n'erano parecchie, qualche bambino ci ha rimesso un piede, una gamba, una mano e a volte la vita.

Eravamo liberi. I nostri genitori non erano costretti, come oggi che l'intera città è ricoperta dal cemento (eppure l'architetto Van de Velde lo aveva detto già ai primi del Novecento: «Una città è fatta di pieni ma anche di vuoti»), a mandarci a corsi di nuoto, di tennis, a lezioni di piano, per tenerci impegnati. Facevamo da noi. Tutto era semplice, molto più semplice.

Nella Milano dei Cinquanta, a parte una sottile striscia di borghesia ricca che aveva il buon gusto, il buon senso e anche l'astuzia di non ostentare, di non farsi notare (come fanno tuttora gli svizzeri), eravamo tutti poveri, molto più poveri di quanto non lo si sia in questi anni in cui non si sentono altro che lamenti. Ma eravamo allegri. Per il semplice fatto che eravamo usciti vivi dalla guerra (parlo degli adulti, per me, bambino, il problema non si poneva neppure). I tram erano zeppi fino all'inverosimile, con la gente stipata sui predellini e qualcuno anche attaccato al troller didietro. Oggi in una situzione del genere interverrebbe la volante. Ma chi era scampato ai bombardamenti angloamericani e ai rastrellamenti dei tedeschi non aveva certo paura di farsi 'la bua' cadendo dal tram. Si cercava di godersi la vita, per quello che si poteva.

Tutti fumavano, nazionali semplici, quelle blu, o esportazione, quelle verdi, oppure, soprattutto fra gli operai o per chi sentiva il fascino della bohème francese, molto presente in quegli anni, le fortissime Gauloises senza filtro (blu) o le ancora più micidiali Gitanes (gialle). Si fumava nei cinema, nei bar, nelle balere, in strada, ovunque. L'Humphrey Bogart di *Casablanca*, perennemente con la sigaretta in bocca, un po' di sbieco, era un mito. Il terrorismo diagnostico era di là da venire. Vivevamo meno? Può darsi. Ma vivevamo meglio, con una maggiore spensieratezza.

Le case editrici, Rizzoli, Mondadori, Bompiani, e i giornali stavano tutti in centro e le riunioni di redazione si facevano chiacchierando in trattoria. Oggi la Rizzoli sta a Crescenzago, la Bompiani in via Mecenate vicino all'aeroporto, la Mondadori a Segrate. Molti anni fa mi capitò di accompagnare Fellini e di stare con lui quasi tutto il giorno e anche la sera. Mi chiese di fargli conoscere Milano. Capivo che non voleva vedere il Duomo ma qualcosa di 'felliniano'. Lo portai a vedere, di notte, da un certo cavalcavia il cimitero di Greco che con i lumini accesi fa un certo effetto e sempre da un cavalcavia le file dei binari che vengono dalla stazione Garibaldi, in un punto in cui si intrecciano, in una landa deserta. Un luogo ideale per un thriller con protagonista il giovane Delon. Lo portai anche a Rogoredo. Era la notte di un'estate molto calda. Dal terreno salivano delle fiammelle, una si divideva in due come Diomede e Ulisse nell'*Inferno* di Dante. «È anche questo un cimitero e quelle sono le anime dei morti?» mi chiese Federico. «No, sotto c'è una discarica e quelle fiammelle credo siano delle emanazioni di zolfo». Ma ciò che più lo impressionò fu il palazzo della Mondadori costruito da poco, opera di Niemeyer che vedemmo in pieno giorno. Ci si arriva attraverso una stretta passerella di cemento che divide due laghetti abitati da delle carpe enormi che certamente hanno inghiottito parecchi giornalisti. Il palazzo sostenuto a dieci metri da terra da delle possenti colonne è un blocco unico di vetrocemento, senza una finestra né tantomeno un balcone. Gli uomini che vi passeggiano sotto appaiono minuscoli, ininfluenti. «Se fosse un tempio azteco sarebbe splendido – disse Fellini – ma pensare che ci vivano degli uomini...». «Non per nulla Brasilia, la capitale del Brasile, ideata da Niemeyer, ha il più alto tasso di suicidi al mondo» (adesso i cinesi hanno superato Brasilia, costruiscono enormi città dove non abita nessuno). «Tu ci hai lavorato qui?» chiese Federico. «No, ma vi ho visto spegnersi delle belle intelligenze. È una *company town*, dentro c'è tutto, giornalaio, tabaccaio, boutiques, alimentari. Ma fuori è il deserto. Se hai bisogno di una camicia devi comprarla qui».

Gli uomini di cultura, scrittori, giornalisti, pittori, bazzicavano il centro della città. Poi c'erano la Casa della cultura, comunista, il Circolo Turati, socialista, e la sera i locali di Brera, il Giamaica, l'Angolo, e quelli intorno al «Corriere della Sera», il Tumbun de San Marc e, soprattutto, Oreste, dove tutti incontravano tutti. Questi luoghi di aggregazione culturale e mondana sono spariti anche nelle altre città. A Firenze, alle Giubbe Rosse o da Piatkowski non trovi gli eredi dei grandi intellettuali e artisti che resero famosi questi locali, né gli americani colti (che quando son colti lo sono ad altissimo livello), ma un turismo cheap. Idem al Florian di Venezia dove il fantasma di Oscar Wilde sembra guardare, un po' disgustato, gli avventori. Ma nemmeno Roma se la cava tanto bene da questo punto di vista. Via Veneto non esiste più, il mitico Café de Paris, dove si trovavano Fellini, Flaiano, Sergio Amidei e tutto quel giro lì, qualche anno fa è stato chiuso per un po' di tempo perché infestato dai topi. Il Caffè Greco, in via Condotti, non ha più senso. L'Hotel Plaza, che ha il più bel salone liberty d'Italia, e che fino ai primissimi anni Novanta era almeno animato dai leader socialisti (ma Craxi stava al Raphael), prima è stato invaso da orde di giapponesi, quando lo yen era forte, poi è diventato un luogo anonimo. Come Rosati a piazza del Popolo da cui ascoltai, insieme a Sergio Amidei, un memorabile comizio di Pietro Nenni (A Milano, in piazza del Duomo assistetti ad un affascinante comizio di Riccardo Lombardi che lo iniziò con una citazione dalla *Peste* di Camus).

Quando finivamo di giocare a poker verso le quattro del mattino, dopo aver tirato all'estenuazione gli ultimi e fatidici 'tre giri' fissi, non passati e rilanciati (se nessuno apriva non contava, se tutti scappavano al rilancio del buiante o del controbuiante non contava, la mano doveva essere giocata), affamati come lupi dopo sette ore di whisky e di fumo, potevamo scegliere fra almeno venti ristoranti, dalla bettola più malfamata al locale di lusso. In genere andavamo nei luoghi della 'mala' che sono i più sicuri. Intendo la 'mala' cantata dalla Vanoni che ha resistito fino agli anni di Vallanzasca compreso. Un paio di anni fa sono stato a cena a casa di Renato, con una collega, Cristiana Lodi. Non è più il 'bel René', ha la bocca sfasciata, cicatrici, ma dopo quarant'anni di carcere, undici in isolamento, è ancora lui. Gli ho tastato i bicipiti. Sono duri come sasso. Ma non farebbe più male a una mosca. Mi ha raccontato, ridendo, che la prima volta che, dopo decenni, gli avevano dato un permesso, ha inforcato la bicicletta ed è caduto subito. Non ci sapeva più andare. Ultimamente è diventato persino patetico con quel maldestro furto al supermarket, indegno della sua straordinaria e affascinante storia di bandito.

La vecchia 'mala' milanese, con i suoi codici d'onore, è stata sostituita dalla mafia calabrese che però ha alzato il livello, si occupa di affari finanziari e in giro non si vede. Come, a Milano, fuori dai palazzi istituzionali e delle cerimonie d'uso non si vedono, e non si sono mai visti, gli uomini politici, nemmeno un consigliere comunale in un cine.

A Milano c'erano cento cinema di terza visione sparsi nei vari quartieri della città. Ognuno nell'arco della settimana dava il western, il giallo, il poliziesco, quello di guerra, il polpettone storico americano e un film di qualità, un paio di mesi dopo l'uscita in prima. Io ho visto *La dolce vita*, barando sull'età (avevo sedici anni), in un cinema del 'Giambellino del Cerutti Gino'. Non c'era bisogno di andare al d'essai, l'Orchidea di via Terraggio. Tutti i ragazzi della mia generazione si sono educati, filmicamente parlando, nei cine di terza, pagando niente. Eppoi era un modo per conoscere altre zone della città e mentalità e abitudini diverse. Perché il quartiere era un microcosmo e ognuno era diverso dall'altro, come Verona è diversa da Padova, Padova da Vicenza, Vicenza da Treviso, Treviso da Rovigo. Oggi la 'terza' non esiste più e nemmeno il monolocale. Ne sono rimasti due, il Palestrina e il Santa Maria Beltrade, ma spariranno anche loro, tagliati fuori dal digitale che non possono reggere economicamente.

Oggi a Milano dopo le due non c'è più un ristorante aperto. A Bari dopo le due di notte trovi almeno quattro pizzerie. C'è solo l'eccezione delle Capannelle, credo fuorilegge, non a caso sta a fianco di San Vittore, che tiene aperto fino alle sette del mattino. Bisogna andarci verso le tre di notte per trovarvi i resti dell'antica 'mala' e l'inesausta fauna degli inquieti. Come sempre in questi posti, come intorno ai pochi 'baracchini' rimasti dove si radunano i balordi, gli ubriachi, le poche puttane che stanno ancora sulla strada, i 'travesta', gli insonni e chi lavora di notte, i gestori hanno un tratto garbato con cui però riescono a tenere a bada questa clientela non sempre rassicurante.

Intorno a quei baracchini poteva capitare di essere abbordati da un noto scrittore omosessuale che ti offriva centomila lire, una cifra enorme per allora, se ti lasciavi fare un pompino. Oggi non si corrono questi rischi elettrizzanti. Gli uomini di cultura, o presunti tali, sono in genere funzionari di qualche casa editrice che stanno tutto il giorno in quelle aziende quasi fuori città e la sera, dopo mezz'ora di traffico milanese, tornano a casa e si stravaccano sul divano a guardare la TV. Come tutti.

Nella Milano dei miei anni giovanili, brulicante, di giorno, in centro, di intellettuali di ogni genere, anche un ragazzo senz'arte né parte come ero io poteva avere incontri inaspettati e meno inquietanti di quelli notturni. Un pomeriggio ero in una libreria di via Manzoni e stavo sfogliando un libro, *Lo straniero* di Camus. Mi si avvicina un signore sulla cinquantina, i capelli a spazzola, brizzolato. «Perché ti interessa questo libro?». «Mah, non so, lo stavo solo sfogliando». Pareva incuriosito e chiacchierammo per una decina di minuti. Quando uscì chiesi al commesso: «Chi è quello lì?». «Ma come, non lo sai? È Elio Vittorini». *Lo straniero*, curiosamente, sarà anche il tramite della mia amicizia con Aldo Grasso, il critico televisivo del «Corriere». Ma a parti invertite. Lo incontrai su un autobus che ci portava ai Bagni Umberto di Savona, bagni familiari con una rotonda umbertina che farebbe gola ai Vanzina, dove entrambi abbiamo passato l'infanzia, l'adolescenza e la primissima giovinezza. Lui aveva tredici anni, io diciannove. Ho sempre avuto la sindrome di Pigmalione. Aveva in mano *Lo straniero*. E come Vittorini, gli chiesi: «Perché ti interessa questo libro?». Cominciò così un legame che dura tutt'oggi. Anche se Aldo, originario di Sale Langhe, è un ligure-piemontese, spinoso, chiuso, riservato, 'stundaiu' si dice in dialetto e di solito sono io a telefonargli, quasi sempre per parlare delle disgrazie del Torino, il nostro amato 'Toro'. L'ho visto sciogliersi una sola volta, piangere come un bambino quando, guardando insieme, a casa sua, un derby di parecchi anni fa, la Giuve a pochi minuti dalla fine sbagliò un rigore decisivo, assicurandoci il pareggio che era la nostra massima aspirazione.

Le fabbriche, la Pirelli, la Borletti, l'Innocenti, l'Alfa Romeo, la Richard Ginori (Milano, a differenza di Torino, non è mai stata né economicamente né culturalmente monopolista) stavano ai bordi della città, come sentinelle operose, segnandone i confini esterni, così come le antiche Porte, Porta Romana, Porta Ticinese ('Porta Cicca'), Porta Venezia, Porta Ludovica, Porta Nuova, ne segnano quelli interni. I milanesi han sempre lavorato sodo, peggio: gli piace lavorare, 'ruscare' come si dice in dialetto. C'è in loro un doverismo che è l'impronta data dalla borghesia, finché è esistita, sostituita poi dall'alta finanza, dai *brasseurs d'affaires* e da ogni sorta di trafficanti. Forse sono anche un po' pirla o dei 'pistola' come canta il menestrello Jannacci: «Va quel lì, el gh'ha la dona che la rola (che batte, *ndr*), el dev ess on poo on pistola/ Ah? Saria mi el pistola?/ El pistola te se ti. Te ghe la mié de mantegni, te lavoret tutti el dì». E c'è il sospetto che siano pirla da sempre. Milano è l'unica grande città europea a non avere un fiume, Roma ha il Tevere, Firenze l'Arno, Torino il Po, Parigi la Senna, Londra il Tamigi, Praga la Moldava, Vienna Budapest e Belgrado il Danubio, Berlino la Sprea, Amburgo l'Elba. Milano ha l'Olona. Uno dei primi servizi che ho fatto per «L'Avanti!», nel 1971, riguardava proprio l'Olona. Che fosse una fogna a cielo aperto non c'eran dubbi: dalle sue acque violacee saliva un odore putrido. Ma era venuto il sospetto che potesse essere anche radioattivo. Fu mandato un tecnico che si mise al polso una sorta di orologio, uno strumento sofisticatissimo che captava anche la minima radiazione. Si tolse la giacca, arrotolò la camicia sul braccio villoso e lo immerse nell'acqua. Quando lo tirò fuori cacciò un urlo: non aveva più un pelo.

Come sia venuto in mente a della gente di costruire una città in una pianura nebbiosa, afosa, umida senza avere acqua (prima che ci pensasse Leonardo) è un mistero. Che ho cercato di chiarire chiedendo a geografi e storici. La sola risposta che mi hanno saputo dare è che Milano (Mediolanum) era la via più diretta per raggiungere la Gallia Transalpina, l'odierna Francia. Ma a soli trenta chilometri c'è Pavia che sta su uno dei più bei fiumi d'Italia, il Ticino che è sulla stessa direttrice. E non per nulla i Longobardi, che non erano pirla, ne fecero la loro capitale.

Milano fino al 2003 non ha avuto un depuratore. Per molto tempo non ce n'era stato bisogno grazie all'ingegnoso sistema delle 'marcite' una serie di campi a sud della città su cui si deposita il liquame e, di marcita in marcita, al Ticino arrivava un'acqua che si sarebbe potuta bere. Nei primi anni Ottanta feci per «Pagina» un'inchiesta sui rifiuti. Fra le altre cose mi calai nelle fogne di Milano, uno stupendo manufatto in mattoni rossi, con arcate, cunicoli, ponti. Oltre a un onesto ma modesto odor di merda si sentivano ogni tanto delle zaffate chimiche. Dopo mezz'ora che ci aggiravamo in quella affascinante città sotterranea chiesi al tecnico che mi accompagnava come mai non si fosse visto ancora un topo. «Sono spariti da parecchi anni. Non tollerano gli scarichi dei laboratori e dei detersivi». Naturalmente la chimica ha bruciato le marcite, mentre la merda le concimava, e così anche questo sistema naturale di depurazione è saltato.

La lotta di classe in quegli anni era una cosa seria. Ma negli operai milanesi, socialisti più che comunisti, c'era un certo rispetto per i 'padroni', purché 'ruscassero', naturalmente. Il clima cambierà completamente col Sessantotto e con gli immigrati dal Sud specialisti nella lagna. Per una quindicina d'anni ho seguito i 'disoccupati organizzati' di Napoli, erano sempre gli stessi, vestiti meglio di me, ma non ci vuol molto, e finita la manifestazione e girato l'angolo salivano su macchine tipo Bmw. Una volta a *Zapping* dissi che se avessi avuto la possibilità di un'altra vita avrei voluto nascere 'disoccupato organizzato'. Ne nacque un putiferio. Più o meno lo stesso quando, sempre a *Zapping*, alla notizia dell'uccisione di due missionari in un Paese dell'Africa nera, commentai: «Beh, se li hanno uccisi qualche ragione ci sarà stata».

Ricordo un colloquio con Antonio Pizzinato, socialista, segretario generale della CGIL fra il 1986 e il 1988 (era troppo una brava persona per durare in quell'incarico più di un paio d'anni) che aveva lavorato alla Borletti e come sindacalista di punta aveva condotto, senza sconti, dure lotte contro i proprietari. Ma aveva grande rispetto, e mi sembrò di cogliere anche una sfumatura d'affetto, per i Borletti. «Entravano in azienda un'ora prima degli altri e ne uscivano un'ora dopo».

Anche i rampolli delle grandi famiglie imprenditoriali dovevano fare la gavetta. E non era una finta. Angelo Rizzoli junior, mio antico compagno di scuola al Berchet, mi ha raccontato questo aneddoto: «Un venerdì pomeriggio, verso le quattro e mezza, entro nell'ufficio di mio nonno: "Cumenda, lo chiamavamo così anche in famiglia, vado a Saint Moritz e vorrei partire adesso perché se lo faccio fra un'ora trovo la coda del weekend". "Se tu pensi di poter uscire un'ora prima degli altri, allora puoi anche non ripresentarti lunedì"».

Gli operai abitavano quasi sempre vicino alla fabbrica. Quartiere e fabbrica creavano una comunità solidale e molto compatta. Qualche anno fa Daniele Vimercati invitò Fausto Bertinotti alla sua trasmissione, *Iceberg*. Per fargli piacere gli fece vedere il quartiere di Greco-Pirelli dove Bertinotti è nato e aveva vissuto in giovinezza e ascoltare le interviste agli antichi amici e compagni che vi erano rimasti e rievocavano i vecchi tempi. Ne veniva fuori un mondo semplice, di valori forti, povero ma dignitoso. Bertinotti si commosse. Gli dissi: «Fausto, non era meglio allora?». Ma i geni marxisti che sono in lui gli impedivano di ammettere l'indecenza longanesiana che «si stava meglio quando si stava peggio».

L'interclassismo di Milano è stato spazzato via dal boom economico. I ceti popolari, non potendo più permettersi gli affitti di una città diventata improvvisamente carissima, sono stati sbattuti nell'immenso hinterland che a nord si estende per chilometri, quasi fino ai laghi, dove i paesi del paese hanno solo il nome, ma non c'è un centro, una piazza e a volte nemmeno una chiesa. L'hinterland respira addosso alla città, soffocandola col milione di persone che vi entrano ogni giorno per ritornare la sera da dove sono venute. Una mia amica di Verona, dove pare che non si sia perso il gusto di divertirsi (ah, Il Ponte dove ogni notte ne succedono di tutti i colori), Francesca Roveda, che lavora a RTL, mi prende scherzosamente in giro: «Ma quando lavorano i milanesi, se sono sempre in macchina?».

Diversamente da Roma per le strade non si fa flanella. I passanti van di fretta, tirano dritto, con obbiettivi di lavoro precisi e inderogabili, il cellulare attaccato all'orecchio e l'iPod sulla pancia come un marsupio.

Sì, a Milano si è sempre lavorato, ma non con questa nevrosi che fra impiego e spostamenti di giorno e la TV la sera, ti toglie il fiato e non ti lascia nemmeno un pertugio per te stesso e per la vita.

Per gli immigrati che venivano dal Sud, dalla Puglia, dalla Sicilia, dalla Calabria, in cerca di lavoro perché non potevano più vivere della loro agricoltura accerchiata dall'industrializzazione, furono costruiti, in tutta fretta, fra la metà dei Sessanta e i Settanta, i quartieri dormitorio, il Gratosoglio e il Gallaratese. Nel 1982 feci per «Il Giorno» un'inchiesta sul Gratosoglio di cui restituisco qui l'inizio: «A chi, venendo da Milano, percorre il Naviglio Pavese, il Gratosoglio appare quasi all'improvviso sulla sinistra, al di là di un'esigua lingua di campagna degradata, dopo le ultime case di ringhiera di via Chiesa Rossa. È il punto migliore per avere una visione d'insieme di questo quartiere satellite che fu progettato e costruito a metà degli anni Sessanta dal prestigioso studio BBPR (Banfi, Belgioioso, Peressutti e Rogers). Su un fronte di poche centinaia di metri si stagliano settanta enormi parallelepipedi rossi alti dodici piani, identici, alcuni staccati l'uno dall'altro e simmetricamente allineati, altri uniti in lunghi serpentoni. Ma su questa fungaia di falansteri, sovrastandoli, nella prospettiva, di una buona spanna, si ergono, come sinistri iddii di un incubo suburbano, otto impressionanti e smisurati sarcofaghi bianchi, di un bianco calcinoso e spettrale, alti diciotto piani. Sono le cosiddette 'torri' di via Barona il cuore del Gratosoglio». Non c'era una pizzeria, un bar, un luogo di ritrovo. Al piano terra, dove gli architetti avevano immaginato che sarebbero sorti dei negozi, c'erano, al loro posto, degli antri bui pieni di siringhe. Il 70% dei ragazzi era coinvolto nella droga. Da allora qualcosa è cambiato, ma non di molto.

Tutto è cresciuto, molto velocemente, sotto i nostri occhi ma senza che ne cogliessimo il significato. Quando raggiunsi la maggiore età, i fatidici ventun'anni, me ne andai da casa non sopportando più le angherie di mia madre. Vivevo in un grigio palazzone, con le facciate laterali cieche, senza finestre, in via Novara all'estrema periferia ovest di Milano. C'erano ancora gli 'orti di guerra' da quelle parti. Però nella trattoria di sotto, con un cameriere spastico, si mangiava a 200 lire, vino compreso (Quando avevo vinto a poker me ne andavo invece alla Magolfa, sui Navigli, a sentire i menestrelli molti dei quali sarebbero poi passati al Derby diventando famosi. Lì la cena si pagava 750 lire, un costo normalmente proibitivo per le mie tasche). Vicino a via Novara c'erano gli ippodromi del galoppo, del trotto, le piste di allenamento e una decina di cascine ancora vive, abitate, perché i contadini traevano dai campi quanto bastava per il loro sostentamento. Io andavo a studiare la mattina presto alla pista Alla Maura che teneva i cancelli aperti (oggi la 'security' ti respingerebbe a fucilate). Era bello stare lì a leggere e sentire il galoppo dei cavalli, le grida di incitamento dei fantini e i colpi di frusta. Un giorno, alla fine di un'estate di vacanza, alzai lo sguardo e vidi, al di là della pista, una trentina di grattacieli. In pochi mesi era nato il Gallaratese. Molti anni dopo, a metà degli Ottanta, il Comune decise di abbattere le cascine e di costruire sui loro terreni le solite schifezze. Ci fu battaglia. Vi partecipai anch'io, che allora scrivevo per «Il Giorno» sostenendo i comitati di quartiere. Abbattere una cascina a Milano è come abbattere una pieve in Toscana. Ma non fu questo a far desistere il Comune. Si ritenne che se non gli uomini almeno i cavalli avevano bisogno di respirare. Ma alcuni danni 'collaterali' erano già stati fatti. Io da quelle parti ci andavo in bici proprio per respirare un'aria un po' più pulita. Un pomeriggio vidi che sui terreni dell'antica scuderia De Montel erano stati costruiti, quasi da un giorno all'altro, com'era avvenuto vent'anni prima per il Gallaratese, sei edifici cilindrici, rosa, di sei piani ciascuno. Era la mano di Salvatore Ligresti. Il caso volle che poco tempo dopo mi trovassi a colloquio, per un'intervista, con Carlo Tognoli, il sindaco. Gli dissi di quegli orrori. 'Tognolino' abbassò un attimo gli occhi, poi rispose: «Vuol dire che il piano regolatore lo consente». Sì, peccato che il piano fosse stato cambiato ad uso del costruttore siciliano, con un trucchetto semplice semplice di cui parleremo diffusamente più avanti[2].

Adesso che l'ippica è in grave crisi si sta pensando di abbattere ippodromi, piste, cascine e quella cittadella medioevale, con artieri, sellai e altri artigiani, che raccoglieva la maggior parte delle scuderie e dove vidi, in un box fatto apposta per lui, il fuoriclasse Ribot con la sua capretta. Colerà altro cemento. Poco importa, tanto l'Expo ha già provveduto a tappare tutti i buchi, a colmare gli ultimi 'vuoti', per dirla con Van de Velde, rimasti alla città.

Dopo il Gratosoglio e il Gallaratese, negli anni Settanta e nei primi Ottanta, sarebbero nate Milano 2 e Milano 3 le cittadelle costruite da Berlusconi per un ceto medio ansioso di promozione sociale. Un ceto medio che, pur di marcare una qualche distanza, è disposto a vivere in un luogo spaesante, senza storia, senza vita, con la sua asettica razionalità, il famigerato 'verde' che non si può calpestare, le strade tutte uguali, la gente tutta uguale. Ed è questa uguaglianza, proprio nel momento in cui si cerca di segnare una diversità, di trovare un'individualità se non un'identità (questa può essere solo, quando c'è, un fatto interiore), a frustrare gli abitanti di Milano 2 o di altri ghetti di lusso cresciuti intorno alla città: «Prendiamo, per esempio, un abitante di Milano 2, quartiere ricco, che la mattina, quando si alza e apre le finestre vede

[2] Vedi *Le avventure picaresche di un giornalista alieno*, pp. 65 ss.

ventimila o trentamila individui identici a lui, con le stesse macchine tendenzialmente lussuose, gli stessi vestiti griffati, gli stessi gadget, le stesse facce, perché alla lunga si finisce anche per rassomigliarsi fisicamente, come il cane al suo padrone o viceversa. E allora, sto a Milano 2, c'ho giù il 'verde' e, perdio, ci porto almeno il cane a pisciare. Ma non un cane normale, eh no – mai visto un bastardino a Milano 2, li cacciano a fucilate i guardiani delle garitte mandandoli verso Segrate il quartiere povero e sfigato – ma un gigantesco San Bernardo, un labrador, un alano, un husky polare, un levriere dai nobili lombi di sesta generazione. Ma ecco che poco dopo, sul verde, anche l'odiato vicino ha il suo levriere dalla genealogia forse ancor più aristocratica e bisogna ricominciare tutto da capo» (dall'opera teatrale *Cyrano, se vi pare...*). In quell'inchiesta su Milano 2, che ho riproposto nel mio libro *Senz'anima* col titolo «All'alba di un mondo nuovo», scoprivo l'humus, sociale e culturale, da cui sarebbe nato una decina di anni dopo il berlusconismo.

Non più città di quartieri, non più interclassista, divisa in ghetti, sia in periferia che in centro, Milano ha perso il senso di essere una comunità. I supermarket e i grandi empori di Armani o di Krizia, spazzando via i negozietti, hanno concluso l'opera di spersonalizzazione. Via via spariscono le drogherie, le mercerie, i fruttivendoli, i macellai, i salumieri, i casalinghi, i ferramenta e tutte le botteghe artigiane che una volta erano la caratteristica e il vanto di questa città. Se hai bisogno di un martello non devi cercarlo nella tua zona ma su Internet.

La domenica i milanesi che non si sparano a Saint Moritz o a Gstaad, trovando le stesse persone che hanno lasciato in città, per cercare un po' di calore vanno all'Ikea di Corsico.

C'è poi la solitudine degli anziani, lo stacco con le generazioni più giovani, fenomeno comune a tutte le grandi città europee. E anche questo è dovuto al cambiamento strutturale delle metropoli, all'urbanistica, agli appartamenti dalle piccole dimensioni sfruttati fino all'osso dove non si possono tenere il nonno o i genitori e, appena se ne presenta l'occasione, o la necessità, li si sbatte in un gerontocomio. E anche a un cambiamento di mentalità.

Nella Milano dei bei dì, nella Milano 'on my mind', non c'era quasi un bar che non avesse un biliardo e, dietro, una saletta dove si giocava a poker, a ramino pokerato, a tressette 'ciapa no' senza che a nessun 'pulotto' venisse in mente di ficcare il naso. E al biliardo o a poker giocavano, insieme, giovani e anziani. Adesso il retrobottega 'peccaminoso' è scomparso e, a parte qualche circolo per professionisti o quasi, nessun bar ha più un biliardo. Ho chiesto al gestore, Dino, di un bar in cui mi rifugio, che non è 'trendy', non è zeppo di escort accalappiacani, non ha pretese, un bar normale insomma dove si possono fare quattro chiacchiere alla buona, perché non ci siano più i biliardi. «Occupano troppo spazio e rendono poco rispetto alle slot appiccicate alle pareti». Business is business.

Nel 1960 entrai per la prima volta, col mio amico Giagi, in un supermarket. Ci sembrò il Paese di Bengodi. Era invece il Cavallo di Troia entrato in città e che ci avrebbe tolto, per sempre, l'innocenza.

Sessantotto e dintorni

I fenomeni più importanti e fecondi, sul piano del costume, il movimento hippy, la liberazione sessuale, il femminismo, sono maturati prima del Sessantotto.

Noi ragazzi borghesi sentivamo soprattutto due esigenze: quella di essere un po' più liberi, vestire come ci pareva, senza l'odioso obbligo della giacca e cravatta, portare i capelli come ci pareva e che le nostre compagne non fossero costrette a rincasare alle nove di sera per poi, magari, uscire di nascosto a mezzanotte, e quella di un impegno, noi che non avevamo vissuto la guerra, il fascismo e l'antifascismo. Un impegno che non sapevamo dove riversare. Causa a sé facevano i giovani della FGCI, i mitici 'figiciotti', che un impegno ce l'avevano (verso il partito, of course) e conducevano una vita austera molto diversa dalla nostra, con codici precisi e inderogabili (la ragazza, se ce l'avevano, doveva essere rigorosamente una 'compagna', i vini quelli del popolo, un barbera, un cancarone, un pigato). Io li rispettavo e li invidiavo. Come tutti gli anarchici ho un'attrazione per l'ordine, che avrei sfogato nel gioco regolato, il poker, lo chemin de fer, cosa che sfugge alle femmine, caotiche per natura, fin da bambine. Erano innocenti i 'figiciotti', non potevano sapere, a differenza dei loro leader, cosa fosse realmente l'Unione Sovietica, anche se Gide, già a metà degli anni Trenta e Albert Camus nei primi Cinquanta ne avevano denunciato i lager.

È perché sentivamo il bisogno di un impegno che nel novembre del 1966 ci siamo precipitati a Firenze colpita dall'alluvione. Ero in casa con tre amici, in via Novara, quando la radio diede la notizia. Il pensiero istintivo, immediato, fu: «Dobbiamo andare a Firenze, a dare una mano». Divenimmo così gli 'angeli del fango'.

Io ero particolarmente attratto dal movimento hippy. Non mi sono mai vestito a fiori ma ne condividevo in pieno la proposizione di fondo: ognuno è libero di fare ciò che vuole nei limiti in cui non nuoce agli altri. Che dovrebbe essere un concetto elementare ma, a quanto pare, così non è. Il clima in quegli anni presessantottini era quello. E nel Nord Europa, bypassando il Sessantotto, vi rimarrà anche negli anni Settanta. *Jesus Christ Superstar*, che vidi a Londra nel 1972, con degli amici, appena uscito (era facile allora procurarsi i biglietti, non bisognava prenotarsi sei mesi prima, come oggi per un concerto di Zucchero) con quel Cristo libertario e 'border line' è una perfetta opera hippy, come hippy era la grande Olanda (seconda ai Mondiali del 1974 e del 1979), dei Neeskens, dei Cruyff, dei Rensenbrink, dei Rep, dei Van Hanegem, dei Rijsbergen, dei Krol, dei Suurbier, dei Jongbloed, che portava in ritiro mogli e fidanzate dei giocatori e aveva inventato il 'calcio totale'. Non per nulla le mete preferite di noi ragazzi, raggiunte in autostop, erano Amsterdam e Londra, oltre a Ibiza dove si radunava la più bella e composita gioventù europea, olandesi, inglesi, norvegesi, svedesi, danesi. Francisco Franco aveva avuto l'astuzia di farne un 'porto franco' con libertà di spinello e di sesso, etero e omo.

A Milano ci radunavamo a Brera, all'Angolo tenuto dalla bionda e bellissima Alfreda, suonavamo la chitarra, portavamo i capelli lunghi ('i capelloni') e facevamo una caciara innocente. Non mi ricordo nemmeno che circolassero gli spinelli, ma questo, forse, è dovuto al fatto che io non appartengo alla generazione della droga, semmai a quella dell'alcol. (Se non avessi avuto un fegato fortissimo me lo sarei spaccato a furia di whisky, mentre i miei compagni finivano regolarmente ubriachi sotto il tavolo. Ma alla lunga questa resistenza all'alcol si rivelerà molto insidiosa). Una sera sì e una no la polizia faceva irruzione a Brera, ci chiedeva i documenti, ci identificava, ci interrogava e qualche volta ci fermava. E il giorno dopo il «Corriere della Sera», diretto da Franco Di Bella, titolava «Repulisti a Brera» come se fossimo delle cimici. È questa ottusità bigotta della borghesia, come mi ammise anni dopo Indro Montanelli, che trasformerà gli 'angeli del fango' nei molto meno innocenti sessantottini. L'Inghilterra, con i Beatles, Mary Quant e la minigonna aveva capito che era venuto il tempo di liberalizzare i costumi e non avrà né il Sessantotto né i fenomeni molto più seri che ne sarebbero derivati.

Mi sono laureato ai primi di febbraio del 1968. Appena in tempo, pochi giorni dopo ci sarebbe stata la prima occupazione della Statale. Una notte, bighellonando come mio solito per la città arrivai davanti all'università e vidi che era illuminata e piena di ragazzi. Mi ci intruppai. Per quel poco che ci sono stato non fui mai un leader. La notte, insieme a un ragazzo padovano, alto, smilzo, allegro, Giorgio Livrini, figlio di un industriale, tenendoci svegli con dei fiaschi di vino rosso, facevamo la guardia a qualcuna delle tante porte della Statale. Ma capii molto presto che non era cambiato nulla. Se prima all'università bisognava andarci in giacca e cravatta, adesso era obbligatorio l'eskimo. Il conformismo aveva solo cambiato di segno. È sempre molto difficile da capire, per certuni, che l'antifascismo non è un fascismo di segno contrario, ma il contrario del fascismo. Eppoi c'era il 'vizietto' di picchiare gli avversari, o presunti tali, dieci, venti, trenta contro uno.

Dovevamo essere proprio agli inizi perché nell'Aula Magna, gremita di studenti e fasciata di tazebao, era stato invitato anche il Rettore, Polvani, che, dimostrando di non aver capito nulla di quel che bolliva in pentola, fece un discorsetto paludato, *ancien régime*. Uscì fra i fischi, seguito da un piccolo codazzo di studenti 'fedeli'. Fra loro c'era Paolo Longanesi, il figlio di Leo, gobbetto come lui, che fece la sciocchezza di strappare un tazebao. Eravamo in tremila, sarebbe bastato prendere Longanesi per la collottola e portarlo fuori. Invece dal tavolo della presidenza si alzò di scatto Luca Cafiero, un assistente di filosofia che era diventato un leader del Movimento, precipitandosi su Longanesi. Ne nacque un parapiglia furibondo. Lo stavano letteralmente linciando. Le ragazze, isteriche, gridavano «Ammazzatelo! Ammazzatelo!» (le cesse, le carine erano un po' più chete). Ci mettemmo venti minuti, con i cugini Jucker e altri, per sottrarre Longanesi alla furia degli energumeni. Dopo andai al cesso, a vomitare. Un po' per lo sforzo e un po' per il disgusto. Uscendo dal bagno vidi uno degli aggressori, Moneta, un ragazzo ben piantato, figlio anche lui di un grosso imprenditore, in piena 'trance agonistica'. Tremava. Dovetti dargli uno schiaffo perché si rimettesse insieme.

Qualche anno dopo incontrai Longanesi da Oreste, un bar vicino al «Corriere», frequentato da artisti e intellettuali. Mi venne spontaneo ricordare a Paolo Longanesi quel vecchio episodio. Lui negò che ci fosse mai stato. «Bene – dissi allora, freddamente – vuol dire che la prossima volta lasceremo fare». Mi è capitato quasi sempre, nella vita, che persone a cui avevo dato una mano non solo non mi fossero grate ma prendessero a odiarmi. È un elementare psicologico, pressoché matematico: uno si sente in debito, non lo tollera e appena può te la farà pagare.

Il 'vizietto' di sprangare la gente trenta contro uno l'MS, finché è esistito, non l'avrebbe mai perso. Nel febbraio del 1972 i 'katanga' (il cosiddetto servizio d'ordine dell'MS) picchiarono selvaggiamente uno studente israeliano accusato, naturalmente a capocchia, di essere una spia della CIA. Questo pestaggio ne seguiva un altro, ancora più violento avvenuto un mese prima ai danni di un sindacalista della UIL, Giovanni Conti, che in un comunicato che cercava di spiegare le ragioni di quell'aggressione venne accusato, insieme a non so più quali nefandezze politiche, di alzare il gomito e di amare la notte. Tale era, sotto le parole rivoluzionarie, il moralismo bacchettone dell'MS. Io allora lavoravo già all'«Avanti!» che simpatizzava apertamente per la 'contestazione', come ormai quasi tutti i giornali che facevano a gara per essere 'di sinistra che più di sinistra non si può'. Ma l'«Avanti!» di Milano (a differenza di quello di Roma sotto lo stretto controllo del partito) diretto da Ugo Intini, il mio vecchio e caro 'Ugaccio', era un giornale libero e libertario e mi permise di scrivere questo durissimo corsivo: «Il Movimento studentesco c'è ricascato. A poche settimane di distanza dalla aggressione del sindacalista della UIL, Giovanni Conti, un altro episodio di violenza vile e stupida che non trova aggancio in alcuna seria motivazione politica, ha avuto come teatro la Statale e come protagonisti i picchiatori del Movimento studentesco. A questo punto non si tratta più di casi isolati, di 'ragazzate' di qualche frangia particolarmente irrequieta dell'MS – come sostiene, fingendo il nulla, Mario Capanna – ma di metodo. E il linciaggio, la caccia all'uomo e alle streghe, israeliane e non, le grida al 'monatto', sono metodi che, ce ne doliamo con Capanna, riecheggiano le abitudini delle squadracce fasciste, sono, soprattutto, espressione di una mentalità (forse inconsciamente) fascista. Il Movimento studentesco deve uscire dall'equivoco. Il linciaggio e l'isteria collettiva non fanno parte del linguaggio politico ma della patologia medica» («Avanti!», febbraio 1972). Queste parole oggi suonano forse ovvie. Ma nel clima di conformismo sinistrorso di quegli anni, che avrebbe partorito da lì a poco le Brigate Rosse («i compagni che sbagliano»), non lo erano affatto. E lo si vide subito. Io, come cronista, dovevo seguire anche le vicende dell'università. Quando misi piede alla Statale fui circondato dai 'katanga' che volevano farmi la festa. Mi salvai mettendomi sotto le ali prottetrici di Capanna che alla violenza era personalmente alieno anche se ebbe il torto politico di avallarla. A Capanna piaceva piuttosto lo sberleffo, come il famoso 'lancio delle uova' alla Scala sulle signore impellicciate e invisonate che uscivano dal teatro. Io quella sera alla manifestazione non c'ero andato, mi ci trovai in mezzo per caso girovagando per la città come voleva la mia inquietudine notturna. Sbucando da una via laterale vidi il casino, i manifestanti, la polizia. Qualunque borghese di buon senso se ne sarebbe tenuto alla larga. Arrivò invece una lucente macchina blu. Alla guida c'era un uomo con a fianco una splendida bionda. Era Gian Giacomo Feltrinelli con la seconda moglie, Sibilla Melega. Feltrinelli che era a sinistra della sinistra (con portafoglio a destra, naturalmente) pensava di essere intoccabile. Ma i manifestanti non lo riconobbero, nonostante gli inconfondibili baffi, o forse non sapevano nemmeno chi fosse. Circondarono la macchina, la tempestavano di pugni, cercando di sfondare i finestrini e di rovesciarla. «No, no, è un compagno, è Feltrinelli!» gridava inutilmente qualcuno. Intervenne la polizia. Fra quelli che cercavano di proteggere Feltrinelli e la Melega c'ero anch'io. E feci male. Due volte male. Perché nel parapiglia generale mi beccai una ginocchiata nella coscia, il classico 'colpo della vecchia', da un caramba e zoppicai per un paio di giorni e perché quel rivoluzionario dilettante meritava una lezione e forse non sarebbe andato a morire qualche anno dopo quando, del tutto inesperto e incapace, cercò di mettere una bomba sotto un traliccio dell'Enel a Segrate.

Più divertente è quanto successe in Largo Gemelli davanti alla Cattolica. Sulla sinistra dello spiazzo c'era una caserma dei carabinieri. Capanna, con un megafono, intimò loro di arrendersi o qualcosa di simile. Si sentirono i tre classici squilli di tromba e cominciò la carica. Ci rifugiammo in una chiesa sconsacrata, lì accanto. Ma eravamo circondati, in trappola. Capanna con altri afferrò una grande asse di legno che serviva per i restauri e la usò come un maglio contro una porticina che dava sul retro. Era una scena medioevale. Nella mia immaginazione postuma lo vedo con indosso una tonaca da monaco (del resto, con quel viso umbro, ce l'aveva un po' l'aria del monaco eretico). Sfondammo la porta e ce la filammo.

Nell'ottobre del 1973 – ero già passato all'«Europeo» – feci per «Linus», una mappa dei vari gruppi della sinistra extraparlamentare che Oreste del Buono titolò «L'extramappa»: MS, Lotta Continua, Avanguardia Operaia, marxisti leninisti (linea-nera), Potere Operaio ('Potop' in gergo, soprannominato anche 'molotov e champagne' perché vi militavano ragazzi dell'aristocrazia e dell'alta borghesia romana, fra cui Paolo Mieli futuro direttore del «Corriere della Sera»), Lotta comunista e le ancora misteriose Brigate Rosse. Li analizzavo nei contenuti e, in linea ascendente, secondo la loro propensione alla violenza. Un'inchiesta non pregiudizialmente ostile. Molti di quei ragazzi, soprattutto in Lotta Continua e nel Movimento studentesco, li conoscevo bene. Cercavo di essere obbiettivo. Alla Statale fu appeso un tazebao in cui Oreste del Buono ed io venivamo bollati come 'spie della CIA'. Oreste, uno degli uomini più intelligenti che ho conosciuto, ma vilissimo, prese subito le distanze dall''extramappa' e, soprattutto, da me. Mi arrivò un minaccioso biglietto di Oreste Scalzone e di Giairo Daghini, di cui al momento non valutai la pericolosità. Ma l'agguato non venne da lì. Nell''extramappa' avevo preso in giro uno dei leader del MS, Luca Cafiero «di cui nessuno sospettava le virtù rivoluzionarie, essendo conosciuto come un 'bravo ragazzo', un po' 'ciula', che si era educato a Oxford, faceva l'assistente e girava in Triumph». Quando Ilio Frigiero, un mio amico militante di Lotta Continua che mi aveva aiutato a compilare l''extramappa' e che conosceva i suoi polli, lesse quel passaggio mi disse: «Tu sei pazzo». Qualche sera dopo mentre rincasavo arrivarono in quattro, con i caschi da motocicletta e le catene. Quando il capo del manipolo mi fu quasi addosso lo riconobbi al di là della visiera: era Giorgio Livrini, l'allegro ragazzo con cui sei anni prima avevo fatto il 'guardiaporte' alla Statale. Si era appesantito nella stazza del picchiatore. Dissi: «Giorgio...». Vidi nei suoi occhi passare un lampo, che diceva «Questo qui adesso o lo ammazzo, perché mi ha riconosciuto, o lasciamo perdere». Finì a tarallucci e vino. Andammo tutti e cinque da Oreste a berci un bicchiere. Ma se, per volontà del Caso, le cose non fossero andate in quel modo, sarei finito anch'io in sedia a rotelle, come in quegli anni è capitato a molti.

Penso che, in estrema sintesi, il Sessantotto sia stato lo sfogo di una generazione di giovani, che non avevano vissuto, nemmeno di striscio, la guerra, che non avevano vissuto alcun avvenimento fondante e che, come tutti i giovani, avevano una gran voglia di menar le mani («Non si può essere socialdemocratici a vent'anni»). Fu anche il frutto di una generazione di adulti, «che non seppero fare gli adulti», come scrisse Oreste del Buono, che non dissero quei no, ma neanche quei sì, che pur andavano detti, e di una Democrazia Cristiana che, come suo solito, arretrò davanti al fenomeno, almeno fino al delitto Moro, sperando che si esaurisse da solo. E così da noi il Sessantotto, con i suoi addentellati successivi, assai più gravi e sanguinosi, è durato una dozzina d'anni, in Francia e in Germania un paio.

Politicamente il Sessantotto, per prendere a prestito un'espressione di Luigi Einaudi usata per la massoneria, fu «una cosa comica e camorristica». Figli della borghesia che avrebbero dovuto spazzar via la borghesia. Una cosa che avrebbe fatto rivoltare nella tomba il buon Marx. Questi ragazzi di buona famiglia, di giorno giravano per le strade gridando «Fascisti, borghesi, ancora pochi mesi», «Fascista, basco nero, il tuo posto è al cimitero», «uccidere un fascista non è reato», spaccando vetrine e a volte anche crani, ma la sera, quando rientravano nelle belle case dei loro padri, si attaccavano al telefono: «Pronto Dadi. Pronto Leonetta» che non sono precisamente dei nomi proletari. Nel Movimento studentesco di Milano c'era un solo operaio, un certo Lo Bue, che veniva portato in giro e ostentato come una 'madonna pellegrina'. Agganci meno vaghi con le fabbriche li aveva Lotta Continua che però non fu mai vista di buon occhio dagli operai. In seguito vennero giovani che presero sul serio quelle parole. I terroristi. Più stimabili, almeno quelli della prima generazione, che mettevano in gioco oltre la vita altrui anche la propria.

Le avventure picaresche di un giornalista alieno

La Milano da bere? Se la bevevano solo i socialisti. Era diventata un feudo del PSI, nel senso letterale del termine. Don Rodrigo stava a Roma, ma molti suoi vassalli spadroneggiavano a Milano. Si prendevano anche le donne altrui, in cambio di qualche comparsata su Rai Uno o Rai Due di cui si erano nel frattempo impossessati. Ricordo un'efficace copertina dell'«Espresso». Si vedono due belle ragazze, un po' succinte, appoggiate a due televisori affiancati, sullo schermo del primo sta scritto TGUNO, sul secondo TGDUE e il titolo, giocando sulla rima, recita: «Caro Craxi siamo tue, tiggiuno e tiggidue». Berlusconi non ha inventato nulla. Solo che lui le donne le compra con i soldi suoi, i socialisti, o per essere più precisi i craxiani, lo facevano con i nostri. Attraverso le tangenti, le truffe e le ruberie varie.

Certo se oggi tu chiedi a un tassista milanese, di una certa età, di quegli anni li ricorda con rimpianto: c'era un vortice di denaro, che faceva girare i ristoranti di lusso, gli alberghi di lusso, i ritrovi di lusso e quindi anche i taxi. Ma raramente quel tassista si rende conto che se ora si trova nelle canne è proprio anche a causa di quello sperpero di denaro pubblico del quale a lui è finita in tasca una porzione infinitesima.

Non che le cose, donne a parte, funzionassero diversamente altrove. Il 'sistema delle tangenti' che Antonio Di Pietro disegnerà magistralmente qualche anno più tardi lo conosciamo bene: il 50% circa al partito del sindaco (fosse PSI, DC o PCI), il 25% a testa agli altri due 'partiti di massa', le briciole alle frattaglie socialdemocratiche, liberali, repubblicane. I socialisti ebbero la sfortuna di essere *magna pars* del sistema delle tangenti in una città dove si era formato uno straordinario pool di magistrati, Borrelli, Boccassini, Colombo, Davigo, D'Ambrosio supportati dalla formidabile, anche se un po' caotica, energia di Antonio Di Pietro (altre procure, poniamo di Firenze o di Bologna, furono più neghittose). Ma pagarono anche l'arroganza, la strafottenza, l'assoluto senso di impunità per il loro agire, mentre i democristiani e i comunisti erano stati più prudenti. Così uscirono da Tangentopoli azzerati e da allora non si sono più ripresi, trasformando per anni il glorioso nome 'socialista' (che vuol dire cercare di coniugare giustizia sociale e libertà civili) in un marchio d'infamia.

Che il sistema fosse quello, io ne avevo avuto sentore fin dai primi anni Ottanta. Massimo De Carolis, leader della 'maggioranza silenziosa' ed editore del «Settimanale», dove mi ero rifugiato dopo essere uscito, sbattendo la porta, dall'«Europeo», occupato anch'esso dai socialisti mentre la Rizzoli veniva saccheggiata dal piduista Bruno Tassan Din, *longa manus* di Gelli, Ortolani e Calvi, mi aveva avvertito: «Guardi che in Italia non c'è appalto senza tangente politica». Avevo fatto delle ricerche e avevo anche trovato, al nord, qualche imprenditore disposto a raccontare di essere sottoposto a tangenti sistematiche, ma mi aveva avvertito: «Se lei fa il mio nome non solo la smentisco, la querelo». Così avevo finito per lasciar perdere.

Mi riscattai nel 1987 'sfondando' il sistema di Salvatore Ligresti a Milano con un'inchiesta per «L'Europeo» 'I misteri di Ligresti' che portava questo lungo sottotitolo «Da un paesino siciliano alla conquista della metropoli lombarda. Le scorribande edilizie e le varianti ai piani regolatori. I rapporti privilegiati con l'Amministrazione di Milano e le segreterie dei partiti. I legami con Ursini e Virgillito. L'ingresso nel mondo della finanza. Il rapimento della moglie. L'ombra della mafia. Ecco come una fortuna di cemento comincia a incrinarsi» («L'Europeo», 25/7/1987).

Il 'sistema Ligresti' era una variante di Tangentopoli. Il 'trio di viale Helvetia' o 'la banda di viale Helvetia' come veniva chiamata dal nome della via dove c'erano gli uffici, era composto da Achille Cutrera, avvocato amministrativista, parlamentare socialista, Salvatore Ligresti, ingegnere e costruttore, e Andrea Brenta, un altro costruttore. Molti proprietari di terreni vincolati a verde o a edilizia popolare si rivolgevano a Cutrera perché li aiutasse a svincolarli. Cutrera diceva: «Lei è un privato, non può farcela. Qui ci vuole un costruttore. Le consiglierei due nomi, quelli di Ligresti e Brenta». Intanto Ligresti, che aveva stretti legami con gli uffici amministrativi del Comune, i cui funzionari erano socialisti, otteneva l'assicurazione che al terreno sarebbe stato tolto il vincolo una volta che fosse stato suo. Poi andava dal proprietario e gli diceva: «Quanto vale il suo terreno? Uno? Bene, io glielo compro a tre». Il proprietario, tutto contento, vendeva. Solo che in quel momento il suo terreno valeva dieci volte tanto. L'inchiesta fece molto rumore. Cutrera mi querelò. E questo è nella norma. Ma Cutrera era anche un importante consulente della Fiat, proprietaria della Rizzoli proprietaria dell'«Europeo» e chiese all'amministratore delegato, Giorgio Fattori, il mio licenziamento immediato. Fattori lo chiese al mio direttore Lanfranco Vaccari. Vaccari era in una posizione di debolezza, era diventato da poco direttore del giornale portandomi con sé come editorialista, inviato e 'consigliori' (ha sette anni meno di me e in un'altra stagione dell'«Europeo», quella degli anni Settanta, quando il settimanale era diretto da Tomaso Giglio, lo avevo un po' preso sotto la mia protezione, gli avevo fatto, per dirla con Flaubert, un po' di 'educazione sentimentale'). Lanfranco ebbe il coraggio di resistere.

Il processo, che fu lungo, si presentava particolarmente difficile per me. Le mie 'fonti', gli architetti, gli urbanisti che mi avevano dato la 'dritta' sui metodi della 'banda di viale Helvetia', si rifiutavano di testimoniare. Anche i proprietari truffati erano reticenti. Un po' perché qualche guadagno lo avevano pur ottenuto e molto perché temevano il potere socialista a Milano. Mi salvò, insieme alla preziosa collaborazione di un consigliere comunale di Democrazia Proletaria, Basilio Rizzo, una vedova di Lugano. Era la moglie di un certo Brambilla che possedeva un enorme terreno, vincolato, in piazzale Maciachini e dintorni. Più volte aveva chiesto lo svincolo al Comune, offrendo in cambio la costruzione, a sue spese, di tutte le infrastrutture, scuole, giardini, strade. Ma la risposta era sempre stata la stessa: *niet*. Quando si era fatto vivo Ligresti gli aveva ceduto il terreno. Poi si era ritirato a vivere in Svizzera, a Lugano. Un pomeriggio passando in macchina per quello che una volta era stato il suo terreno vide che stavano costruendo a manetta, senza vincolo alcuno. 'IMPRESA LIGRESTI' era scritto a caratteri cubitali. Gli venne un tale malestro che si ammalò di tumore e nel giro di due anni morì. La vedova, che aveva il dente avvelenato, mi fornì tutti gli elementi necessari per documentare la truffa. E quel caso, inequivocabile, fu il pilastro che avvalorava tutto ciò che avevo scritto sul 'sistema Ligresti'. Fui assolto con formula piena nei primi anni Novanta quando il potere socialista si stava sgretolando sotto i colpi di maglio di Mani Pulite.

Ma denunciare negli anni Ottanta il malaffare del potere socialista, quando era al suo apice, era tutt'altro che facile, tant'è che quasi nessuno lo aveva fatto. Lo riconobbe qualche anno dopo il magistrato Livia Pomodoro, presidente del Tribunale dei minorenni di Milano, nella prefazione ad un serissimo libro di documentazione scientifica sul 'sistema degli appalti': «Da segnalare, in particolare, le denunce di una illegalità diffusa nelle pubbliche amministrazioni di Milano e della Lombardia da parte del consigliere comunale Riccardo De Corato, e del giornalista Massimo Fini relativamente alla corruzione della classe politica... Solo successivamente quando sono andate affermandosi le istanze di cambiamento nella politica italiana il sostegno dei partiti e dei media all'iniziativa della magistratura contro la corruzione politico-amministrativa è diventato rilevante»[3]. Non erano poi tanti allora, prima di Mani Pulite, i giornalisti che denunciavano, documentandola, la corruzione politica, amministrativa, e imprenditoriale, solo dopo il '92, come nota Livia Pomodoro, divennero legione e tutti *antemarcia*. Salvo innestare rapidamente la retromarcia quando, con l'avvento di Berlusconi, il clima cambiò di nuovo, i magistrati divennero i veri colpevoli, i ladri le vittime e giudici dei loro giudici.

Quasi inutile aggiungere che Basilio, un ragazzo di un'onestà cristallina, non farà carriera in politica, mentre Salvatore Ligresti, condannato in via definitiva nel 1997, continuerà ad essere tranquillamente un 're del malaffare' fino ai giorni nostri, come ci raccontano le cronache.

Nel 1992, pur conservando la mia rubrica sull'«Europeo», 'Il Conformista', la più importante del settimanale, che avrei tenuto per undici anni, ero passato all'«Indipendente» che Vittorio Feltri era andato a dirigere lasciando proprio «L'Europeo» che aveva portato dalle 80 mila copie di Vaccari a 120 mila. Chiamato da Feltri arrivai all'«Indipendente» il primo d'aprile. Sembrava quasi uno scherzo. Il giornale che era stato diretto dal similanglosassone Ricardo Franco Levi, era al collasso, vendeva 19.500 copie. Si diceva che avrebbe chiuso alla fine del mese. Mi ricordo quando, quel primo aprile, entrai nell'ufficio di Vittorio. Seduto alla scrivania, in fondo alla stanza, sembrava più malinconico, smunto e pallido del solito. Ma abbiamo avuto fortuna. Era esplosa la Lega, Feltri ed io sull'«Europeo» avevamo trattato questo fenomeno nuovo senza l'ostilità preconcetta degli altri giornali, tutti legati in un modo o nell'altro alla partitocrazia, ma con una certa simpatia. La nascita di una forza di opposizione, dopo vent'anni di consociativismo, permise ai magistrati, che prima avevano le mani legate perché se osavano fare un'inchiesta su qualche politico venivano sbattuti in qualche Procura di confine, di fare il loro mestiere. Fu la stagione di Mani Pulite. Che Feltri cavalcò con

[3] *Il sistema degli appalti*, introduzione di Giovanni Maria Flick, Milano, Giuffrè editore, 1995, p. XIII.

maestria e con ferocia 'giustizialista' (divenne 'garantista' quando passò alla corte di Berlusconi). Fu l'«Indipendente» di Feltri a pubblicare a piena pagina, godendo di quell'umiliazione, la foto di Enzo Carra in manette, fu Feltri ad affibbiare a Craxi l'appellativo di 'Cinghialone' dando a un'inchiesta giudiziaria il sapore di una caccia sadica, e fu sempre Feltri ad attaccare anche i figli di Bettino. Toccò a me, che non ho mai sopportato la 'caccia all'uomo', smussare certi eccessi («Caro direttore, ti sbagli su Stefania Craxi», «Indipendente», 11 maggio 1992). Altri fattori ci aiutavano. Maurizio Belpietro, il vicedirettore che Feltri si era portato dietro dall'«Europeo», era formidabile come 'secondo'. Nei primi tempi Feltri andava spesso in giro per pubblicizzare il giornale, e io lo accompagnavo, lasciando Belpietro solo a gestirlo. E Maurizio interpretava alla perfezione ciò che avrebbe voluto Vittorio. Eppoi c'era una redazione giovane, motivata, vogliosa di riscatto dopo l'umiliante fallimento della direzione di Levi. Ma soprattutto, essendosi dileguati i punti di riferimento dei partiti tradizionali che stavano cadendo come birilli, venivano a noi lettori di ogni genere. L'«Indipendente» pubblicava opinioni di destra e di sinistra, liberiste e antiliberiste (le mie). C'era di tutto e questo consentiva di allargare ogni giorno il nostro parco lettori. Ma pur nel casino il giornale conservava un'identità precisa, una faccia, era quella di Feltri che si era inventato il 'feltrismo'. In un anno e mezzo l'«Indi» passò da 19.500 copie a 120.000, un'escalation unica nel giornalismo italiano del dopoguerra («Il Fatto», che per certi versi può essere avvicinato all'avventura dell'«Indipendente», non ha mai raggiunto questi livelli). Con i pochi mezzi a disposizione facevamo un giornale un po' sgangherato, ma eravamo liberi e questo il lettore lo sentiva. Il giovane editore, Zanussi, non si permetteva di metter becco (quando il nostro amministratore, nell'ambito delle inchieste di Mani Pulite, fu arrestato, pubblicammo la notizia in prima pagina, senza sconti). Era un sogno a lungo sognato, era il sogno di chiunque faccia questo mestiere: noi giornalisti eravamo i veri padroni del giornale. Tutto filava a gonfie vele. Se Montanelli fosse venuto via dal

«Giornale», com'era inevitabile sia perché Indro non poteva tollerare un proprietario che era diventato un politico, sia perché il suo secondo, Federico Orlando, quello che faceva effettivamente «Il Giornale», mentre crollava la Prima Repubblica continuava a tenere come punto di riferimento Arnaldo Forlani, all'«Indipendente» sarebbero arrivate, senza colpo ferire, 30 o 40 mila copie. Avremmo potuto essere «la Repubblica» degli anni Novanta e anche oltre. Oso persino pensare che avremmo potuto cambiare il corso della politica italiana.

Una sera d'agosto del 1993 Feltri mi invitò a cena e mi pose la terrificante domanda «Se vado a dirigere "Il Giornale" di Berlusconi vieni con me?». Gli dissi di no. E per due ore cercai anche di spiegargli perché questa scelta era una follia da ogni punto di vista: politico, professionale e anche suo personale. Alla fine della cena un po' brilli tutti e due, Vittorio alzò il bicchiere e esclamò «In culo al Berlusca! Restiamo all'"Indi"!». Questa scena si sarebbe ripetuta altre tre o quattro volte. L'ultima («In culo al Berlusca! Restiamo all'"Indi"!») fu a dicembre. Il giorno dopo aveva firmato per il Cavaliere.

Feltri si portò via dall'«Indipendente» Belpietro, tutta la struttura organizzativa e tutti i migliori editorialisti. Il giovane Zanussi fu così ingenuo da chiedere proprio a Feltri chi potesse essere il nuovo direttore dell'«Indipendente». Vittorio, che aveva intenzione di spolpare l'«Indipendente» a favore del «Giornale», gli indicò Pia Luisa Bianco, capo della redazione romana. In quell'occasione feci male a farmi vincere dalla mia solita ritrosia. Dovevo farmi avanti e chiedere la direzione. Erano in ballo questioni importanti, più importanti dello stesso giornale. Zanussi mi avrebbe detto certamente di sì. Ero la seconda firma del giornale. Anche se non credo che avrei potuto resistere a Feltri. In quel ruolo è troppo più bravo. In compenso mi disse una volta «tu scrivi meglio di me», un'ammissione che raramente un giornalista fa a un collega. Una prova di umiltà.

Feltri mi chiese più volte di andare al «Giornale». Rifiutai sempre. Ma alla fine vedendo che l'«Indipendente» aveva i giorni contati mi decisi. Mi incontrai con Feltri al terzo piano di via Negri la sede del «Giornale». Decidemmo il compenso, la forma della collaborazione, tutti i dettagli. C'era solo da formalizzare l'accordo con l'Amministrazione. Scesi al secondo piano per chiudere. L'amministratore, Roberto Crespi, cominciò a parlarmi delle strategie aziendali, in termini quasi militareschi, e andò avanti per una buona mezz'ora con questa solfa che a me interessava pochissimo. Per rompere un po' quel noioso monologo gli chiesi: «Lei a che squadra tiene?». «Tenevo alla Juventus, ma siccome mi piace il bel gioco ora tengo al Milan». Risalii da Feltri e gli dissi: «Non vengo più». Se uno non poteva nemmeno tenere alla squadra del cuore era escluso che potesse scrivere liberamente, nonostante tutte le assicurazioni di Vittorio.

Con Feltri ho sempre avuto un rapporto ambivalente. Da una parte lo considero il miglior direttore italiano della sua, e mia, generazione, e forse anche di un paio di quelle precedenti. Dall'altra non condivido la sua totale mancanza di etica, non personale ovviamente, ma professionale. Pur di vendere è disposto a tutto. Comunque sul lavoro ci siamo sempre trovati a meraviglia. Siamo come due calciatori che, in ruoli diversi, hanno lo stesso linguaggio tecnico. E tutte le volte che ho voluto pubblicare un pezzo che nessun altro avrebbe avuto il coraggio di pubblicare mi sono sempre rivolto a Feltri, anche quando, ed è avvenuto spesso, i nostri rapporti erano ai ferri corti (Dopo che ha lasciato l'«Indipendente» ho pubblicato articoli feroci contro di lui, chiamandolo 'traditore', 'voltagabbana' e persino 'canaglia', ma devo dargli atto che, pur essendo permalosissimo, non me ne ha mai voluto. E me l'ha lasciata sempre passare). Credo poi che da un punto di vista umano ci unisca una certa malinconia di fondo. L'abbandono dell'«Indipendente» per Berlusconi però non gliel'ho mai perdonato e tutte le volte che eravamo a cena insieme glielo ricordavo. E ultimamente ha riconosciuto che era stato un errore. Anche per lui. Ma ormai erano passati vent'anni da quella vertiginosa cavalcata e le nostre vie si erano divise per sempre[4].

[4] Oggi i nostri rapporti sono irrimediabilmente rotti. In un suo libro mi

Nel 1997 mi trovai col culo per terra. L'«Indi» era stato chiuso. L'«Europeo» anche. A tutti i miei colleghi dell'«Europeo» la Rizzoli propose un posto alternativo. A me no. Così in una canicolare tarda mattinata di maggio di quell'anno mi trovai, insieme a una decina di colleghi di altre testate, un po' sorpresi di vedermi lì, in via Lepetit 8 dove c'è l'Ufficio provinciale del lavoro. Come un parco buoi fummo avviati in una stretta stanza dall'aspetto patibolare dove, in piedi, scamiciati, sudati, ascoltammo un funzionario dell'Ufficio che faceva l'appello. La porta era aperta e la gente che passava incessantemente nei corridoi gettava ogni tanto un'occhiata di distratta curiosità. Con voce atona il funzionario lesse un documento che aveva valore collettivo. Alla fine chiese: «Ci sono obiezioni?». Forse qualcuno ne aveva, ma restammo tutti muti. Poi ciascuno firmò la sua lettera e Alberto Musazzi, in rappresentanza dell'Azienda, la controfirmò. Lasciammo la stanza e ci disperdemmo per le scale senza avere il coraggio di guardarci in faccia.

Quel trattamento mi umiliò profondamente. Per il Gruppo Rizzoli-Corriere avevo lavorato, complessivamente, diciannove anni, dandovi le mie migliori energie, lasciandovi anche qualche brandello di salute, soprattutto all'epoca della direzione di Tomaso Giglio che ci costringeva a ritmi di lavoro massacranti. Per undici anni avevo tenuto la rubrica più importante dell'«Europeo» non mancandola una sola settimana. Nel periodo 1972-1995, nonostante una parentesi di sette anni, avevo scritto più articoli di qualunque altro mio collega dell'«Europeo» nello stesso arco di tempo. Non avevo fatto, in diciannove anni, un solo giorno di assenza. Non avevo mai piantato grane sul lavoro, come un soldatino di piombo avevo sempre accettato qualsiasi tipo di servizio convinto, come

ha definito «un grande giornalista mancato». Gli ho risposto con un biglietto: «Può essere. Lo preferisco – l'ho preferito – ad essere un uomo mancato. In ogni caso io ho scritto dei libri, alcuni dei quali rimarranno nel tempo, almeno per un po', di voi (mi riferivo anche a Sallusti e Belpietro con cui pure ho rotto i rapporti, *ndr*) non resterà che la polvere e una vergogna che vi sopravviverà».

ci ha insegnato Enzo Biagi, che anche dalla materia apparentemente più modesta si può cavare qualcosa di buono. Non avevo mai chiesto un aumento di stipendio, non avevo mai fatto spendere un soldo che non fosse strettamente necessario, non c'era stata causa di diffamazione da cui non fossi uscito pulito insieme all'Azienda che, in quei frangenti, rappresentavo. Non avevo mai scritto un rigo per fare un favore, né debito né indebito, o per procurarmi qualche vantaggio. Avevo svolto la mia attività di polemista a 360 gradi, non badando né alle inimicizie che mi procuravo né alle amicizie che perdevo. Tutto, bene o male che mi fosse riuscito, era stato scritto in funzione del giornale. Dopo diciannove anni di questo servizio la RCS mi liquidava, in un ufficio da strangolatori, senza dirmi nemmeno «bà».

Rimuginai la mia amarezza per un paio di mesi. Poi telefonai a Feltri, col quale ero, al solito, in un periodo di burrasca, e gli chiesi: «Vuoi un racconto sul Gruppo Rizzoli-Corriere fatto da uno che l'ha vissuto dall'interno per una ventina d'anni?». Vittorio non aspettava altro. Diede grande rilievo al racconto pubblicandolo, di spalla, in prima pagina. Ne seguivano altre due al centro del giornale («Il Giornale», 7 agosto 1997). Quasi ogni riga era da querela, se non fosse stata veritiera. Ma nessuno in RCS alzò orecchio. Se fossero stati capaci di un minimo di buona educazione si sarebbero evitati quella figuraccia.

Dopo essermi dimesso nel 1979 ero rientrato all'«Europeo» qualche anno dopo, nel 1987, col mio fraterno amico Lanfranco Vaccari che era stato chiamato a dirigerlo. Lanfranco venne a casa mia la sera prima di assumere la direzione. Tremava di paura, com'è umano e giusto che sia quando ci si sta per imbarcare in un'impresa difficile. Così giovane poi (aveva 37 anni). Mi scongiurò di seguirlo all'«Europeo». Dissi volentieri di sì. Pattuimmo un compenso che, come sempre, al momento del dunque si rivelò essere un altro. «Del resto – mi disse Vallardi, che si occupava del settore periodici – per lei è un bel salto di qualità dalla "Domenica del Corriere" all'"Europeo", un'esperienza nuova». Non sapeva, come il suo ruolo gli avrebbe imposto – non si era letto nemmeno una scheda – che io all'«Europeo» c'ero già stato dieci anni e che, per quanto giovanissimo, ne ero stato una delle prime firme («Con le qualità di Fini all'"Europeo" – aveva detto Tomaso Giglio, il direttore di allora – ho visto entrare solo Bocca e la Fallaci», cosa che l'Oriana non mi ha mai perdonato). Questo era il livello dei manager della RCS. Il vecchio Andrea Rizzoli ci conosceva tutti, uno per uno, quando ci incontrava, in ascensore o nei corridoi, ti salutava e faceva perfino finta di aver letto il tuo ultimo articolo. Quando, con l'acquisto del «Corriere», arrivarono in azienda 400 manager (la vecchia Rizzoli aveva solo tre amministrativi, efficenti e fedelissimi) costoro non ti vedevano neanche, se ti incontravano ti passavano attraverso come se non esistessimo. Eppure eravamo noi a dare loro il lavoro e non viceversa.

Per «L'Europeo» di Vaccari scrivevo un editoriale a numero e facevo anche lavoro sul campo: inchieste, interviste, reportage (andai un mese nel Sud Africa dell'apartheid, in Iran e altrove). Mi davano due milioni al mese. L'Azienda e lo stesso Vaccari mi dicevano che proprio non potevano offrire una lira di più, la Rizzoli era alle strette. Ma quando Vaccari se ne andò, Feltri, che gli era subentrato, mi fece vedere, con una punta di malizia, i tabulati da cui risultava che, per esempio, Luigi Manconi che scriveva sì e no un editoriale al mese riceveva tre milioni e mezzo.

Nonostante avesse preso il Gruppo Rizzoli-Corriere per un tozzo di pane («Gli Agnelli – mi disse un Angelo Rizzoli pieno di rancore – hanno fatto di tutto per mandarmi a bagno e poi hanno comprato la mia azienda per quattro soldi, un'operazione che definire da strozzini è essere gentili») la Fiat era riuscita lo stesso a mandare in rosso la Rizzoli in pochi anni. Com'era suo collaudato costume scaricava parte delle perdite sulla collettività con la cassa integrazione. Ci finii anch'io e ci stetti un anno e mezzo. La cosa curiosa è che in quell'anno e mezzo alcuni giornali della Casa («Sette», «Anna») cominciarono a chiedermi autonomamente degli articoli, che dopo un po' raggiunsero un numero considerevole, pagandomeli a parte. Una situazione paradossale, assurda e forse anche illegale. Mi decisi quindi ad andare a parlare con l'Amministratore delegato della RCS Periodici, Gianni D'Angelo. Questo D'Angelo alla fine degli anni Settanta era stato assistente di Bruno Tassan Din e quindi responsabile, 'pro quota', del disastro che avrebbe portato la RCS all'amministrazione controllata. Cacciato dal Gruppo era stato coinvolto nel 'crac Cultrera', un 'affaire' da oltre dieci miliardi che aveva lasciato sul lastrico migliaia di piccoli risparmiatori (una sorta di preannuncio della vicenda Parmalat) e condannato (patteggiamento). Era stato riassunto dalla RCS a metà degli anni Ottanta. Era cominciata l'epoca in cui nelle grandi aziende, come nelle grandi Banche, se non erano pregiudicati non li volevano. A D'Angelo esposi la grottesca situazione in cui mi trovavo. E poiché avevo cominciato a stendere il tappeto e a sciorinare la mia modesta mercanzia D'Angelo mi interruppe: «Non c'è bisogno che mi spieghi chi è Massimo Fini. Lo sappiamo benissimo». «A me non pare» risposi. E aggiunsi: «O servo all'Azienda e mi reintegrate a pieno titolo o non servo e allora prendetevi la responsabilità di licenziarmi, mettendo fine a questa flanella che ricade sulla testa della collettività». L'Amministratore delegato disse che ci avrebbe pensato. Ed è per questo che, nel maggio del 1997, mi ritrovai in quell'Ufficio del lavoro di via Lepetit.

Esattamente il maggio di ventotto anni prima mi ero dimesso, giovane impiegato di seconda, dalla Pirelli con una lettera insolente («In un ufficio in cui le persone sono valutate per la qualità delle proprie cravatte, io non potevo avere fortuna visto che non porto cravatte»). La Pirelli, dove avevo lavorato un anno e dieci mesi, non poteva avere motivi di particolare simpatia nei miei confronti. Certo, avendo scoperto che sapevo un po' scrivere, mi faceva lavorare, insieme ad un altro impiegato, Claudio Serra, per la Centro, la loro agenzia di pubblicità che serviva anche clienti esterni. Ci davano una bottiglia di vino e noi, appartati dagli altri impiegati, tutti contenti di smarcarci, sfornavamo testi e slogan (uno fu ripreso da Camilla Cederna sull'«Espresso») che se fatti dalla Centro, che li affidava a sua volta a copywriter esterni, gli sarebbero costati qualche milione. Ma con un altro impiegato, Maurizio Calzolari (che avrebbe fatto anch'egli il giornalista), eravamo i soli *white collar* a partecipare agli scioperi dell'"autunno caldo'. Il capo del nostro reparto, l'ingegner Gianfranco Isalberti, ci convocò, me e Calzolari, e ci chiese se, visto che partecipavamo agli scioperi e ai sit in, potevamo fare delle relazioni sul comportamento degli operai (formalmente facevamo parte dell'Ufficio Stampa e Pubblicità). Risposi che non ero stato assunto per fare la spia e così fece Calzolari, dopo di me. «Immaginavo che avreste risposto di no, siete dei bravi ragazzi. Ma quella domanda io avevo il dovere di farvela» disse l'ingegnere. Quel ruolo di 'informatore' sarebbe poi stato assunto da un marxista leninista linea nera, premiato con uno stage negli Stati Uniti, di cui non faccio il nome perché è morto, pochi anni dopo, in un disgraziato incidente subacqueo. Calzolari si prese solo una solenne ramanzina, io, considerato maggiormente responsabile, fui proposto per la sede di Catania. Ma a parte questo mi ero sempre dimostrato insofferente agli standard di disciplina della Pirelli. Arrivavo alle 8 e 10, ora in cui bisognava timbrare il cartellino, stralunato perché avevo giocato a poker fino alle sette del mattino. Insomma, oggettivamente, ero stato un elemento di disturbo. Ma la Pirelli ci teneva a conservare le forme. Quello stesso Gianfranco Isalberti, cui era diretta la mia lettera di dimissioni, mi ricevette con molta cordialità e mi tenne a colloquio per mezz'ora. Ebbe solo un soprassalto quando, rabbonito, mi scusai per il tono della mia lettera di dimissioni e temette che volessi ritirarle. «No – lo rassicurai – le dimissioni le confermo». Ci salutammo stringendoci la mano. E non era solo una cosa formale. L'ingegner Isalberti, inamidato in una cravatta terribilmente kitsch, si rivelerà decisivo qualche tempo dopo. Nel 1972 ero passato dall'«Avanti!» all'«Europeo». Il direttore del settimanale, il sempre mitico Tomaso Giglio, avendo una redazione piuttosto *âgée* cercava forze fresche e aveva incaricato il più giovane della redazione, il bravissimo Corrado Incerti, di trovargliele (con Incerti e l'altrettanto bravo Sandro Ottolenghi avremmo formato, per qualche tempo, 'la mediana dell'avvenire', parafrasi di quella del Torino, Cella, Rosato, Ferrini). Stritolato dai ritmi massacranti imposti da Giglio – ogni mercoledì o giovedì dovevamo partire per una destinazione sempre nuova, che poteva essere in Italia, all'estero, anche oltreoceano, ritornare la domenica, scrivere un pezzo fra le dodici e le diciotto cartelle, consegnarlo il lunedì, ma il sadico ci teneva in redazione anche il mercoledì teorico giorno di riposo, a non far niente – Corrado Incerti, che aveva allora trentacinque anni, non conosceva nessun giovane giornalista. Si rivolse al capo della redazione milanese dell'«Avvenire», il quotidiano cattolico, Giorgio Giusti, modenese, il più grande bestemmiatore che abbia mai conosciuto. Giusti gli disse: «Mah guarda, c'è questo qui dell'"Avanti!", che mi pare bravo, si chiama Massimo Fini». Con Corrado ci vedemmo da Oreste e ci trovammo subito reciprocamente antipatici. Ma per Incerti c'era il terrorizzante ordine di Giglio e in qualche modo bisognava esaudirlo. Per la verità io avevo ricevuto contemporaneamente, tramite Camilla Cederna, un'altra offerta, dall'«Espresso». La mia scelta in favore dell'«Europeo» era dovuta a quella sorta di incoscienza scaramantica che ha sempre caratterizzato la mia vita. Scelte consapevoli, in campo professionale e sentimentale, ne avrò fatte, al massimo, un paio nella mia esistenza. Una notte, quando ero ancora all'«Avanti!», chiacchierando in macchina con Giorgio Santerini, uno dei boss del giornale, cui devo molto, Giorgio mi aveva detto: «Eh, si sa come va a finire con quelli come te. Stanno uno o due anni all'"Avanti!" e poi passano all'"Europeo"». E così per me era stato «Europeo». Oltre all'esame di Incerti dovevo però passare quello dei 'vecchi' del giornale che una sera mi invitarono a casa di Roberto Leydi. Anche questo fu negativo. Loro parlavano di Brecht e di Strehler, di cui avevo visto rappresentare per la centesima volta *L'anima buona di Sezuan*. Mi aveva rotto le palle. Proprio perché ero giovane – ventinove anni – provenivo da un'altra cultura. Comunque la decisione finale spettava pur sempre a Tomaso Giglio. Lo incontrai nel suo ufficio all'«Europeo». Timido lui, ciociaro introverso, timido io, fu una mezz'ora di silenzi. Mi assunse. La leggenda vuole che avesse giudicato segno di buon giornalismo il fatto che io in mezz'ora avessi fumato una ventina di sigarette.

Però poiché era giugno mi inventai che mi ero già impegnato per uno stage negli Stati Uniti che mi sarebbe servito anche per il lavoro all'«Europeo» che, *nomen omen*, faceva molti servizi all'estero. La verità era che volevo passare l'estate al mare (anche dalla Pirelli, non a caso, mi ero dimesso a giugno) che è stato, forse, per me bambino di città, l'unico, vero, grande amore della mia vita. Comunque il contratto era firmato, avevo lasciato l'«Avanti!», sarei entrato all'«Europeo» a settembre.

Mentre stavo sfogliando «Trotto Sportsman» per cercare di imbroccare il cavallo giusto, non il favorito ma nemmeno un outsider senza speranze, mi arrivò una telefonata dalla Rizzoli: Gian Gerolamo Carraro, cugino dei Rizzoli e comproprietario dell'Azienda, voleva vedermi. Quando entrai nell'ufficio di Carraro vidi sulla scrivania una pigna di «Avanti!». «Ma qui c'è scritto – disse – che Pinelli è stato buttato giù dalla finestra della Questura, che Valpreda è innocente. Non penserà di scrivere le stesse cose sull'"Europeo". Sa il nostro è un giornale moderato. Lei si è già dimesso dall'"Avanti!"?». «Sì». «Comunque io devo fare delle verifiche». Il buon Gian Gerolamo si preoccupava, sia pur in un modo un po' arbitrario visto che il contratto era già stato firmato e controfirmato, delle sorti della sua azienda. Se lo sventato Angelo Rizzoli, in altri e più importanti casi, si fosse comportato in modo più accorto forse non sarebbe finito nelle fauci della P2. Le verifiche di Carraro si limitarono a un controllo nell'unico posto dove avevo avuto un rapporto di lavoro regolare, la Pirelli. L'ingegner Isalberti gli disse: «Sì, Fini è un po' turbolento, ma sostanzialmente è un bravo ragazzo». Fu così che evitai il rischio di essere licenziato prima ancora di essere assunto.

Torniamo al giorno delle mie dimissioni dalla Pirelli nel 1969. Anche l'Amministratore delegato, l'ingegner Franco Brambilla, cognato di Leopoldo Pirelli, volle incontrarmi prima che me ne andassi. Lo avevo incrociato per caso un paio di volte alle raccolte Avis che la Pirelli organizzava periodicamente. Lui ci andava per dare il buon esempio, io perché dava il diritto ad avere un pomeriggio di libertà e questo valeva ben un mezzo litro di sangue. Non c'era cosa più penosa di vedere dal 25° piano del grattacielo Pirelli, la straordinaria opera di Giò Ponti e dell'ingegner Nervi (il 25° piano sarà poi quello contro cui andrà a schiantarsi l'aereo da turismo dello svizzero infartuato – io speravo fosse una replica nostrana di Bin Laden) che veder passare i pomeriggi di sole, d'autunno, di primavera, d'estate, che da quell'altezza illuminavano tutta la città, stando dietro le pareti di vetrocemento. Brambilla mi ricevette nel suo studio al trentesimo piano dove stavano i massimi dirigenti. Si informò delle ragioni del mio disagio, spiegò quelle dell'Azienda. Mi chiese della mia vita e dei miei progetti. «Preferisce caffè o bourbon?». «Bourbon». «Allora anch'io». E così, un po' comicamente, brindammo alla mia uscita dall'Azienda. Mi salutò col fare affettuoso che può avere un uomo di sessant'anni con un ragazzo che ne ha poco più di venti. E poiché vide che io ero un po' stupito disse: «Noi lavoriamo per delle aziende ma siamo innanzitutto delle persone e questo non bisogna mai dimenticarlo. Lei è un ragazzo intelligente. Vedrà che anche questa esperienza in Pirelli, che ora le sembra così negativa, le servirà perché, con l'andar degli anni, ci si accorge che tutto serve nella vita e nulla è stato inutile. Sono sicuro, e non glielo dico per dire, che lei saprà trovare la sua strada».

Era il 1969. E questo era lo stile di una grande e antica azienda milanese che era rimasta in mano alla famiglia del fondatore. Lo stile dei 'cumenda' e dei loro collaboratori, il cui obbiettivo principale era certamente il profitto ma rimanevano degli esseri umani. Poi sarebbero arrivati i manager.

A metà del 1997, licenziato dalla Rizzoli, mi trovavo quindi ancora una volta a spasso. E avevo cinquantaquattro anni, un'età che cominciava a diventare insidiosa. Mi rivolsi a Guglielmo Zucconi, direttore editoriale del «Giorno». Con Zucconi avevo vissuto una bellissima esperienza nel periodo

1981-1983 quando dirigeva «Il Giorno» insieme al suo formidabile secondo Pierluigi Magnaschi. Dopo aver lasciato «L'Europeo» nel 1979 avevo vissuto per un paio d'anni di collaborazioni. Inoltre, a Roma, facevo, con Aldo Canale, «Pagina» un mensile di politica e cultura su cui abbiamo fatto scrivere per la prima volta Giuliano Ferrara ed Ernesto Galli della Loggia. Uno dei nostri 'ragazzi di bottega' era Pierluigi Battista, detto Pigi, bravissimo. Della compagnia facevano parte anche Giampiero Mughini, già affermato, Paolo Mieli, Paolo Flores d'Arcais. «Pagina» era un giornale *lib-lab* con venature anarchiche (quelle le portavo io), fatto benissimo, soprattutto per merito di Canale, che vendeva 13 mila copie, niente male per un giornale autogestito (avrebbe chiuso dopo cinque anni quando i socialisti ci fecero togliere la poca pubblicità che avevamo; per quanto fossimo liberal-socialisti a quelli del PSI non gli andava giù che fossimo liberi e non tollerassimo ordini da nessuno). Rimaneva comunque un giornale 'di nicchia' anche se sono quasi convinto che quando, fra un paio di decenni, si andrà a sfogliarne la collezione, con tutte le firme che, con i pochi mezzi che avevamo, eravamo riusciti a raccogliere, un paragone con la «Voce» di Prezzolini – che ne vendeva 3.000 – non risulterà azzardato.

Una mattina, mentre inginocchiato sul letto di casa mia, a Milano, sfogliavo il solito «Trotto Sportsman», era da poco passato mezzogiorno, squillò il telefono. Era Zucconi, che non conoscevo. «Sono uscite le anticipazioni sull'enciclica di Papa Wojtyla 'Laborem exercens'. Noi vorremmo pubblicare due commenti: uno di un cattolico, l'altro di un laico. Tu te la sentiresti di fare quello del laico?». «Certo – risposi – per che ora lo vuoi?». «Le quattro». Se c'era una cosa lontana anni luce dalla mia mente, oltre che dalle mie conoscenze, era un'enciclica papale. Saltai in macchina e corsi all'«Ansa» di piazza Cavour per sfogliare queste anticipazioni. Ci capii pochissimo. Telefonai a Savona al mio amico d'infanzia, Giagi, alias Giovanni Assereto, professore di Storia moderna all'Università di Genova, che, da buon comunista, di ideologia cattolica se ne intende parecchio. Lo avrei trovato in casa? Allora non esistevano i cellulari. C'era. Mi diede qualche dritta cui aggiunsi qualcosa di mio. Scrissi il pezzo lì all'«Ansa» e alle quattro in punto ero davanti a Zucconi (mi aveva dato quei tempi strettissimi, la carogna, per mettermi alla prova, avrei potuto benissimo consegnarlo alle otto). Il pezzo fu pubblicato il giorno dopo accanto a quello di Giancarlo Mazzocchi («Il Giorno», 16/9/1981). Zucconi mi ritelefonò: «Prendi contatto con il vicedirettore, Magnaschi». Quando fui davanti a Magnaschi cominciai a dirgli le cose che credevo di saper fare, le solite: cronache, inchieste, reportage, interviste. Ma Magnaschi non sembrava troppo interessato. «Tutto questo va bene – disse – ma io voglio che tu faccia l'editorialista e il polemista». Di colpo Magnaschi, un uomo sulla quarantina, tarchiato, già mezzo calvo, con mani grandi e pesanti da contadino, assunse ai miei occhi le sembianze dell'Arcangelo Gabriele. Editorialista? Polemista? Era il mio sogno da quando avevo cominciato questo mestiere. Era il culmine di una carriera, voleva dire raggiungere lo status dei Montanelli, dei Bocca, dei Biagi. Oggi le opinioni le fanno fare anche ai ragazzi di vent'anni, che stendono temini da liceo e a trenta non sanno più cosa dire. Allora ci voleva tutto un *cursus honorum*, cronista, inviato regionale, inviato nazionale, inviato di esteri e non era, e non è, nemmen detto che un grande inviato (prendiamo Ettore Mo, il migliore degli ultimi trent'anni) possa fare il salto di qualità e diventare editorialista. Perché ci vuole una Weltanschauung, una certa visione del mondo. Finché il «Corriere della Sera» è stato una cosa seria, a Giampaolo Pansa, altro grande inviato sia pur solo di interni, da cui tutti noi abbiamo imparato molto, non è mai stato concesso di firmare un editoriale di prima pagina perché la cronaca, anche la grande cronaca è una cosa, l'opinione è un'altra. Oriana Fallaci è stata una grandissima giornalista, ma non ha mai scritto un editoriale. Perché aveva certo una gran *vis* polemica, ma le mancava il dono della sintesi.

Evidentemente Magnaschi, uomo onnivoro, curioso, grande talent scout, vocazione da direttore (il direttore è uno che si realizza attraverso gli altri, per questo Montanelli non è mai stato un vero direttore, troppo 'prima donna') aveva letto le 'stroncature' che andavo scrivendo su «Pagina» e vi aveva intravisto il talento del polemista e dell'editorialista. È stato lui il primo a darmi questa caratura, quando avevo solo trentotto anni, bruciando le tappe. Concordammo che avrei avuto una mia rubrica che chiamammo 'Calcio di rigore'. Naturalmente avrei continuato a fare il lavoro d'inchiesta.

«Il Giorno» era di proprietà dell'Eni, cioè, in sostanza, della Democrazia Cristiana e del Partito socialista. Ma Zucconi si muoveva con grande abilità, teneva un paio di punti fermi, in pratica Craxi e Forlani, e per il resto, vale a dire il 90% del giornale, lasciava mano libera a Magnaschi. È sul 'giornale dei partiti' che ho scritto le cose più tremende contro i partiti. Arrivai ad invocare la 'soluzione Evren'. In Turchia c'era una situazione simile alla nostra: una partitocrazia onnipotente, onnipresente e corrottissima che spadroneggiava per ogni dove. Il generale Evren, con un colpo di Stato, prese il potere, azzerò i partiti, promettendo che, fatta una pulizia che non si poteva fare in nessun altro modo, dopo cinque anni avrebbe restituito la democrazia al Paese. Promessa che mantenne (Purtroppo da noi non c'è stato nessun generale Evren e la partitocrazia, a parte qualche cambiamento di facciata, continua a fare le solite cose turche).

Nel gennaio 1983 scrissi una 'lettera aperta a Claudio Martelli' in cui lo mettevo in guardia: se continuate così l'odio e il disprezzo della gente vi sommergerà («Il Giorno», 21/1/1983). Avverrà dieci anni dopo. Scrissi anche un editoriale di prima pagina nella forma di lettera aperta a Bettino Craxi, allora presidente del Consiglio, denunciando lo scandalo di carcerazioni preventive che potevano durare anche nove anni con l'imputato che alla fine risultava innocente mentre la sua vita, nel frattempo, era stata distrutta (mi pare che avessi preso spunto dal caso Naria). Il grand'uomo non si degnò di rispondere. Idem il vicesegretario del PSI, Martelli. Ma nemmeno l'ultimo scagnozzo della presidenza del Consiglio o del PSI o di qualsiasi altro partito, di governo o di opposizione, fece alcun conto di quella denuncia. Ma quando toccò a loro, ai politici, essere messi in custodia cautelare per due o tre settimane, come avvenne durante Mani Pulite, gridarono 'alla tortura' e invocarono l'intervento di Amnesty International. «Ci arrestano per farci confessare» strillavano. «No – corresse Borrelli – Noi li arrestiamo e loro confessano».

Guglielmo Zucconi era un gran marpione. Quando lo accusavano che il suo giornale era appiattito sui partiti diceva: «Guardate cosa scrive Fini». Quando aveva delle grane per ciò che scrivevo rispondeva: «Ma Fini è un pazzo. Ha una sua rubrica, non vorrete prendere sul serio ciò che scrive?». Era un gioco delle tre tavolette ma intanto noi (non solo io ovviamente), sotto la guida di Magnaschi scrivevamo ciò che volevamo.

Zucconi aveva anche un suo modo marpionesco e bonario di dirigere e di motivare gli uomini. A differenza di Tomaso Giglio non usava la frusta, ma il gioco, lo scherzo. Non per nulla in gioventù aveva lavorato per il teatro vaudeville. Aveva già più di sessant'anni, mi affrontava in corridoio, mi dava dei pugni nel costato e con la sua voce cavernosa, perché fumava cento sigarette al giorno (anche se, a sentir lui, aveva sempre smesso) mi diceva: «Mi piaci, Fini. Mi piaci, perché fai CASINO». Io, naturalmente, mi gasavo e cercavo di lavorare al meglio.

Zucconi e Magnaschi avevano preso la direzione del «Giorno» quando era sull'orlo della chiusura cui l'aveva lasciato quel genio di Gaetano Afeltra. In tre anni lo riportarono in zona salvezza. Magnaschi metteva alla prova tutti, poi valorizzava quelli bravi a scapito di coloro che lo erano meno. All'inizio i sindacati, temendo che il giornale potesse chiudere, avevano tollerato queste scelte meritocratiche – a quell'epoca, appena di poco post sessantottina, la meritocrazia era il diavolo incarnato – ma, una volta al sicuro, cominciarono a fare la guerra a Zucconi e, soprattutto, a Magnaschi che ne rappresentava il 'braccio armato'. Si diceva che Zucconi, stufo di questa situazione, non tutelato sufficientemente dall'azienda, volesse lasciare. Proprio in quel periodo ricevetti un'offerta di Indro Montanelli, una delle tante mai andate a buon fine, perché traghettassi al «Giornale». Andai da Zucconi: «Ho quest'offerta di Montanelli. Io al "Giorno", con voi, ci sto benissimo. Però se sono vere le voci che te ne vuoi andare, le cose cambiano». «Stai tranquillo. Io resto». Un mese dopo si era dimesso, insieme a Magnaschi. Cosa volete i direttori sono fatti così.

Io rimasi al «Giorno» sotto la direzione prima di Lino Rizzi, del tutto decente, eppoi di Damato una sciagurata creatura proprio di Montanelli. Al fondo della mia rubrica, che nel frattempo aveva cambiato titolo e si chiamava 'Cause perse', Damato aggiungeva quasi sempre il distico: «Non siamo d'accordo col nostro collaboratore». Una cosa che non si era mai vista in tutta la storia del giornalismo italiano.

Intanto Magnaschi era passato a dirigere la «Domenica del Corriere», settimanale della Rizzoli. Magnaschi voleva assumermi e ne fece richiesta all'Azienda. Ritornò dal colloquio sconsolato: «Niente da fare» mi disse. «Perché?». «Perché hai fatto una lunga intervista ad Angelo Rizzoli». «E che c'entra?». «Non lo so, ti considerano un suo complice». Sbalordii. Avevo fatto una lunga intervista ad Angelo Rizzoli ma *dopo* che l'Azienda era crollata e lui ne era uscito. Ma il bello è che quell'intervista me l'aveva chiesta proprio il direttore dell'«Europeo» (Rizzoli), Claudio Rinaldi, e non doveva essere nemmeno male se la lunga confessione di Angelo aveva occupato tre copertine del settimanale. Rinaldi che aveva commissionato l'intervista e gli aveva dato quel risalto non era 'complice', io sì. Mi pareva che il mondo camminasse alla rovescia. Capii però anche che non mi volevano perché non ero ricattabile, non avevo preso soldi in nero, non avevo rubato sulle note spese, non appartenevo a nessun partito o camarilla o clan. Ma, soprattutto, non mi perdonavano di aver avuto ragione. Uscendo, a suo tempo, dalla Rizzoli, in polemica con quell'azienda che era andata poi a catafascio e in cui loro erano restati. Questo è un fatto psicologicamente intollerabile. Per tutti, anche per delle ottime persone.

Un giorno di dicembre del 1987 Ferruccio de Bortoli, capo delle pagine economiche del «Corriere della Sera», mi telefonò: voleva propormi una serie di servizi e desiderava vedermi. Andai a trovarlo al giornale. Mi disse che sotto le feste aveva intenzione di pubblicare una serie di lettere di auguri di Natale ad alcuni dei più importanti imprenditori italiani. «Naturalmente – mi spiegò – la lettera dovrà essere un pretesto per fare dei ritratti polemici, dissacranti, come sai fare tu». «Non hai bisogno di incoraggiarmi su questa strada» dissi io, tetro. «Insomma voglio che tu scriva come sai, ti ho chiamato per questo». Mi disse di buttar giù una lista di cinque, sei nomi e di portargliela. Io ci misi Ligresti, Lucchini, De Benedetti, Gardini e un altro di cui ora non ricordo il nome. De Bortoli approvò, ma sostituì Gardini con Gianni Agnelli. «Agnelli? Ma sei sicuro? – dissi io – È il padrone del "Corriere"...». «Non ti preoccupare, io e Anselmi vogliamo dare una maggior aggressività alle pagine economiche e in una lista come questa Agnelli non può mancare». Poi mi portò da Anselmi che era condirettore (direttore era l'ultrasettantenne Ugo Stille, il mitico 'Misha') e con lui mettemmo a punto gli ultimi dettagli. Io che ero un po' stupito di questi improvvisi coraggi che non erano mai appartenuti alla storia del «Corriere» chiesi timidamente ad Anselmi: «Ma Stille è d'accordo?». «Il giornale lo gestisco io» rispose lui, gelido.

La prima 'lettera' la mandai a Ligresti e non ci furono problemi, venne pubblicata con bella evidenza il 20 dicembre del 1987. Del resto a quell'epoca il costruttore siciliano era già nei guai. A mettercelo avevo contribuito anch'io con quell'inchiesta sull'«Europeo» che ho già ricordato, pubblicata qualche mese prima. Ligresti era attaccato e attaccabile. E il «Corriere» non ebbe difficoltà a pubblicare la mia 'lettera' che gli toglieva gli ultimi panni di dosso. Le cose andarono ancora più tranquillamente con Lucchini. Luigi Lucchini lo avevo intervistato alla fine degli anni Settanta quando 'il re del tondino' era considerato un feroce 'padrone delle ferriere', e poco meno che un fascista, dai sindacati e dai giornali che allora erano tutti schierati compattamente a sinistra. A me invece Lucchini aveva fatto un'ottima impressione. Mi era piaciuto questo *self-made man* che aveva costruito una grande azienda col sudore della propria fronte e che conservava l'immediatezza e la semplicità di chi viene dalla gavetta, oltre a una buona dose di ironia e di autoironia. Mi era parso un uomo simpatico e di spessore e lo avevo scritto suscitando le ire dei sindacati e dei colleghi che mi avevano dato, naturalmente, del 'fascista'. Lucchini lo avevo appositamente incluso in quelle 'lettere di Natale' perché non volevo dare l'impressione di essere pregiudizievolmente contro gli imprenditori. Cosa che aveva suscitato qualche borbottio di malumore in de Bortoli che voleva pezzi 'cazzuti'. La 'lettera' a Lucchini fu pubblicata il 22 dicembre. Quelle a De Benedetti e ad Agnelli avrebbero dovuto uscire nei due giorni successivi. Preparai il pezzo sul presidente dell'Olivetti e lo portai a de Bortoli (il fax non si usava ancora) poi me ne tornai a casa per scrivere quello su Agnelli. Mentre ero lì che battevo sui tasti, scervellandomi su come cavarmela senza scrivere un soffietto ma anche senza toccare nervi troppo scoperti, mi telefonò de Bortoli: la 'lettera' a De Benedetti era troppo hard. «Bisogna fare dei ritocchi, degli aggiustamenti, ammorbidire, smussare. Vieni domani mattina al giornale». Ci andai portando, già che c'ero, anche il pezzo su Agnelli. Ferruccio mi segnalò i punti a suo dire scabrosi, mi indicò una scrivania e una macchina da scrivere e mi misi al lavoro. Quando finii consegnai il tutto a de Bortoli che lesse con molta attenzione, approvò e scrisse di suo pugno in testa al pezzo le indicazioni per mandarlo in tipografia. Ma prima lo fece vedere ad Anselmi. Che a sua volta lesse, rilesse e diede l'ok. «Però – disse – bisogna farlo vedere a Stille. E anche l'articolo su Agnelli». Prese i due pezzi e sparì nella stanza del direttore del «Corriere» che era poco più in là. Ritornò dopo una ventina di minuti. «Stille dice che è troppo duro, che non è da "Corriere", che bisogna aggiustare, ritoccare, ammorbidire, smussare». «Se è così – risposi io – non facciamone nulla e non se ne parli più». «No, no – disse spaventato Anselmi – abbiamo annunciato una serie, che figura ci facciamo? Gli deve essere saltata la mosca al naso, a Stille, prima o poi gli passa. Tu aspetta qui, tra poco ci torno e lo convinco». Da quel momento nei severi e austeri corridoi del «Corriere», onusti di gloria e di prestigiosi fantasmi, in un'atmosfera ovattata, gallonata e quasi surreale, insomma in mezzo a quella paccottiglia retorica che tende ad occultare che questo giornale è da sempre schierato col Potere, quale che sia, cominciò un penoso deambulare, un andirivieni sempre più frenetico e imbarazzante di Anselmi e de Bortoli e poi del solo Anselmi con la stanza che era stata di Albertini, ora occupata da Stille. Io guardavo e rabbrividivo. Avrei voluto sprofondare sottoterra, sparire, non esserci. Mi sentivo umiliato per loro. Ma ero preoccupato anche per me. Sapevo che i due non mi avrebbero mai perdonato quell'infortunio, anche se non ne avevo colpa. Anzi soprattutto per questo.

La cosa durò quattro ore. Ritornando affranto dall'ennesima sosta nella stanza di Stille, Anselmi (che, come de Bortoli, è una bravissima persona, cosa rara in giornalismo dove i gaglioffi, oggi più di ieri, abbondano) mi disse, allargando le braccia: «Mi spiace, Stille in genere controlla un pezzo su quattrocento, purtroppo è toccato al tuo». «Pazienza – risposi – sarà per un'altra volta» sapendo che non ci sarebbe stata. Naturalmente della 'serie' sugli imprenditori non si parlò più né tantomeno del pezzo su Agnelli di cui però feci in tempo a vedere che avevano tagliato il passo sulle concentrazioni editoriali in cui la Fiat, allora più di oggi, era implicata in prima linea.

Per fare questo libro sono andato a rileggermi quel pezzo su Carlo De Benedetti, che tengo, insieme a quello su Agnelli, in una cartellina verde che ho titolato 'Ignominia Corriere'. Non contiene nulla che un giornale di oggi non sarebbe orgoglioso di aver pubblicato nel 1987. Subito dopo accadde un fatto assai curioso. La RCS era abituata a pagare a novanta, a centoventi, a centottanta giorni, a pagare quando gli pareva e piaceva, tanto loro sono il Gruppo Rizzoli-Corriere. Invece per quei due pezzi scritti su De Benedetti e Agnelli, e mai pubblicati, oltre che per gli altri due, mi vidi arrivare il compenso, quello pattuito e non surrettiziamente decurtato com'è abitudine di molti giornali, una settimana dopo. Avevano avuto paura che andassi a spifferare tutto a «Prima comunicazione».

Ma questo accadeva tre anni dopo che Pierluigi Magnaschi aveva tentato inutilmente di assumermi in modo stabile alla «Domenica del Corriere». Magnaschi aveva però ottenuto che potessi collaborare mantenendo il contratto che avevo col «Giorno». Mi faceva fare dei servizi all'estero e lavorare come giornalista-scrittore. Un po' come durante il fascismo facevano i grandi inviati, Malaparte, Montanelli, Emanuelli, che, non potendo raccontare ciò che accadeva da noi, venivano mandati in giro per il mondo. Questo, naturalmente, senza voler fare paragoni. Magnaschi mi mandava in un Paese senza darmi obbiettivi precisi. Dovevo raccontarne la 'way of life'. Era meraviglioso. Giravo col mio taccuino in tasca, guardavo, osservavo, annusavo, ascoltavo, parlavo con la gente, mi insinuavo in situazioni particolari, a volte pericolose. In questo modo sono stato in Unione Sovietica (travestito da turista, altrimenti mi avrebbero messo alle calcagna un finto giornalista della «Pravda», in realtà spia del KGB, a farmi da 'guida'), in Egitto, in Israele, in Giordania, nei Territori occupati e a New York (Bronx, Harlem profonda, Central Park attraversato di notte, certi locali torbidi, da 'Cruising', in cui già serpeggiava l'Aids. Uno in particolare mi colpì. Si entrava in una stanza foderata in legno. Su una delle pareti si aprivano vari fori circolari ad altezza e a misura di deretano, da cui sporgevano dei culi nudi. Chi ne aveva voglia inchiappettava quello che lo attraeva di più. Gli altri stavano a guardare. Naturalmente i due non si vedevano in faccia, né durante il rapporto né dopo. E questo, mi spiegò il gay che mi ci aveva accompagnato, era il massimo dell'eccitazione). Credo che questi reportage a briglia sciolta siano fra le mie cose migliori e mi spiace che oggi, dopo tanti anni che non sto più nel campo, mi si conosca solo come editorialista. Il vero mestiere è l'altro.

Sulla «Domenica» avevo anche una rubrica settimanale, 'Battibecco', testatina ripresa, con una certa sfrontatezza, dalla celeberrima rubrica di Curzio Malaparte su «Tempo Illustrato» («Quando Curzio prese la rubrica dopo essere tornato da Parigi – mi raccontò Arturo Tofanelli – il giornale guadagnò 70 mila copie, quando, malato di cancro, la lasciò, il giornale perse 70 mila copie». Mi chiedo quale giornalista, singolarmente preso, valga oggi un tal numero di copie, che da sole sarebbero sufficenti a tener in piedi un giornale).

Avevo più volte attaccato il Presidente della Repubblica Sandro Pertini, ai cui piedi era letteralmente sdraiata l'intera stampa italiana, per la sua insopportabile 'retorica della modestia' («il Presidente che si comporta proprio come tutti gli altri» squittivano i giornali come fanno oggi con Papa Bergoglio), per le sue gaffe a raffica, per la sua scompostezza, per il narcisismo, e anche per fatti più gravi come quando nel marzo del 1985 in visita in Argentina aveva fatto un improvviso dietrofront per andare ai funerali del dittatore sovietico Černenko, mortificando gli italiani di quel Paese che da mesi si erano prodigati in preparativi per il suo arrivo e che lo avevano accolto con quell'aria di festa, con quell'amicizia, con quel calore che è proprio di chi è lontano dalla sua terra. Nel giugno 1985 Pertini, quasi novantenne, brigava per essere rieletto Presidente. Scrissi un pezzo, 'Il Presidente ch'io vorrei' («Domenica del Corriere», 29/6/1985), in cui, non nominandolo mai, facevo per quel ruolo l'identikit di una personalità che fosse il suo esatto opposto. Pertini, furibondo, telefonò a Magnaschi. Pierluigi, come si fa in questi casi, cercò di traccheggiare, di smorzare: «Sa, Fini ha una sua rubrica, *extra-moenia*, la sua è un'opinione del tutto personale, non riflette certo quella del giornale che le rinnova tutta la sua stima». «Non faccia il furbo con me. Io conosco il suo padrone, Gianni Agnelli» replicò il Presidente 'democratico' e buttò giù la cornetta. Il giorno seguente si presentò nell'ufficio di Magnaschi un funzionario della RCS, Lamberto Sechi, che gli disse che se non ci occupavamo più di Pertini era meglio. Dopo un mese Magnaschi, che pur aveva compiuto il miracolo di risollevare l'agonizzante «Domenica del Corriere», fu licenziato. E io con lui.

Questo accadeva nel 1985. Risalendo negli anni, in questa sorta di gioco di 'scatole cinesi', di 'matrioske' al contrario, ecco perché, dopo essere rientrato all'«Europeo» nel 1986, aver lasciato «Il Giorno» nel 1992 per l'«Indipendente» e aver vissuto la chiusura dell'uno e dell'altro, nel 1997 mi ero trovato senza lavoro ed ero ricorso a Guglielmo Zucconi. Mi portò a pranzo in un ristorante di via Senato, a pochi passi dal Palazzo dei giornali dove «Il Giorno» aveva ancora la sua sede. Era invecchiato, già malato, ma conservava la verve di sempre. Quando uscimmo dal ristorante nulla però era stato ancora deciso. Come Direttore editoriale Zucconi non aveva un gran potere ed era in dubbio se esporsi per me. Ci incamminammo per via Senato. All'incrocio con piazza Cavour una ragazza in bicicletta, bellissima, molto giovane, in minigonna, due gambe stupende, frenò di colpo e, ignorando completamente Zucconi, disse: «Ma tu sei Massimo Fini!». Io ero preso da sentimenti contrastanti. Da una parte capivo che quel *coup de théâtre* aveva fatto un certo effetto sul vecchio Zuc. Dall'altra friggevo perché, proprio per la sua presenza, non potevo chiedere alla ragazza il cellulare. Fui assunto.

Nonostante gli anni 'ruggenti' del duo Zucconi-Magnaschi fossero lontani, al «Giorno», diventato nel frattempo, con «La Nazione» e «Il Resto del Carlino», «Quotidiano Nazionale», mi sono trovato bene, trattato con rispetto e considerazione[5]. Però eravamo in pieno berlusconismo e il giovane editore, Andrea Riffeser, nipote di Attilio Monti, detto anche 'Artiglio', stava, com'era naturale, dalla parte del Cavaliere. Dovevo scrivere col freno a mano un po' tirato. Mi occupavo principalmente

[5] In un libro per la celebrazione dei 120 anni del «Resto del Carlino» mi hanno inserito con un articolo, *Rovinati dal benessere*, in una galleria di collaboratori di prestigio assoluto: da Giuseppe Prezzolini, che vi lavorò quasi fino alla morte, a Indro Montanelli, da Paolo Monelli a Giorgio Bocca, da Giovannino Guareschi a Giovanni Comisso, da Ignazio Silone a Giuseppe Berto, da Tonino Guerra a Franco Cardini, da Vincenzo Cardarelli a Thomas Mann. Per non dire che di alcuni. Feltri, che pur lo diresse per qualche tempo, non c'è. Non so se i colleghi del «Carlino» leggeranno mai queste pagine ma mi piacerebbe sapessero che per me, che di riconoscimenti ufficiali non ne ho avuti molti, questa loro scelta è, insieme alla prefazione che Montanelli fece al mio libro *Il Conformista*, una medaglia al merito che mi rimane nel cuore.

di costume o di esteri. Lasciai «Il Giorno», con dispiacere, nel 2009 per «Il Fatto». Mi ci aveva portato Marco Travaglio. Marco, con quel visetto da angiolino che aveva una volta, mi sembra di conoscerlo da quando era bambino, ma evidentemente è un'illusione ottica. Anche se una mia fidanzata diceva che, nella sua immaginazione, vedeva Marco seduto sul seggiolone battere sui tasti di quelle macchine da scrivere in gomma che si danno ai poppanti perché non si facciano male. Per Travaglio ho sempre avuto amicizia e stima, ampiamente ricambiate. Il suo primo libro importante, *Il manuale del perfetto impunito*, porta la mia prefazione. Un tempo ci frequentavamo anche fuori dalla professione. Lui faceva un filo, discreto, alla Travaglio, alla mia 'vicina della porta accanto', una bravissima e affascinante collega che lavora al «Giornale». Un vero incesto giornalistico. Con gli anni i nostri rapporti si sono necessariamente rarefatti.

Comunque fu Travaglio ad istigare Padellaro ad assumermi. Antonio venne a trovarmi a Talamone, al mare, dove passavo le vacanze. Io ero prevenuto, depistato da un commento maligno di Oreste del Buono, che del resto era malignissimo: «Padellaro della famiglia dei Padellaro». Invece Antonio si è rivelato, oltre che un ottimo direttore, *ça va sans dire*, una persona simpatica, gradevole, affettiva, umanamente sensibile. Una volta gli ho detto: «Antonio, tu sei molto umano, allora perché noi facciamo un giornale disumano?». Lui si è messo a ridere: «Hai ragione, facciamo un giornale disumano». Credo che il 'mood' di fondo lo dia il calvinismo giansenista, di marca torinese, di Travaglio. Una volta lo scrissi nella mia rubrica e fu l'unica occasione in cui Padellaro s'incazzò: «Ma come, tu attacchi il tuo vicedirettore, l'asse portante del giornale?». E mi fece togliere, giustamente, quella osservazione.

Intendiamoci, io sono sempre stato per la legalità e soprattutto contro l'illegalità sistematica di Berlusconi, da 'delinquente naturale', come lo ha definito il Tribunale di Milano. Ho fatto tutti i 'girotondi'. Ho partecipato, nel febbraio 2002, al Palavobis, la prima grande manifestazione di protesta, organizzata da Paolo Flores d'Arcais, concludendo così il mio intervento: «A brigante, brigante e mezzo». Per questa frase il ministro della Giustizia di allora, il leghista Roberto Castelli, voleva quasi farmi arrestare. Non sapeva, l'ignorante, che riprendevo un'affermazione di Sandro Pertini. E anche qui c'è una sorta di serie ricorrente. Sono stato uno dei pochissimi intellettuali italiani, insieme a Giorgio Bocca, a prendere le difese della Lega quando irruppe sulla scena, mentre tutti la demonizzavano. Mi pareva importante che, dopo vent'anni di consociativismo, apparisse una forza di opposizione per quanto 'brutta, sporca e cattiva', e trovavo, come trovo tuttora, interessante il discorso della riscoperta delle radici e dell'identità in un mondo sempre più globalizzante e omologante (anche se i leghisti non hanno mai capito che l'affermazione, sacrosanta, della propria identità passa per il rispetto di quella altrui, altrimenti è solo razzismo). Ebbene chi bloccò la prima e unica trasmissione televisiva che, dopo trent'anni di professione, e non certo per mia iniziativa, ma per quella di un regista e produttore esterno, Eduardo Fiorillo, mi era stata affidata in RAI? Il leghista Antonio Marano, direttore della seconda Rete. Per la verità nella faccenda Marano ha avuto solo la parte di Don Abbondio, la sua. A smuovere le acque era stato Antonio Socci. Verso Socci, è vero, avevo un grave torto: quando lavorava al «Sabato» l'avevo segnalato a Feltri perché mi sembrava un giovane di talento. Fu Socci ad andare da Berlusconi, che certo non si preoccupava di ciò che facevo io all'una di notte (la trasmissione sarebbe andata in onda in terza serata) e dire: «Ma come? Adesso facciamo lavorare un antiberlusconiano DOC come Fini?». E la trasmissione saltò. Poco male perché in seguito a quella censura, con Fiorillo abbiamo portato in teatro *Cyrano, se vi pare...* un tentativo 'osé', riuscito per merito di Fiorillo, di mettere in 'pièce' il cosiddetto 'Fini pensiero', e a fare l'attore, sia pur improvvisato e arbitrario, mi sono divertito moltissimo.

A parte Previti non sono mai stato querelato da un uomo politico, tranne Teodoro Bontempo, 'er pecora', sia pace all'anima sua. In questo caso il mio torto era stato di difendere, a suo tempo, l'MSI, e quindi lo stesso Bontempo, dalla truffa del cosiddetto 'arco costituzionale' che pretendeva di escludere, di fatto, quattro o cinque milioni di italiani dalla vita politica. In un articolo del 1996 lo avevo definito «Lo stupratore Bontempo» perché lui stesso aveva affermato: «Uno di questi giorni prendiamo Casini in aula e lo stupriamo, e quando dico stuprare non lo intendo in senso metaforico ma letterale». In primo grado la bella giudicessa, che mi pareva mi avesse in simpatia, mi condannò. Col fegato in mano pagai 16 milioni a 'er pecora'. Ma venni assolto in Appello e in Cassazione. Però di restituirmi quei soldi per i quali non aveva più alcun titolo, Bontempo non voleva saperne e i miei avvocati dovettero sudare le classiche sette camicie per fargli scucire il maltolto.

Dopo il Palavobis ho parlato in piazza Navona, ho partecipato all'altra grande manifestazione organizzata da Paolo Flores in piazza San Giovanni. Ma soprattutto, a partire dal 1986, quando era solo un imprenditore, e in seguito, quando era all'apice della sua potenza ho scritto decine di articoli di denuncia delle malefatte dell'uomo di Arcore (mai però sulle vicende di donne perché penso che il presidente del Consiglio, come qualsiasi altro cittadino, in casa propria, a meno che non commetta reati, ha diritto di fare ciò che gli pare).

Non dimentico però, a differenza, forse, di Travaglio, che anche dietro il più grande mascalzone c'è un uomo. Sofferente come tutti gli uomini. Mi pare che al «Fatto» questa dimensione manchi. Ecco perché, quella volta, dissi a Padellaro: «Perché facciamo un giornale così disumano?».

Non voglio con ciò in alcun modo sminuire la straordinaria impresa di Padellaro, di Travaglio, di Gomez, molto cresciuto in questi anni rispetto a quel ragazzone un po' goffo che era, e degli altri colleghi del «Fatto». Con loro non ho avuto grandi problemi. Con i loro lettori sì. Perché sono delle 'suorine di sinistra', come li chiamo io, che fanno il ponte isterico appena si esce dal seminato della loro cultura.

Paradossalmente mi trovo più a mio agio al «Gazzettino» di Venezia dove sono approdato nel 2002 per iniziativa di Luigi Bacialli, sostituito qualche anno dopo, nella direzione, da Roberto Papetti. Con Papetti, in otto anni, ho parlato una sola volta, quando morì Oriana Fallaci, perché, avendola conosciuta da vicino, anche troppo, ero l'unico a poterne fare un ritratto. Ma i miei pezzi, spesso antiberlusconiani (il giornale è di centro destra) e da ultimo fortemente antioccidentali, passano sempre senza intoppi, titolati alla perfezione dai capiredattori, il che con i miei articoli non è sempre facile perché spesso metto insieme, legandoli, vari argomenti e ci vuole professionalità, attenzione e cura per centrarne, in poche battute, il succo. Del «Gazzettino» mi piace poi la compostezza. Niente titoli sbracati. Già da come risponde il centralinista, con cortesia tutta veneziana ('veneziani gran signori') ti rendi conto che sei in un mondo che non ha perso il gusto delle buone maniere.

Comunque fra «Fatto» e «Gazzettino» non mi posso lamentare in questa fase declinante della mia carriera. Ma il mio cuore si è fermato all'«Indi». Credo di poter dire che – anche per altri motivi che chiariremo in seguito – la mia vita di giornalista sia finita lì. Dopo mi sono salvato con i libri. E un po' col teatro.

Sex, drugs and rock ‘n’ roll

La politica, in particolare quella democratica, con i suoi compromessi, i suoi torbidi intrighi, i suoi riti astratti, la sua esangue mancanza di nerbo e insomma di vita, non mi ha mai appassionato. Un’esistenza da seduti. Non per niente ho scritto, nel 2002, *Sudditi, Manifesto contro la Democrazia* che ha come suo simbolico contraltare la biografia del Mullah Omar (2011), che al di là di ogni presa di posizione ideologica, racconta di un’esistenza degna di essere vissuta. A me è interessato sempre, solo e semplicemente, l’uomo.

Nelle migliaia di pagine scritte da Massimo Fini vanamente cerchereste anche un solo brano dedicato alla politica in senso stretto. Anche quand’era all’«Europeo» mentre i suoi colleghi facevano spallate per seguire i ‘grandi eventi’, lui preferiva raccontare storie, insolite e bizzarre della cronaca italiana. Il fotografo che in Vietnam, durante la guerra, era stato il principe dei reporter, il più coraggioso, ma che tornato in Italia si trovò ad avere a che fare con un nemico molto più insidioso dei vietcong, la canea dei ‘paparazzi’ romani, non resse questa concorrenza e si impiccò in un buio e squallido scantinato (Questa vicenda è utilizzata nel romanzo Il Dio Thoth, *2009). La storia, che il direttore dell’«Europeo» intitolò ‘Il Jean Valjean italiano’, di un uomo che quarant'anni prima in un paesino della Puglia aveva ucciso la moglie, per gelosia. Ed era riuscito a sfuggire alla caccia delle forze dell'ordine. In realtà si era rifugiato in un paesino poco lontano, facendo il fabbro, lavorando da mane a sera e conducendo una vita irreprensibile perché non poteva permettersi nemmeno un'infrazione stradale, altrimenti gli avrebbero chiesto i documenti e sarebbe stato scoperto. Quando fu alla fine rintracciato, un comunicato dei carabinieri ne annunciò la cattura con toni trionfalistici, come se si trattasse di un pericolosissimo capomafia. Un'altra storia, quasi al contrario, riguardava un uomo che, di punto in bianco, era sparito dal suo paese (siamo sempre al Sud) abbandonando moglie, figli e lavoro e vi era poi ritornato trent'anni dopo pretendendo di ritrovare il suo posto nella comunità, nello stesso ruolo in cui l'aveva lasciata.*

Anche quando mi mandavano all'estero non sceglievo mai, a meno che non ci fossero esigenze particolari, degli hotel di lusso (quelli che piacciono tanto a Carlo Rossella) ma alberghi a due o tre stelle perché se vuoi conoscere un luogo e la gente che vi abita o vi circola, il servizio, oltre ai racconti dei tassisti che dall'aeroporto ti portano in città, comincia proprio da lì.

Sono sempre stato affascinato dai mondi 'borderline', poveracci, accattoni, clochard, barboni, alcolisti, piccola malavita, omosessuali fino a che sono stati costretti a vivere nelle catacombe (dopo sono diventati insopportabili). Insomma il mondo dei 'relitti dell'esistenza', i frequentatori dei 'bar della rabbia' di una bella canzone di Alessandro Mannarino. Non perché a me piaccia pascermi della sofferenza altrui nel modo vampiresco di Madre Teresa di Calcutta. Nulla di più lontano da me. Ma per altre ragioni. Penso che un pizzico di verità, se mai esiste, o comunque di umanità si trovi più facilmente nel mondo della miseria, del dolore e dell'emarginazione che nei luoghi di lusso o, più borghesemente, all'Ikea o negli outlet dove compunte famigliole vanno a consumare le loro domeniche.

Poi c'è un processo di autoidentificazione. Io mi sono sempre sentito 'un vinto della vita'. Anche quando l'ho avuto mi sono comunque definito «un fallito di successo». C'è in me uno *spleen*, una malinconia di fondo, un *mal de vivre* che mi accompagna da quando ho 'l'età della ragione' e forse anche prima. Questo non mi ha impedito di avere periodi di serenità e anche momenti di – diciamo la parola proibita – *felicità* («Esiste, in rari momenti della vita di un uomo, un rapido lampo, un attimo fuggente e sempre rimpianto, che chiamiamo felicità», *Cyrano, se vi pare...*).

In questo credo di essere rimasto profondamente cristiano. Ma il Cristo cui io penso è quello di *Jesus Christ Superstar*, a sua volta un 'borderline', uno che delira, un mezzo folle che crede veramente di essere figlio di Dio e che sulla croce dubita, umanamente dubita con quella invocazione che, secondo me, è la più commovente del Vangelo: «Padre, padre, perché mi hai abbandonato?».

Per me la questione di fondo, irrisolta, che altri potranno giudicare puerile, è stata sempre la mancanza di senso. Il senso l'ho cercato per tutta la vita ma non sono stato capace di trovarlo. Ho provato a riempire questo vuoto con l'iperattività. Molti ricorrono alla Fede. Io sono troppo razionale per aderire. Alle mie spalle c'è sempre un occhio, una sorta di 'terzo occhio', che mi guarda vivere, che mi osserva, che mi giudica, continuamente, ossessivamente, e che si è chiuso solo pochissime volte. Io penso che tutte le religioni siano nate per lenire l'angoscia di morte dell'uomo, l'unico essere del Creato lucidamente consapevole della propria fine. È umano e comprensibile. Esiste un unico popolo che, secondo Mircea Eliade, il massimo studioso di religioni, non ha iddii né alcuna forma di culto. Sono gli indigeni delle Isole Andemane, quelli che si sono salvati, tutti, dallo tsunami pur essendo vicinissimi all'epicentro del maremoto. Per la verità in tempi remotissimi un dio l'hanno avuto anche loro. Si chiamava Peluga. Ma essendosi accorti che questo dio se ne fregava altamente di loro lo hanno rimosso e dimenticato. E questo non gli ha impedito di vivere, per millenni, felici e contenti.

Un giornalista, non mi ricordo più chi, facendomi un ritratto, mi ha definito «un mistico senza una fede» e Salvatore Scarpino, sul «Giornale», «un febbricitante ufficialetto russo», una specie di conte Vronskij, l'amante di Anna Karenina, che non è poi cosa tanto diversa. Mi riconosco in questa definizione. Quello russo è un popolo mistico e nessun comunismo è riuscito a sottrargli questo carattere (ce la farà forse il turbocapitalismo). Quando chiesi a mia madre di accompagnarmi ad intervistare Nurejev a Londra per ammorbidire l'ombroso tartaro, i due si misero subito a parlare della 'grande Madre Russia', della terra russa, della tundra, del Volga. Erano entrambi atei ma c'era nel loro rapporto con la terra un che di animistico, di spirituale. Qualcosa del genere alberga anche in me. Non c'è stata quasi notte della mia giovinezza in cui non uscissi di casa, prendendo la macchina, nella speranza di incontrare se non Dio il Mistero. In genere incontravo dei ragazzotti autostoppisti strapenati che mi chiedevano di portarli in qualche 'non luogo' dell'hinterland. Lo facevo e ritornavo a casa. Deluso.

Questa esigenza di spiritualità è stata sempre molto forte in me. Come Bergman o Prezzolini ho cercato Dio tutta la vita, senza trovarlo («Se c'è, si è nascosto molto bene» ha detto Baudelaire).

Comunque escludo, per quel che mi riguarda, conversioni *in articulo mortis*, alla Guttuso, dettate solo dal terrore della morte. Se Dio ci fosse davvero (ma «la sua sola giustificazione è di non esistere» ha detto un altro scrittore francese) penso che non terrebbe in alcun conto queste conversioni dell'ultimo minuto. Claudio Villa, il reuccio di insopportabili canzoni melodiche all'italiana, si è riscattato, ai miei occhi, quando colpito da infarto mentre cercava di avviare la sua moto, trasportato in ospedale, intubato e attaccato ai soliti macchinari, si strappò tutto guadagnandosi una morte degna.

Spostando lievemente il tiro, uno dei miei problemi è stato quello di avere una fortissima passionalità, quella, toscana, di mio padre, e un'altrettanto forte istintualità, slava, ereditata da mia madre, che la mia razionalità, lo stramaledetto 'terzo occhio', ha quasi sempre castrato. Hanno trovato sfogo nella scrittura, nella polemica violenta e, in qualche caso, nelle relazioni sentimentali.

Non ho mai avuto nulla a che fare con la droga. Appartiene a una generazione di poco successiva alla mia. A metà degli anni Sessanta andai in Afghanistan con degli amici di poco più giovani attratti dal fatto che in quel Paese c'era libertà di spinello (l'altra meta era il Nepal). Ne fumai uno, non mi fece alcun effetto e lasciai perdere. Conobbi però gli afgani. È gente che se non gli vai a sangue è meglio che giri alla larga, altrimenti ti cacciano a colpi di kalashnikov, se invece ti prendono in simpatia diventano ospitalissimi. Noi, che eravamo una decina, facemmo amicizia con alcuni ragazzi afgani della nostra età. Per un paio di settimane ci ospitarono nella fattoria del loro clan, poco fuori Kandahar (il Mullah Omar che è nato a Tarok e che a quell'epoca doveva avere sette od otto anni, non era molto lontano). Poco distante c'era un altro clan che ospitava, allo stesso modo, dei ragazzi francesi. Non so cosa avesse combinato uno dei francesi, fatto sta che si presentò la polizia del re (allora c'era ancora il re, Zahir Shah) per arrestarlo. «Il ragazzo è mio ospite – disse il capoclan – e finché è mio ospite voi non lo toccate. Quando uscirà dalla mia casa non sarà più affar mio». E i poliziotti se ne andarono. Quando penso che oggi a «Tolo Tv», la televisione di Kabul, c'è un format molto simile a *X Factor*, con giovani afgani ingiacchettati e incravattati, viene voglia a me di imbracciare il kalashnikov (ci penserà Omar, quando verrà il momento, a rimettere le cose a posto).

Questa faccenda della mia lontananza dalla droga ha un'eccezione. Ero a Londra e non so perché mi calai uno *yellow sunshine*, un acido potentissimo. Quattro cinque ore dopo mi ritrovai steso vicino ai binari della metropolitana di Londra in un tratto all'aperto. Cosa abbia fatto in quelle ore non lo so. Posso aver fatto di tutto. L'esperienza fu così traumatica che non la ripetei più.

La mia è stata la generazione dell'alcol. Ho bevuto whisky in quantità industriale. Non mi piaceva, non mi è mai piaciuto, ma se ne bevevo un bicchiere poi ne infilavo altri dieci.

Quando giocavamo a poker whisky e fumo erano di rigore. Eppoi vodka pepata, gin, rhum, Carlos Primero, Alexander, Rosso antico, tequila («Tequila bellezza altiera, tequila della tribù» era una canzone di quegli anni, legata al mio primo amore), insomma ogni genere di schifezze. I miei compagni, prima o poi, finivano sotto il tavolo. Io no. Ma qui stava l'insidia. Quando nel 1979 dopo quasi vent'anni di questo andazzo andai da uno specialista per smettere, perché era nato mio figlio e non volevo farne un orfano, il medico mi disse: «Lei non può aver bevuto quanto dice, perché il suo fegato è a posto, ingrossato solo di mezzo dito». Sì, il mio fegato era a posto, o quasi, ma l'alcol aveva cominciato ad attaccarmi il sistema nervoso. Smisi e dopo un anno e mezzo in cui mi ricostruii fisicamente senza bere un goccio (se incappavo in un cioccolatino con dentro un po' di liquore lo sputavo) e annoiandomi a morte, caddi nella più grave delle depressioni, la peggiore delle tre che ho avuto nella mia vita.

Da giovane, e anche nella maturità, avevo un surplus di energie. Quelle in più le scaricavo nell'autodistruzione. L'alcol era l'ideale. Anche se è un amante molto esigente. Avevo cominciato a bere dopo la morte di mio padre, prima poco, poi in maniera sempre più smodata. Il giornalismo, cui approdai dieci anni dopo, non aiutava di certo. Tu vai in luoghi di cui non conosci la lingua, i costumi, la storia, se non sommariamente, e devi tornare indietro con un servizio che dia il senso di quei posti. L'alcol ti aiuta a superare queste difficoltà (siano stramaledetti i paesi musulmani).

Io poi, come quasi tutte le persone aggressive sulla pagina, sono fondamentalmente un timido. E una persona rigida, poco duttile. In servizio devi scordartelo. Se fai un'inchiesta sul mondo mafioso devi fingere di simpatizzare coi mafiosi, mica gli puoi dire «tu, mafioso di merda, mi fai schifo». Se ti toccava un servizio sugli omosessuali dovevi fingerti un po' dei loro. Questo, ad esser sinceri, mi veniva meglio. Una volta scandalizzai i miei colleghi dell'«Europeo» raccontando che a una festa in maschera di gay avevo ballato 'cheek to cheek' con un postino di Cremona. «Esigenze di servizio» mi giustificai. A quella festa ero andato a volto scoperto, per quella spavalderia che era un altro aspetto del mio carattere: il piacere di provocare. Vidi un tipo che, dalla corporatura e dalle movenze, mi sembrava di conoscere. Gli andai vicino e gli sollevai la mascherina azzurra. Era uno dei più noti giornalisti italiani, di qualche anno più anziano di me. Impallidì. «Non vorrai mica sputtanarmi?». «Non ci penso neanche. Stai tranquillo» (oggi, dopo Renzi, si direbbe «stai sereno»). La cosa curiosa della sua reazione è che eravamo sullo stesso piano. Anche lui avrebbe potuto sputtanare me. Ma evidentemente aveva capito, dal viso scoperto, che ero in servizio e che comunque non ero esattamente del giro. Un ottimo, sfortunato, collega, Francesco Frigieri, curioso come una scimmia, mi ha chiesto per anni di rivelargli il nome dell'‘uomo mascherato’, giurando e spergiurando che non l'avrebbe detto a nessuno. Ma io conosco troppo bene i miei polli, se gli dici una cosa prima o poi la scrivono. È più forte di loro.

E io non sono diverso. Una sera, a cena, con Umberto Bossi, in una di quelle pizzerie che tanto gli piacevano, gli chiesi: «Senti, Umberto, pistola alla tempia, tu sei più di destra o di sinistra?». «Di sinistra – rispose – ma se lo scrivi ti faccio un culo così». Resistetti per qualche tempo, ma poi un giorno raccontai quel siparietto.

Caro, vecchio, Umberto. Io lo considero l'unico uomo politico italiano comparso su piazza nell'ultimo quarto di secolo. Era un uomo semplice e geniale. Aveva la capacità di assemblare gli elementi più diversi, di utilizzare le sue poche letture, e di usare gli uni e le altre ai propri fini. Che è il segno della vera intelligenza. L'importante non è sapere. Importante è capire. Friedrich Nietzsche è sempre stato accusato dagli accademici di non essere un vero filosofo perché da filologo classico qual era in partenza non conosceva tutta la storia del pensiero. Ma lui prendeva di qua e di là ciò che gli interessava, lo ruminava e da brava mucca trasformava in latte quella che era della semplice erba. Fuor di metafora, tirava fuori un pensiero del tutto nuovo. Bossi, a sua misura naturalmente, è un po' così.

Un giorno l'Umberto mi telefonò perché intendeva affidarmi la direzione dell'«Indipendente». Gli dissi: «Vabbè, vieni qui, a casa mia». Qualunque altro uomo politico, anche di terza schiera, non dico un D'Alema, avrebbe preteso che fossi io a raggiungerlo nel suo ufficio, magari dopo avermi fatto passare per un paio di sottopanza e aspettare in anticamera. Dopo un'ora Umberto Bossi era seduto sul mio sdrucito divano rosso (Sul quale peraltro si sono posati culi famosi, da Susanna Agnelli in giù, ma questo in un altro periodo della mia vita, fra i trenta e i quarant'anni, quando sull'onda di un certo successo facevo un po' di vita mondana. Per la verità il mio trucco era di non andare alle feste e ai ricevimenti a cui venivo invitato se non con il contagocce, così quando comparivo le tipe erano curiose. Facevo il prezioso). Intimidito dalla mia libreria volle fare il ganzo e indicandomi un volume di uno degli scaffali più alti disse che era *La Ragione aveva Torto?*. Sbagliava, naturalmente. Ma io dissi: «Ci hai proprio azzeccato». Qualche volta la sera a Daniele Vimercati, mentre mangiavamo una pizza, veniva l'idea di telefonare a Bossi: «Siamo qui, io e Fini, perché non ci raggiungi?». E lui, se non aveva niente di meglio da fare, arrivava. Era rozzo, ma spontaneo e, proprio per questo, affascinante, oltre che affettivo e molto simpatico.

Dopo la malattia l'ho rivisto una sola volta. In una pizzeria naturalmente, vicino a Varese. Ero con Gianluigi Paragone che cominciò a squittire: «Di sotto c'è l'Umberto!» (era un locale con un 'grotto' seminterrato). Lui salì. Ci abbracciammo. Aveva un'autonomia di non più di dieci minuti. Poi cominciò a sproloquiare di donne. Poiché quella volta che era venuto da me gli aveva aperto la mia bella e affascinante fidanzata, credeva che fossi un *tombeur de femmes*. Si sbagliava anche questa volta.

La direzione dell'«Indipendente» saltò proprio a causa di Vimercati. Con Bossi avevo concluso. Mi aveva garantito la massima libertà, quella che aveva avuto Daniele. Mi potevo fidare, perché nell'«Indipendente» di Vimercati c'ero stato, gli facevo da spalla e sapevo che era vero. Sperimentai, per la prima, e unica, volta il Potere. La mattina dopo cominciarono a telefonarmi decine di colleghi, molti dei quali non sentivo da anni, speranzosi di essere assunti al giornale. Non mi conoscevano. Chi telefonava, a meno che non fosse un amico vero, lo smarcavo. Non mi sono mai piaciuti i paraculi e i leccaculi. Io non telefono, per evitare equivoci, a un direttore entrante, caso mai a uno uscente, se penso che sia stato cacciato per motivi obliqui, come ho fatto, di recente, con Ferruccio de Bortoli e, in tempi più lontani, con Mentana quando lasciò Canale 5. Mentana l'ho conosciuto giovanissimo a Rimini a un meeting di Comunione e Liberazione. Dalla disinvoltura con cui si muoveva fra telecamere e microfoni si capiva che era tagliato per quel mestiere e che ne sarebbe diventato un protagonista. Non c'è niente da fare, questi 'ragazzi' sono nati con la TV. Noi no. Quelli delle generazioni precedenti ancor meno. Bocca, Montanelli e lo stesso Biagi non hanno mai 'bucato' il video. Erano giornalisti da Lettera 32. Biagi poi ha sempre scritto a mano e in ogni redazione c'era un 'proto' che sapeva decifrare la sua calligrafia.

Mentana mi ha invitato una sola volta a una sua trasmissione. Gad Lerner e Fazio mai, nonostante 'Fabietto' l'abbia conosciuto ragazzino ai Bagni Sirena di Albisola quando imitava Grillo nell'imitazione di altri personaggi e l'abbia incoraggiato a venire a Milano. Li capisco. Non voglio darmi troppa importanza ma invitarmi è pericoloso. Sono stato una sola volta a *Ballarò* da Floris. Si parlava, fra le altre cose, della guerra alla Serbia per il Kosovo, a cui l'Italia, premier D'Alema, che era presente alla trasmissione, aveva partecipato nel poco onorevole ruolo del 'palo'. Dissi: «Mi perdoni, presidente, ma quella guerra oltre a non avere alcuna giustificazione è stata una guerra cogliona». E ne spiegai le ragioni. D'Alema non replicò. Inoltre avevo esordito dicendo, storpiando un po' l'italiano a fini di efficacia: «Nego nel modo più assoluto che il Mullah Omar sia meno rappresentativo della sua gente del fatto che qui si infila una scheda in un'urna e salta fuori Renato Schifani». Ci fu un boato di risate. Ma a *Ballarò* non ho più messo piede.

A parte Funari, il solo a darmi un po' di spazio in TV è stato Antonello Piroso. La prima volta che mi chiamò a una sua trasmissione, per presentarmi al pubblico tirò fuori tutti i miei libri spiegandone brevemente il contenuto e il senso. Ed è stato l'unico a trasmettere la sola azione un po' incisiva che ho fatto col mio fallimentare 'Movimento Zero', un movimento politico-culturale cui mi aveva istigato Eduardo Fiorillo, il regista di *Cyrano, se vi pare...*, che però quasi subito se n'era andato privandomi delle sue capacità di organizzatore. In viale Mazzini, davanti alla sede della Rai, avevo fatto a pezzi con un'ascia, a mo' di Ursus, qualche televisore. Non era una contestazione della Rai, ma del mezzo in sé, un po' sulle orme del Mullah Omar che quando era al potere in Afghanistan aveva fatto abbattere tutti gli apparecchi televisivi, capendo benissimo che se un mezzo di questo genere entra in una realtà tradizionale la disgrega e la distrugge. Come poi è avvenuto.

Antonello Piroso è un uomo indipendente. E naturalmente, pur essendo un asso nel suo campo, ancora giovane, è finito ai margini del mestiere. Forse farà qualcosa ad aprile, sul web.

Cosa aveva combinato Vimercati? Per una notte intera aveva fatto un pressing asfissiante su Bossi perché rinunciasse a darmi la direzione dell'«Indipendente». Forse temeva che potessi farlo meglio di lui. O chissà cos'altro gli era passato per la testa. Gliela perdonai facilmente. In fondo, nonostante allora tifassi Lega perché speravo che potesse spazzar via il vecchio regime, andare a dirigere un giornale che comunque era di partito mi dava parecchio imbarazzo. Era contrario a tutta la mia storia. Avevo detto di sì solo per la simpatia che provavo per Bossi.

Non gli perdonai invece una mascalzonata che mi fece qualche anno dopo. Conduceva *Iceberg* a TeleLombardia e mi chiamava spesso come ospite. Aveva un'assistente bionda, di trentacinque anni, molto carina. Fra di loro c'erano solo rapporti professionali. A me la ragazza piaceva, ma sapendola sposata e con un figlio piccolo non ci avevo provato e forse nemmeno pensato. Ma ogni volta che arrivavo negli studi di

TeleLombardia, in genere con largo anticipo, lei si materializzava misteriosamente al mio fianco. Una sera, terminata la trasmissione, mi chiese se potevo farle la dedica a un mio libro, *Elogio della guerra*. «Va bene. Vieni domani a casa mia». Venne. Si sedette sul bracciuolo del mio divano rosso e cominciò a dire che le ero simpatico, molto simpatico, tanto simpatico finché dovetti chiuderle quella bocca dalle labbra vermiglie con un bacio. Cominciò una storia. Daniele ne era all'oscuro. Un giorno lei uscì dagli studi di TeleLombardia, che erano molto vicini a casa mia, tenendo in mano un grande barattolo di marmellata. «Che ne fai?» chiese Daniele, incuriosito. «Lo sto portando al mio fidanzato». Un paio di giorni dopo Daniele venne a colazione da me. Alla fine, come dessert, portai in tavola quel grande barattolo di marmellata. «Ah, ma allora anche alla tua età si può... complimenti» disse, sorpreso. Ma non gli andò giù. Non propriamente per gelosia, perché fra i due non c'era un rapporto, ma per puro senso del possesso. Cominciò ad angariare la ragazza in tutti i modi, imponendole orari impossibili, congegnati in modo che le fosse molto difficile vedermi. Lei era sull'orlo di una crisi di nervi. Gli telefonai: «Sei uno stronzo». «Perché?» chiese, affettando innocenza. «Lo sai benissimo». E rompemmo i rapporti.

Vimercati era un ottimo professionista. L'«Indipendente» diretto da lui fu l'ultimo decente. *Iceberg* era un talk politico molto più ironico e divertente di quello di Vespa (non ci voleva molto) e molto meno partigiano (e anche qui ci voleva poco). Ma inevitabilmente non poteva avere politici di prima fila. Quando la trasmissione, per la pochezza degli ospiti languiva, Daniele mi guardava disperato, con quei suoi occhi tondi, da bambino, perché intervenissi e provassi a risollevare il tono del dialogo.

Mi ritelefonò un anno e mezzo dopo la nostra rottura. «Dammi pure dello stronzo, ma il pezzo che hai scritto oggi mi ha provocato quasi un orgasmo». Era un articolo, durissimo, contro l'intervento americano in Afghanistan. Facemmo pace.

Era un tipo divertente, Daniele, oltre che un uomo intelligente che conosceva bene i limiti della corsa esasperata al successo in cui pur era coinvolto, come ogni giornalista («Tutto questo sbattersi per avere poi, se va bene, tre righe sulla Garzantina»). La prima volta che l'avevo visto era stato in televisione. Lo stavano intervistando perché era diventato direttore dell'«Indipendente». Era vestito da 'signorino', come si autodefiniva, con un tocco un po' démodé. Ma a parte questo particolare dissonante era la divisa classica del giornalista borghesuccio, ansioso di entrare nella cerchia ristretta dei direttori di giornale: giacca grigia, cravatta appropriata, pantaloni risvoltati in tinta con la giacca. «Ahi, siamo alle solite» pensai io che, pur essendone uscito, ero rimasto legato sentimentalmente all'«Indipendente». Ma a un certo punto, d'improvviso, di fronte alla solita domanda di routine, si lasciò andare a una risata spontanea e irriverente che non aveva niente a che fare col tono serioso che aveva tenuto fin lì, col rigore e il grigiore istituzionali di quello studio Rai, che sorprese l'intervistatore. E anche me. Due giorni dopo era a casa mia. Si inginocchiò, lungo com'era, implorandomi di ritornare all'«Indipendente». Era un 'joke'. Gli piaceva scherzare. E sotto quei paludamenti esteriori, sotto quell'aspetto da borghese innocuo e ligio alle regole era un animo anarchico. «Il fuoco amico! Il fuoco amico!» mi telefonava sghignazzando ogni volta che gli americani, tirando a 'chi cojo cojo', erano riusciti a colpire i loro commilitoni. In segreto tifava, come me, per il Mullah Omar.

I nostri legami divennero molto stretti. Siccome circolavano voci sulla sua ambivalenza, ogni tanto gli chiedevo: «Daniele, dimmi la verità, sei omosessuale?». Lui rideva e non rispondeva.

Una sera dei primi di febbraio del 2002, alla fine di una puntata di *Iceberg*, mi confidò che era preoccupato, aveva dei dolori al petto e temeva l'infarto. «Ma che infarto. Hai quarant'anni, l'infarto viene ad altre età». In quello stesso periodo aveva ricevuto la proposta di condurre su Rai Due un programma in quota Lega. Io lo sconsigliavo: «In fondo, finora, sei riuscito a conservare l'immagine di un giornalista indipendente, se vai in Rai, 'in quota Lega' ti metterai addosso un marchio che non ti toglierai più». La sua fidanzata invece spingeva perché accettasse e mi guardava di sbieco. Lui tentennava. Mi telefonò: era in ospedale, una pleurite, nulla di grave. Lo chiamai un paio di giorni dopo. C'era la segreteria e lasciai un messaggio. In genere mi richiamava a breve, nel giro di un'ora, due al massimo. Quella volta non lo fece. Chiamai di nuovo. Non rispose. Lasciai un messaggio: «Ho capito, Daniele, ti stai nascondendo. Hai concluso con la Rai e ti vergogni a dirmelo». Invece, povero ragazzo, stava morendo.

Io sono un caotico, un casinista, un disorganizzato cronico. Sul servizio bisogna essere precisi, saper coordinare gli spostamenti, le tappe, gli appuntamenti. In Iran, in Marocco, in Tunisia, in Algeria, in Egitto gli arabi mi facevano impazzire. Chiedevi a uno: «Allora, dove ci vediamo?». «All'università». «L'università è grande, dove di preciso?». «Non ti preoccupare, vedrai che ci troviamo». «A che ora?». «Nel pomeriggio». «È un po' vago». «Non ti preoccupare». Finiva che ci si trovava sempre. Ma per un occidentale, abituato ai ritmi delle lancette dell'orologio, era uno stress.

Così, sia per la mia innata timidezza sia per lo sforzo di organizzarmi, dovevo sdoppiarmi. Assumere un'altra personalità. Una schizofrenia che, insieme a molti altri fattori, contribuì a gettarmi definitivamente nelle braccia dell'alcol.

L'alcol è come una droga. All'inizio te ne basta poco a renderti euforico e disinibito per parecchie ore cui segue un breve periodo di depressione. Poi per raggiungere l'euforia devi aumentare la dose e il periodo di depressione si fa più lungo. Alla fine bevi moltissimo, l'effetto euforico è minimo, la depressione costante.

Nel dicembre del 1979, come ho accennato, smisi di bere, di colpo. In agosto mi venne una brutta ed equivoca influenza virale. Finché avevo bevuto non ero mai stato malato. Se prendevo una sbronza, cosa che accadeva spesso, mi bastava cacciarmi a bagno, in mare, per uscirne fresco come una rosa.

Se prendevo un raffreddore un po' forte facevo lo stesso e mi passava tutto. In viaggio i miei amici e le mie amiche erano spesso vittime di gastroenteriti pesanti. Io mai. Non bevevo acqua, solo whisky o gin o qualsiasi altro superalcolico che bruciava tutti i germi («Mi fa tanto male l'acqua minerale, scusate ma non la posso proprio bere, sono Fred dal whisky facile, ma son pur sempre amabile anche se bevo così» – Fred Buscaglione). Alle Tremiti dovetti smontare da solo le tende dell'intero campeggio perché tutti gli altri erano kappaò. Sul traghetto che ci riportava a Termoli camminavo sul vomito altrui.

Quell'influenza durò venti giorni. Vidi passare l'estate, nel suo colmo, col grido lacerante e quasi feroce delle cicale, dalle finestre della casa che avevo preso in affitto nell'entroterra ligure, a Stella Santa Giustina, il paese di Pertini (dove, conoscendolo, era detestato). Mia moglie usciva la mattina col bambino per andare al mare e tornava solo a sera. Io restavo lì con 39° di febbre. Scrivevo dei commenti per «Il Corriere medico», diretto da Paolo Pietroni. Lasciato da poco «L'Europeo» ero in uno dei miei periodi di disoccupazione. Nella casa non c'era il telefono. Dovevo scendere in un negozietto, tenuto da una vecchina, che aveva una cabina telefonica a gettoni. Dentro grondavo sudore, un sudore malsano che si univa a quello dovuto al caldo. Quando uscivo dalla cabina, fradicio, la vecchina ridacchiava: «Eh, eh, non stiamo troppo bene». Non faceva neanche lo sforzo di mascherare il sadico piacere dei vecchi quando vedono che un giovane potrebbe crepare prima di loro.

In quei giorni di febbre scrissi anche, per Rizzoli, la prefazione a *Modesta proposta per prevenire* di Giuseppe Berto. Me l'aveva chiesta la giovane moglie.

Berto lo avevo intervistato in un giugno di qualche anno prima nella sua bella casa romana. Com'è noto, Berto, ipocondriaco, per tutta la vita è stato un malato immaginario, convinto, in ogni occasione, di avere il cancro. Quel pomeriggio vidi questo bellissimo uomo scendere, malfermo sulle gambe, dalla scaletta di legno che portava al piano superiore, alle camere da letto. «Stavo per telefonarle e dirle di non venire. Oggi mi sento proprio male. E pensi che è l'unica volta in cui sono sicuro di non avere il cancro». E invece quella volta ce l'aveva 'lo stramaledetto' come lo chiamava Malaparte che, nonostante tutti gli scongiuri e le scaramanzie, finì per morirne. La stessa rimozione l'ho vista in Dino Buzzati che conoscevo bene perché era stato uno dei grandi amici di mio padre (fu uno degli otto che portarono a spalla la bara, come usava una volta). Buzzati in moltissimi dei suoi racconti ha parlato, in modo diretto o metaforico, di cancro e degli atroci inganni che si consumano su questi malati per nascondere loro la realtà (basta pensare a *Sette piani*, diventato poi anche un film, *Il fischio al naso*, con una magistrale interpretazione di Ugo Tognazzi). Quando fu la sua volta, Buzzati si lasciò abbindolare da quegli stessi inganni che aveva così lucidamente narrato. È un meccanismo di difesa.

Con Berto ci mettemmo a chiacchierare seduti su delle *chaises longues* sulla terrazza, in quello splendido pomeriggio romano. Parlando si rianimò, il male che lo attanagliava sembrò scomparire. La moglie fu così grata che gli avessi dato, involontariamente, con la mia presenza, ancora una giornata serena, che dopo la sua morte, avvenuta pochi mesi più tardi, mi inserì nella giuria del 'Premio Berto-Opera Prima'. Una faticaccia perché bisognava leggersi una sessantina di volumi. Nei sette anni in cui sono stato giurato ci saranno stati, sì e no, tre libri di un qualche valore. Mi ricordo *La variante di Lüneburg* di Maurensig, i racconti di Francesco Piccolo e *Dei bambini non si sa niente* della giovane Simona Vinci che sponsorizzai molto ma non riuscii a far vincere perché era molto crudo e la giuria, presieduta da quel galantuomo di Gaetano Tumiati, era anzianotta e un po' 'prude'. E volle anche che facessi la prefazione a *Modesta proposta*.

Guarii, alla fine. Ma l'orizzonte si era improvvisamente abbassato. Un cerchio cominciò a stringersi intorno a me. Non potevo più fare quasi nulla, tantomeno le cose che avevo amato. Se andavo a vedere le corse all'ippodromo mi venivano le palpitazioni, sudori freddi, tremori alle gambe. Il cerchio dette un'altra stretta. Non potevo vedere nessuno, tranne mia moglie e il mio figlio piccolo. Con gli estranei il mio terrore non era di morire ma di 'morire davanti a loro'. Mi chiusi in casa. Mi ricordo che la vigilia di Natale mi azzardai ad uscire per andare a comprare dei giocattoli per mio figlio. Al negozio non c'erano più di trecento metri. Ci andai in macchina. Comprai qualcosa, senza nemmeno guardare per fare più presto. Quando tornai a casa e mi chiusi la porta dietro le spalle mi ci appoggiai, ansimante, come se fossi scampato a chissà quale pericolo. Il cerchio si strinse ancora. Spostare un portacenere era un'impresa. Stavo raggiungendo uno stato di catalessi. Ero imprigionato nel mio corpo. Miracolosamente il meccanismo si fermava davanti alla macchina da scrivere. Quello potevo ancora farlo. Anzi il battere materialmente sui tasti della 'Lettera 32' scaricava, almeno in parte, una tensione altrimenti insostenibile (la macchina da scrivere è sempre stata, per me, un'ancora di salvezza, anche in occasioni meno drammatiche). Avevo acquisito una certa notorietà come editorialista e in quei due lunghissimi anni di depressione mi mantenni con i commenti oltre che con lo stipendio di insegnante di mia moglie. Ma di inchieste, servizi, interviste neanche a parlarne. Ero disoccupato e così potei nascondere le reali condizioni della mia salute. Ogni mattina, quando aprivo gli occhi, mi rendevo subito conto che nulla era cambiato e che la tortura sarebbe durata fino a sera quando sarei andato a letto. Per fortuna dormivo. Non chiesi aiuto né ai medici, che ho sempre temuto più delle malattie, né agli psicofarmaci. Ne sono uscito sperando, disperatamente sperando, che un giorno quella 'cosa' se ne sarebbe andata da sé, così come era venuta.

Il cerchio cominciò ad allargarsi, lentamente, molto lentamente. Nel novembre 1981, a due anni circa dall'inizio della depressione, il direttore di «Penthouse» italiano, Gian Franco Venè, che voleva dare un po' di spessore a quel giornale, mi chiese di fare un'intervista *jusqu'au bout* a Catherine Spaak. Per me prendere un aereo per Roma era ancora un grande sforzo. Incontrare la Spaak, che era stata un mito della mia generazione, aggravava le cose. Arrivai in via dell'Anima dove aveva una bellissima casa che, da un lato, dava su piazza Navona. Nei suoi trentotto anni, con i biondi capelli raccolti da un nastrino rosso, era bellissima e affascinante, molto più dell'implume ragazzina che fa impazzire Ugo Tognazzi ne *La voglia matta*. Io mi sentivo svenire. Temevo di morire davanti a lei. L'ignominia assoluta. Catherine si accorse quasi subito che c'era qualcosa che non andava. «Non si sente bene?». «Sì, non mi sento bene» ebbi il coraggio di confessarle. Lei fu molto comprensiva, accuditiva, quasi materna, caratteristiche che, avendola conosciuta meglio in seguito, non direi che facessero proprio parte del suo carattere. Era rigida. Incasellava ogni cosa in certe cellette del suo cervello, ben ordinate e separate come quelle dell'alveare di un apicultore. Questo bisogno d'ordine, quasi maniacale, si notava anche nella sua casa, non c'era incartamento, plico, mazzo di matite che non fosse accuratamente avvolto in un vezzoso nastrino, ognuno di diverso colore. Io la chiamavo 'la tedesca'. A quell'età, non più ninfetta, aveva il fascino e l'eleganza di una donna della grande borghesia europea. Suo zio, Henry Spaak, era stato, con Adenauer e De Gasperi, uno dei padri dell'idea di un'Europa unita. In quel periodo si era messa a fare la giornalista e lavorava con impegno e diligenza per pochi soldi, lei ricchissima.

«Venga, andiamo di là, in cucina, a farci un caffè». Chiacchierammo per un po' e poi, tornati in sala, facemmo l'intervista. Rientrato a Milano scrissi, di notte, l'articolo di 15 cartelle che mi era stato richiesto, cui Venè diede il titolo 'Catherine Spaak - Una donna dell'Europa borghese' («Penthouse», novembre 1981).

Quella confessione fu liberatoria. La depressione si affievolì fino a sparire del tutto. In seguito capii cosa era successo. Per vent'anni l'alcol mi aveva protetto come una seconda pelle. Dopo mi ritrovai come se al posto della pelle ci fosse la carne viva, allo scoperto. Nei due anni di depressione avevo dovuto ricostruire la mia personalità, senza la difesa dell'alcol. Giurai a me stesso che non avrei più toccato una goccia di liquore. Ero stato troppo male. Volevo anche sfatare il detto che l'alcolista, prima o poi, ritorna sui propri passi. Invece ci ricascai, come tutti. Una quindicina di anni dopo. Se prima avevo bevuto in quantità industriale, adesso bastavano un bicchiere di grappa e un paio di vino per rendermi una larva. Mi ricordai di Cassano, che avevo intervistato una ventina di anni prima per un'inchiesta sui quarantenni. Mi era parso un tipo in gamba. La sua cura, a base di prozac, era allora molto in voga. Telefonai. La segreteria mi disse che il primo appuntamento disponibile sarebbe stato a febbraio. Eravamo ai primi di ottobre. Il giorno dopo, mentre ero disteso, inerte, sul letto, squillò il telefono. Era la segreteria che mi informava che si era liberato un posto. Per l'indomani. Telefonai alla mia fidanzata, che viveva a Lugano. Mi raggiunse e partimmo per Pisa la mattina seguente. L'appuntamento era per le tre. Arrivammo con largo anticipo. L'ambulatorio di Cassano stava nel sottotetto di un edificio sulla strada che va dalla vecchia stazione verso San Rossore, dove avevano abitato i miei parenti. «Vuoi che facciamo un salto a Pisa? – mi chiese Mariella – Magari per andare sulla tomba di tuo padre». «Non me la sento». Alle tre in punto ci presentammo. Un'assistente di Cassano mi fece una serie di domande, scandagliando ogni dettaglio della mia vita. Alla fine mi chiese se bevevo. Stupii. Ero lì per quello, come li avevo informati. Ci disse di attendere nella sala d'aspetto gremita di gente. Mi accorsi subito che lì non c'era la depressione, ma lo snobismo della depressione. Borse di Gucci e abiti firmati. Mentre Mariella sfogliava delle riviste, chiacchierai un po' con una ragazza grassa che sembrava l'unica ad avere dei problemi seri. L'attesa si prolungava. Un'ora, due ore, tre ore. Mi dissi: se riesco a resistere in questo sottotetto soffocante, opprimente, che farebbe saltare i nervi a uno sano, per tre ore, senza toccare un bicchiere, beh forse non sono così compromesso. Dopo un'altra mezz'ora, alle sei e mezza di sera, fummo chiamati. Mariella restò fuori. Cassano mi riconobbe e rivolto alla sua assistente disse: «Ma come, mi fa aspettare tre ore il Massimo Fini?». Quella frase mi irritò. Non si fa aspettare nessuno, che è in quelle condizioni, per tre ore, non solo 'il Massimo Fini' perché è un personaggio più o meno noto. Si era tinto i capelli di un nero improbabile e sul tavolo c'erano, in bella vista, delle plaquette che pubblicizzavano il suo ultimo libro. Me ne diede una. L'assistente, in piedi, come una scolaretta, lesse, con voce neutra, la scheda con le note che aveva raccolto. Sentire passare la mia vita in pillole mi avvilì. Cassano mi fece una visita neurologica ridicola. Avevo qualche esperienza in proposito. Dopo fu permesso a Mariella di entrare. Cassano diede una plaquette anche a lei, quando seppe che lavorava per la Radio della Svizzera italiana. Mi prescrisse una cura a base di psicofarmaci che non aveva nulla di speciale, nulla di diverso da quella che mi aveva consigliato il medico della mutua, il mio vecchio compagno di liceo Giuliano Sevieri. Poi mi disse di fissare il ricovero nella sua clinica entro una quindicina di giorni, per disintossicarmi.

Mariella guidava, in silenzio. Io rimuginavo. Cassano non mi era piaciuto per nulla, ma temevo che la mia ostilità non fosse innocente, che fosse una resistenza psicologica, perché non volevo ricoverarmi. Chiesi a Mariella: «Che impressione ti ha fatto?». «Pessima» rispose senza esitare. Era bizzarra, bizzosa, spesso insopportabile, ma molto intuitiva, insomma 'l'eterno femminino'. Le dissi di puntare su Viareggio, che mi è sempre piaciuta. Cenammo sulla passeggiata e bevvi un bicchiere di pessimo Chianti. Che per molto tempo sarebbe stato l'ultimo. Andammo a letto presto. Io non dormivo da dieci notti a fila. Quando ero sdraiato un tremore interno (non esterno, non un inizio di 'delirium tremens' alla Poe) mi impediva qualsiasi quiete. Non dormii nemmeno quella notte. La mattina andammo a far colazione sulla passeggiata. Era il 14 ottobre del 1994, una splendida giornata di sole. Dissi a Mariella di andare a comprare dei costumi e degli asciugamani. Quando mi affacciai sulla spiaggia e vidi il mare così lontano pensai che non l'avrei mai raggiunto. Ero troppo fiacco. Attraversai la spiaggia con la lentezza esasperante con cui, in *Morte a Venezia* di Luchino Visconti, Dirk Bogarde si trascina per raggiungere la sdraio su cui si accascerà liquefacendosi di rimmel (Nel film la scena, sia pur con qualche flash back, dura venti minuti esatti. Lo vidi, non so perché, in un cinema di Monza. Al decimo minuto il pubblico cominciò a ululare. Dovetti rivederlo a Milano perché, nonostante certi eccessi estetizzanti tipici di Visconti, è un gran film). Mi stesi sull'asciugamano. Lo stramaledetto tremore c'era sempre. Intorno a noi c'era gente che prendeva il sole, altri passeggiavano sull'arenile. Nessuno però, in quella stagione avanzata, faceva il bagno. Decisi di cacciarmi in mare, da sempre mia estrema risorsa. Nuotai a lungo. Quando mi ridistesi sull'asciugamano sentii che il tremore era quasi scomparso. Allora mi alzai in piedi e facendo il gesto dell'ombrello, fra la gente che guardava stupita, gridai a squarciagola: «Cassano, vaffanculoooo!». Mi presi un colossale raffreddore ma non bevvi più. E questa fu la mia cura.

Qualche mese dopo Mariella entrò in crisi. Non capivo perché. Tutto andava bene, almeno secondo i nostri standard: furibondi litigi di giorno, ricomposizione la notte, a letto. La mattina, vestita per uscire, in uno dei suoi eleganti tailleur, mi guardava con occhi da impunita, come se qualche ora prima, sotto quelle vesti, non fosse successo di tutto. E mi rendevo conto che dovevo ricominciare da capo. Sedurla ogni giorno. Un gioco, a suo modo, affascinante. Inoltre Mariella mi aveva chiesto sempre, insistendo molto, di smettere di bere, per il mio bene. L'avevo fatto. E allora? Solo dopo averla torchiata a lungo venne fuori la verità: «È che adesso non ti posso più salvare».

«Ma che bella festa»

> Nessuno umili a lagrima o rimbrotto la confessione della maestria di Dio che con magnifica ironia mi diede insieme i volumi e la notte.
>
> JORGE LUIS BORGES

L'oculista, un bel ragazzo biondo, giovanissimo, ebbe una impercettibile esitazione. «Ci siamo», pensai.

Ero andato per una visita di routine. Sono miope, fortemente miope, da sempre. Probabilmente un regalo di mio padre che portava spessi occhiali bifocali. Ma ad aggravare la situazione c'era stata, da bambino, la caduta da un albero, in un'estate di vacanza. Mi ci ero arrampicato perché da lì, non visto, potevo comodamente bombardare con certe nocciole verdi, acerbissime, quelli che passavano sotto. Il giardino poggiava infatti su un terrapieno che da un lato dava sulla provinciale, la vecchia Aurelia, e dall'altro su una carrettiera ispida di sassi che, costeggiando la nostra casa, scendeva verso la strada principale. Il noce, posto proprio all'angolo delle due vie, nel punto dove il terrapieno era più alto, era un luogo ideale per le mie operazioni. Improvvisamente sentii una pietra fredda e dura che mi schiacciava il viso. Ero caduto a testa in giù sulla carrettiera, da un'altezza di circa tre metri.

Credo che in quel momento, avevo nove o dieci anni, si sia decisa buona parte del mio destino. Mi rialzai e corsi in casa. Solo quando sentii l'urlo di mia madre mi accorsi che grondavo sangue. Fui portato all'ospedale di Savona: sospetta commozione cerebrale. Allora, nell'incerta medicina di sessant'anni fa, la *commozione cerebrale* era l'orrore, equivaleva quasi all'odierno coma. Ma la situazione non doveva essere così grave perché non persi mai conoscenza. Rimasi in ospedale una ventina di giorni. Per quell'estate mi fu proibito di stare al sole e, cosa peggiore, di fare i bagni. Un anno intero mia madre si adoperò, la sera, mentre ero disteso sul mio lettino di bambino, con un ferro da calza che mi pressava, facendolo ruotare, sulla fronte nel tentativo di cancellare la brutta cicatrice che a poco a poco illanguidì e alla fine sparì del tutto. Ma il colpo era stato più profondo.

L'estate successiva mio padre si accorse che in piazza Chiabrera, a Savona, non riuscivo a vedere l'orologio, con le ore, il giorno e il mese, che stava sulla facciata dell'omonimo teatro. Fu una cosa penosa. Dal centro della piazza, nella chiara sera estiva, il babbo mi ordinava di avvicinarmi sempre più al teatro e di leggere le indicazioni luminose del grosso orologio. Ma io non riuscivo. Non distinguevo. Sempre più spazientito il babbo mi faceva fare altri passi avanti e ordinava: «Leggi!». Io, corrugando le sopracciglia, strizzando gli occhi, mi sforzavo di accontentarlo. Finché, quando fui quasi sotto, decifrai: «Lunedì-18 luglio». Poi lessi anche le ore: «22.15». Mio padre fu molto turbato e disse che, al ritorno dalle vacanze, bisognava andare subito dall'oculista.

Per anni mi sono rifiutato di mettere gli occhiali. Anzi di sottopormi a qualsiasi visita oculistica. Quel periodo ha avuto alcune conseguenze sul mio modo di essere, sulla mia psicologia, sulla mia stessa attività di giornalista e di scrittore. Non potendo distinguere, da lontano, i particolari degli oggetti, miravo, per così dire, alla loro essenza. Non riconoscendo, a distanza, le persone, ero attentissimo ai loro gesti, alle espressioni, al modo di camminare, al timbro di voce. Credo che la mia totale indifferenza per gli oggetti, per la loro estetica, derivi da lì, così come, al contrario, il mio interesse per l'introspezione psicologica.

Quel singolare apprendistato mi ha tolto anche ogni capacità narrativa o, meglio, descrittiva. È nell'infanzia e nell'adolescenza che si impara, in modo indelebile, a riconoscere un albero dalla forma delle foglie, un fiore, un particolare architettonico che ci permette di collocare un edificio nella sua epoca. Quando, finalmente, a sedici anni mi decisi (anzi fui costretto) a mettere gli occhiali, ritrovando la pienezza della vista, era troppo tardi per recuperare completamente. Se nei miei articoli da inviato ho potuto dare, talvolta, l'impressione di essere un discreto narratore è perché ho una buona capacità mimetica e mi è sempre riuscito abbastanza facile scrivere 'alla maniera di' o rubare le immagini più efficaci da questo o quel romanziere. Ma il mio 'realismo' è stato sempre letterario, di seconda mano. In compenso proprio l'impossibilità e, in seguito, la disabitudine, a soffermarmi sui dettagli, mi ha facilitato la visione d'insieme. Se avessi saputo dipingere sarei stato un impressionista. E anche come giornalista credo di appartenere a questa categoria. Ma se, in fin dei conti, mi sono indirizzato verso l'opinione, la polemica, il pamphlet, il saggio è anche perché descrivere, narrare, era per me uno sforzo molto più innaturale che lavorare con i concetti, con le astrazioni, con la logica.

Il momento degli occhiali, tanto temuto e rimandato, venne dopo gli esami di quinta ginnasio, che superai inaspettatamente. Il babbo ne fu così sorpreso che mi promise di portarmi a Roma, ma a patto che mettessi gli occhiali. «È inutile che ti porti a Roma se non vedi niente», sentenziò.

La mia avversione agli occhiali oggi può sembrare stravagante. Vedo che adesso i ragazzi li portano con disinvoltura, facendone addirittura, a volte, un segno di distinzione o un motivo di eleganza. Ma ai miei tempi i 'quattrocchi' godevano di pessima stampa nel mondo dei ragazzini: erano considerati dei semi-handicappati. Poco maschi. Anche perché non potevano fare a botte. E sulla strada, dove, a quell'epoca, tutti noi ragazzi, proletari o borghesi che fossimo, vivevamo, chi non faceva a botte non contava, era destinato ad un ruolo gregario.

Io, poi, mi vedevo mostruoso con gli occhiali. Odiavo quelle lenti spesse che facevano lo sguardo puntuto e gli occhi piccoli. Il bello è che questa fobia per gli occhiali mi mandava incontro proprio a quelle umiliazioni che tanto ferocemente volevo evitare. La notte prima del compito in classe di greco non dormivo. Non che mi fregasse nulla del greco, ma sapevo che l'indomani, essendo stato messo al primo banco a causa della miopia, non avrei visto nulla del testo che la prof scriveva alla lavagna e avrei dovuto chiederle di copiare direttamente dal suo foglio. Non c'era niente di più umiliante, per me, di stare lì in piedi, chino sulla cattedra, a ricopiare, nel silenzio della classe già intenta a tradurre.

Eppure mi ostinavo a non mettere quei maledetti occhiali, incoraggiato in ciò, con una certa incoscienza, da mia madre che si era alleata perché non voleva che il viso del suo bel bambino fosse deturpato dalle lenti. E la miopia, a furia di corrugare le sopracciglia e sforzare la vista, cresceva. Il giorno che mio padre riuscì a scardinare la mia ostinazione e a portarmi dall'oculista risultò che avevo cinque diottrie e mezzo da entrambi gli occhi. Una miopia non drammatica, ma rilevante.

Di quel viaggio a Roma ricordo solo l'obelisco di piazza Colonna e lo splendido cimitero dei soldati americani ad Anzio, bello e rasserenante come solo sanno esserlo i cimiteri di guerra anglosassoni, con quelle tombe bianche, semplici, tutte uguali, il prato verde tagliato all'inglese, le fontane. Fu l'unico viaggio che feci con mio padre che morì due anni dopo.

Scoprii che gli occhiali non erano poi così castranti. Rientrato da Roma partii per Savona, dove la mia famiglia andava in vacanza ogni anno, dalla fine della guerra. Era uno dei miei primi viaggi da solo. Sul treno una ragazza della mia età, occhialuta anche lei e, ahimè, bruttina, mi 'filò' in modo abbastanza sfacciato. E anche una signora dimostrò interesse e mi fece dei discorsi un po' *cochon* che per chi avesse saputo intendere (non io), contenevano un invito esplicito.

La prima sera di quell'indimenticabile estate del 1960, approdato ai mitici Bagni Umberto (il mio luogo della memoria, dell'infanzia e dell'adolescenza), osservavo dalla rotonda primi Novecento due ragazzini della mia età che ruzzavano sulla spiaggia deserta fingendo di fare la lotta come dei giovani daini in amore. Lui era un moretto, basso e tarchiato, con gli occhiali, lei un'adolescente splendida, flessuosa, già matura. «Guarda se un tipo così deve avere una ragazza come quella», pensai pieno di invidia.

Il pomeriggio seguente, mentre giocavo a poker dietro le cabine con dei ragazzi più grandi – me la davo da uomo vissuto per nascondere che non avevo la ragazza – sentii due manine ribalde che si infilavano nella scollatura della Lacoste e mi accarezzavano il petto glabro. Era lei. Fingendo indifferenza sparai un «per tre!» in bluff e feci il piatto. «Guarda: vince e si fa anche ruscare», disse uno dei giocatori, un ventenne di nome Giorgio. Vince e si fa anche ruscare, è stato quello il culmine della mia vita, il nadir, il massimo trionfo che nulla, tantomeno i successi professionali o mondani, avrebbe più uguagliato. Se fossi morto in quell'istante, la mia vita sarebbe stata solo felicità.

Il giorno dopo la baciai. Avevamo camminato un bel po' lungo la riva, oltre il pontile, e ci eravamo fermati in un tratto di spiaggia libera, desolato e deserto, protetti dalle canne di un torrentello che scendeva al mare. Seduta, appoggiata con la schiena alla roccia, Anna fumava in silenzio. Fu lei a prendere l'iniziativa. Il suo fiato caldo mi scese in gola. Rimasi paralizzato, accanto a lei, senza dire una parola.

Ancora oggi non posso passare vicino ad un canneto lungo la spiaggia senza sentire una stretta al cuore. Lo stesso effetto mi fanno, se li vedo scorrere dalla macchina, certi filari di faggi della pianura padana, che ripescano sensazioni lontanissime, forse di una volta che, bimbo di pochi anni, li avevo visti dal finestrino del treno.

Per la prima volta nella mia vita avevo 'una donna'. Ed era la più carina dei Bagni. C'era stata l'estate precedente una ragazza di Torino, dal viso di giapponesina, ma la nostra audacia non si era mai spinta oltre lo sfiorarsi nascosto delle dita mentre la sera guardavamo affiancati Carosello nel grande stanzone-ripostiglio dei Bagni dove c'era la TV, la madre severa e sospettosa ad un passo. Quei toccamenti mi turbavano profondamente. Ed anche la 'giapponesina'. Una 'notte blu' eravamo seduti, con altri ragazzi, accanto al juke-box (era il primo juke-box, quello da cui esplodevano i singhiozzi di *Only You* e gli inauditi urli di Tony Dallara che tanto scandalizzavano le nostre mamme). Lei aveva dei jeans larghi e rigidi e sedeva a gambe leggermente aperte. Il jeans non la fasciava, ma formava una sorta di punta dura tra le gambe, a pochi centimetri dal pube. Fissavo quel triangolo di stoffa e pensavo: «Adesso le metto una mano lì». Era una sensazione violentissima. Fuggii, spaventato.

Tecnicamente, nel codice degli adolescenti, la 'giapponesina' era la mia ragazza, perché a me solo erano concessi quegli sfioramenti clandestini. Mi avrebbe lasciato sul finire dell'estate per un altro (mi disse «ho bisogno di pensarci su» o qualcosa del genere). Nonostante avessi un anno di più (quindici contro quattordici) ero troppo bambino per lei e non avevo ancora trovato il lacerante coraggio di abbandonare i giochi e le compagnie infantili. Credo che l'avesse particolarmente disgustata l'avermi beccato una sera a correre a quattro zampe sulla spiaggia, con altri bimbetti, in un gioco di nostra invenzione che simulava le gare dei *pistards* (allora molto in voga, Maspes e Reginald Harris ne erano gli eroi).

Ma adesso era tutto diverso. Avevo una donna vera. Una che baciava. E si poteva andare anche più in là. Una volta, in moscone, le tirai giù la parte alta del costume all'olimpionica, scoprendole i seni acerbi, piccoli e duri. La guardai a lungo, senza osare altri gesti, finché lei si ricoprì. Anna non era vergine, caso eccezionale per una quindicenne di quei tempi. Ma il massimo cui si spingeva la mia immaginazione era vederla interamente nuda. Cosa che non avvenne perché, quando mi ero quasi deciso al grande passo, lei partì improvvisamente per una zona collinare del Piemonte a fare le vacanze con la madre. A quell'epoca era infatti abitudine delle famiglie di modesta condizione della Riviera di Ponente (Anna era orfana di un muratore morto di cancro l'anno prima che la conoscessi) passare, alla fine di agosto o ai primi di settembre, un paio di settimane nell'entroterra, in luoghi di villeggiatura poco costosi.

Feci l'errore di andarla a trovare, senza preavviso. Con un'iniziativa che per un ragazzo di sedici anni di quei tempi non era né semplice né scontata presi il treno Savona-Mondovì, poi una ridotta che saliva a Chiusa Pesio, quindi una corriera che da Chiusa portava a Vigna, il paesino dove stava il mio amore. Naturalmente la trovai con un altro. Ricorderò fin che campo la scena di un fienile dove noi due rivali, seduti ai suoi fianchi, in silenzio, le passavamo entrambi un braccio intorno alla vita sottile. Furono minuti interminabili, eterni. Ma il fatto che lei, muta, il bel viso apparentemente impassibile, lo sguardo fisso in avanti, per non guardare nessuno dei due, non scegliesse, diceva che aveva scelto: lo sconfitto ero io. Feci il viaggio di ritorno marchiato da una ferita che non si sarebbe rimarginata. Da allora non sono mai andato a trovare una donna, fosse anche mia moglie o la più innamorata delle fidanzate, senza dare, prima, un colpo di telefono. Rimasi innamorato di Anna per due anni. Seguii appassionatamente il giallo Ghiani-Fenaroli perché lei, la vittima, era una Anna, Anna Martirano. E, a Milano, la sera dopo cena scendevo al bar per vedere uno sceneggiato la cui protagonista si chiamava Anna.

Quella del Sessanta fu comunque la mia grande estate d'amore. La ricordo luminosissima e piena di sole, anche se i miei amici, e l'annuario meteorologico, dicono che fu una delle estati più grigie e piovose del dopoguerra. Ma nulla poté turbarla, finché la vissi sul mare. Un pomeriggio un 'amico', di quelli che non mancano mai in queste situazioni, mi avvicinò e mi disse: «Anna è la tua ragazza?». «Certo». «Ma ieri sera l'ho vista ai Bagni Aurora che lepegava con uno». E io risposi con la classica frase di Battisti in *Non è Francesca*: «No, non può essere lei. Chi sta sbagliando, sono certo, sei tu».

Il giorno del bacio, tornando ai Bagni Umberto, tronfio di virilità, seppi che Roger Rivière, nel tentativo di seguire lo specialista Nencini giù dal Tourmalet, era finito fuori strada incrinandosi la spina dorsale. Era vivo, ma semiparalizzato, non avrebbe mai più potuto correre. Da Rivière, l'anno prima, avevo ottenuto un autografo alle operazioni di punzonatura della Milano-Sanremo. La «Gazzetta dello Sport», che organizzava la corsa, stava allora in via Galileo Galilei a pochi passi da casa mia. Dalle mie finestre potevo vedere l'insegna rosa del giornale i cui locali facevano corpo unico con la vecchia stazione delle Varesine scalcinata e malfamata, dove mi piaceva aggirarmi la sera, e con l'ancor più sinistro Hotel della Pace che trasudava umidità e orina dai muri ed era ricettacolo di una prostituzione infima. Oltre le Varesine, il terrapieno della ferrovia apriva uno spazio immenso, inusuale per Milano, in fondo al quale, nelle limpide giornate di settembre, si vedeva nitidamente tutto l'arco delle Alpi, il Rosa, il Cervino. In seguito le Varesine furono spostate un chilometro e mezzo più in là, dove ora c'è la Stazione Garibaldi, e sul grande terrapieno venne, e ci resistette per trent'anni, un grande Luna Park. Poi, sconfitto probabilmente dalla playstation, se ne era andato via anche quello. In seguito, in poco tempo, era nato un bosco, un vero bosco non il plastico 'verde'. Un piccolo polmone quasi al centro della città. Miracolo a Milano. Bastava rastrellare un po' di sterpaglia, metterci delle panchine, un chiosco e sarebbe stato un luogo ideale per anziani, nonni, nipotini e coppiette senza pretese. Una mattina mi alzai: il bosco era stato raso al suolo, in una sola notte. Era il preannuncio dell'orrore. Ora al posto delle Varesine, del Luna Park, del bosco ci sono degli altissimi grattacieli a banana, mezzo disabitati, ma io le Alpi, dalle mie finestre, non le vedo più. L'Hotel della Pace è stato abbattuto e anche la «Gazzetta» ha cambiato sede. Però per molti anni, fin quasi ai nostri giorni, i suoi vecchi locali, decomposti e ruinati, erano diventati il ricettacolo di barboni, di disperati, di drogati. Una quindicina di anni fa vi fu trovata morta una ragazza. Giaceva su un fianco, come dormisse, da molti giorni. Nessuno si era accorto di nulla.

Era proprio lì, forse nello stesso punto dove la ragazza aveva agonizzato senza speranza, che avevo visto Roger Rivière, splendente di giovinezza e di salute. Alto, le spalle larghe, eppur sottile, biondo, bello, luminoso, era il prodotto selezionato di generazioni di normanni. Nulla a che vedere con il suo rivale Anquetil, che gli era a fianco, altrettanto alto, quasi altrettanto biondo, ma non altrettanto luminoso, anzi arcigno, grifagno, con un sorriso storto e calcolatore, destinato, proprio grazie alla sua intelligenza risparmiosa, a cogliere quella interminabile serie di successi che l'altro, il troppo solare e sventato Roger, non avrebbe mai avuto. Il regale Rivière mi diede l'agognato autografo colmandomi di quella felicità gratuita che è la ragion d'essere d'ogni tifo e d'ogni tifoso. Per Rivière mi ero preso una cotta da quando lo avevo visto battere al Vigorelli il record dell'ora di Coppi. Io non ho mai amato le vittorie facili. E quella di Rivière, in quel tardo pomeriggio d'autunno milanese, non lo era stata. Verso il quarantesimo minuto, quando sulla tabella di marcia era sotto i tempi di Coppi, il corridore francese aveva forato. Il tentativo, che si giocava sul filo dei secondi, pareva fallito. Invece Rivière, insistendo col tubolare sgonfio per duecento metri, aveva poi inforcato una nuova bicicletta accompagnato dall'ululato di stupore del pubblico. Il contrattempo, invece di abbatterlo, diede nuove ali al suo slancio. Tagliò il traguardo da trionfatore.

Il 10 luglio del Sessanta tutto quel biondo fulgore era stato cancellato d'un colpo. Ho letto, in seguito, che Rivière, per tenersi in vita, aveva dovuto ricorrere alla morfina, che aveva avuto guai con la polizia per questioni di droga, che si era ridotto in condizioni non molto diverse da quelle della ragazza trovata morta, trent'anni dopo, nella sporcizia, nell'umidità, nel piscio, proprio sul posto dove mi era apparso nella sua splendente giovinezza.

Ma tutto questo, quel pomeriggio, mentre tornavo a casa felice, con la testa che mi ronzava, non lo potevo sapere. Pensavo però alla stranezza del destino degli uomini: quel giorno che per me aveva segnato l'inizio, per un altro ragazzo era stata la fine. E in questo, nonostante l'ebbrezza del momento, o forse proprio per questo, sentivo un oscuro avvertimento.

Il sentimento del tempo che passa, dell'invecchiamento, dell'ineluttabilità della fine mi ha accompagnato, con un'intensità morbosa, fin dall'inizio. La morte vera, non solo presentita, la incontrai più o meno a quell'epoca. Avevo bigiato per andare a vedere la partenza del Giro d'Italia, in piazza Castello. Il sole di maggio illuminava d'una luce viva, leggera, allegra, le mura sforzesche e le case intorno. In mezzo alla folla aspettavo l'arrivo dei corridori. Sentii qualcosa dietro di me. Mi voltai. Un uomo, scurissimo di capelli, con degli occhiali da sole altrettanto scuri, si contorceva in silenzio premendosi le mani sul petto. E, avvitandosi, scendeva lentamente verso il selciato. Ma a spaventarmi davvero fu l'orrore che lessi sul volto degli altri. Il Giro d'Italia era scomparso. Fuggii senza voltarmi indietro.

Il mio primo morto l'avrei visto solo quattro anni più tardi, il babbo, cereo, col lenzuolo bianco d'ospedale tirato fino al mento (gli diedi un bacio in fronte senza sapere cosa facevo), ma quell'episodio del Giro lasciò in me un'impressione indelebile. Il sole, da allora, avrebbe battuto con una luce diversa sulle case e non avrebbe avuto più la leggerezza di quell'ancora inconsapevole mattino di maggio.

In via Moscova incrociai una banda militare che eseguiva inni patriottici ed era seguita a passo di marcia, in fila per due, da uomini in abito civile. Gli ultimi della fila erano un signore alto, un po' rigido, in un completo grigio di buona fattura e un ragazzino che poteva avere un paio di anni meno di me, ma portava i calzoni lunghi. Pensai di accodarmi. In testa mi frullavano le immagini delle Cinque Giornate di Milano, del Risorgimento, degli irredentisti, di Oberdan, insomma di tutta la paccottiglia nazionalista che ci facevano studiare a scuola. Con i libri sotto il braccio, stretti dalla cinghia (conquista recente sulla più fanciullesca cartella), mi immedesimavo nella parte dello studente patriota. Viso alto, al vento, eccitato dalla musica, mi sentivo già sulle barricate, pronto ad offrire la mia giovine vita alla Patria. Allungai il passo per abbandonare la coda ed entrare più decisamente nel corteo. «Levati dai piedi, ragazzino» disse il signore vestito di grigio, con una voce dura, malevola. Scivolai via, rosso di vergogna, improvvisamente consapevole della mia miseria, dei calzoncini corti, dei brufoli. Mi scottava soprattutto l'umiliazione subita davanti all'altro, il bambino con i calzoni lunghi, più giovane di me. Credo che il mio disprezzo per il militarismo (non per la guerra che è un'altra cosa), oltre che per ogni forma di retorica patriotarda, sia nato quel giorno.

Anche se gli occhiali non si erano rivelati così menomanti come me li ero immaginati, non li ho mai potuti sopportare. Odiavo queste appendici che, una volta fattaci l'abitudine, portavo ormai tutto il giorno e che, con gesto che sentivo terribilmente goffo, mi dovevo togliere se volevo baciare una ragazza. Quando sul mercato comparvero le lenti a contatto mi precipitai. Pareva che io appartenessi a quel tre per mille che, secondo statistica, non le poteva tollerare. Mi facevano un male cane. Lacrimavo. Piangevo. Non riuscivo a tenere le palpebre né aperte né chiuse. I miei poveri occhi sembravano catalizzare ogni granello di polvere. Ma l'odio per gli occhiali e la mia volontà l'ebbero vinta.

Per la prima volta, a vent'anni, potei guardare il mio viso allo specchio senza il velo della miopia o l'ingombro degli occhiali. Ero un bel ragazzo. Ricordo la felicità di quel mattino di sole in cui, guidando verso la Riviera, con a fianco una ragazza molto carina (aveva degli splendidi occhi azzurri che mi guardavano dai tabelloni pubblicitari perché, sottile ironia, faceva la pubblicità per le gocce Stilla), inforcai dei fiammanti Ray-Ban. Avevo sempre invidiato quelli che portavano gli occhiali da sole perché, nella mia testa, voleva dire che non avevano bisogno di quelli da vista. La sera, a Santa Margherita, feci l'amore con lei che, al momento decisivo, mi tappò la bocca perché i vicini non sentissero.

Mi abituai talmente bene alle lenti a contatto che le portavo tutto il giorno: le mettevo la mattina, appena alzato, e le toglievo prima di andare a letto. Inoltre le lenti avevano finalmente fermato la mia miopia che, nonostante gli occhiali, aveva continuato a progredire. Adesso avevo sette diottrie nel destro e otto nell'altro. Ma la correzione delle lenti mi dava un visus di dieci decimi e oltre, perfetto. Adesso guardavo con commiserazione i miei ex colleghi 'quattrocchi'. Per vent'anni dimenticai di essere miope.

Il biondo aveva ripreso a parlare. Dopo una certa età, stava spiegando, tutti, chi più chi meno, diventano presbiti ed io avevo superato i quaranta. I recenti disturbi che avevo avvertito, la difficoltà di mettere a fuoco da vicino, erano dovuti a quello. L'oculista non mi stava dicendo nulla di preoccupante, nulla che non mi aspettassi, ma io lo ascoltavo trattenendo il fiato. La mia attenzione era spasmodicamente ferma alla lieve esitazione di poco prima: avevo avuto la netta sensazione che stesse per dirmi qualcosa. Temevo che, da un momento all'altro, potesse interrompersi e riagganciarsi a quella pausa per dirmi: «Ma il problema non è questo...».

Il biondo continuava a parlare con voce neutra, tecnica, professionale, di miopia, di presbiopia, degli occhiali che avrei dovuto mettere sopra le lenti a contatto per leggere agevolmente. Se invece rinunciavo alle lenti non c'era problema: la mia miopia naturale superava abbondantemente la presbiopia, il difetto primigenio correggeva quello sopravvenuto e mi avrebbe consentito di vedere ottimamente da vicino, come sempre, anche meglio di altri. Ed era vero. Una delle mie rivincite di miope era stata quella di poter decifrare nitidamente dei particolari infinitesimi, per esempio certe iscrizioni microscopiche sulle monete, che mettevano a dura prova chiunque. Ah, la soddisfazione di veder arrancare 'i sani', portando l'oggetto alla luce e orientandolo in un certo modo, per poter distinguere ciò che io vedevo quasi al buio purché lo avvicinassi ad una distanza proibitiva per chi ha una vista normale.

L'oculista, la testa bionda china sul tavolo, stava scrivendo le prescrizioni. Ne scrutavo il viso tondo, da bambino. Non lo conoscevo. Era nuovo dell'ambulatorio. Forse mi ero sbagliato. Forse quell'esitazione non riguardava me, ma lui, la sua giovanile inesperienza. Forse non era nemmeno mai esistita se non nella mia fantasia di ipocondriaco.

Il biondo, sempre chino, mi allungò i foglietti senza guardarmi. La visita era finita. Ero salvo, ancora una volta. Alzò la testa e, fissandomi con i suoi occhi chiari, disse: «Ma il problema non è questo: lei ha un glaucoma». Era iniziata la mia discesa all'inferno.

Il dottor Angelelli, così si chiamava l'oculista, fu prodigo di informazioni. Innanzitutto, disse, non dovevo farmi spaventare dal nome della malattia: glaucoma. Non aveva niente a che vedere (disse proprio 'vedere' ed io vi colsi un involontario e orrendo calambour) col cancro. Si trattava, spiegò, di una elevata pressione endoculare che, premendo sul nervo ottico, ne necrotizzava le cellule riducendo gradualmente il campo visivo. Naturalmente c'erano delle cure per arginare il processo. Cure mediche: dei collìri. In un secondo tempo si sarebbe potuto passare al laser. Come ultima Thule c'era l'intervento chirurgico. «Ma non è il caso di pensare a questo, adesso. Del resto non siamo nemmeno del tutto sicuri che lei abbia un glaucoma. Per ora io le ho riscontrato solo la pressione alta. Ma questo non è ancora glaucoma. Il glaucoma c'è quando si registrano lesioni nel campo visivo. Dovrà fare un esame». «Ma, insomma, ce l'ho o non ce l'ho?» domandai, quasi gridando. «Faccia il campo e lo sapremo. Per ora dovrà mettere i colliri che le prescriverò, tre volte al giorno. Capisco che è fastidioso». «Se è solo una questione di colliri sono disposto a metterli tutta la vita, anche dieci volte al giorno». Il medico non sorrise: «Dovrà metterli tutta la vita». Chiesi se oltre alle cure per fermare il glaucoma c'erano casi in cui la malattia aveva delle remissioni. Ma sapevo già la risposta. «Il glaucoma è irreversibile». Prima di congedarmi ci tenne ad assicurarmi che il glaucoma era una malattia che non dava alcun dolore. «Ma che bella festa» dissi e uscii.

Una volta in strada ebbi la tentazione di precipitarmi in un bar a bere un whisky. Ma la respinsi. Dopo essere stato coinvolto a lungo con l'alcol, erano sei anni che non toccavo un goccio. E non volevo ricominciare proprio adesso. Mi misi in macchina e tornai a casa. Mia moglie non parve molto turbata dalla notizia. Ci stavamo separando proprio in quei giorni. Sulla 'Garzantina' medica andai a leggere la voce glaucoma. C'erano lunghe spiegazioni e i soliti pistolotti più o meno incoraggianti. Ma io fui colpito da una sola frase, quella finale: «Il glaucoma, se non curato bene e in tempo, conduce alla cecità completa».

'Reparto glaucoma'. Aprii la porta. In uno stretto vestibolo c'erano una ventina di persone, tutte più anziane di me. «In fondo» aveva detto l'oculista «abbiamo avuto la fortuna di beccarlo in tempo». «Sì, ma è una fortuna bifida» avevo replicato «vuole anche dire che io mi sono ammalato prima degli altri». Quella compagine di vecchietti – così almeno mi sembravano – confermava la mia idea. Nessuno però, a guardarli, pareva avere dei problemi gravi. Quasi nessuno portava gli occhiali. Sedevano tranquilli e parlavano, come sempre avviene in questi casi, della malattia comune. Mi misi in un angolo, alla finestra, il più lontano possibile, per non sentire. Ho sempre detestato la complicità, un po' morbosa, che si crea fra malati. Molti anni prima, quando mi ero fatto ricoverare a Villa Turro per disintossicarmi dall'alcol, non avevo voluto, in quella settimana che c'ero stato, avere contatti con gli altri. Il primario, nel referto con cui mi dimetteva aveva scritto, fra l'altro: «Rifiuta il rapporto con gli altri degenti. È una persona egoista e cattiva». Quell'aggettivo, *cattivo*, mi aveva profondamente ferito (e ancora mi ferisce, se ci penso). Non credevo che un termine del genere potesse essere usato in un referto medico, per quanto di carattere psichiatrico. In ogni caso non penso che si trattasse di cattiveria. Era, più semplicemente, il rifiuto, infantile, di considerarmi malato, come gli altri. Chi ha letto *Sette piani* di Buzzati può capire. Così anche lì, in attesa di essere chiamato per il 'campo visivo', mi tenevo alla larga.

L'oculista era giovane e carina, ma aveva il volto duro e i modi bruschi. Il 'campo visivo' manuale (in seguito avrei sperimentato quello computerizzato, molto più preciso e scientifico) consiste in questo. Bendato un occhio e poggiato il mento su un apposito sostegno devi fissare, con l'altro, un punto nero che sta al centro e al fondo di una cavità rivestita di plastica bianca che riproduce, ingrandita, quella orbitale. Dietro questa specie di pallone da rugby, tronco e vuoto, sta il medico che muove, in su e in giù, in alto e in basso, una lucina. Quando ti appare schiacci il pulsante di un campanello che tieni in mano. Naturalmente non devi barare e andare a cercare la luce, ma tenere l'occhio sempre fisso sul punto nero, perché l'esame serve appunto a determinare qual è il tuo campo visivo. Avrei fatto in seguito, più volte, l'esame computerizzato chiamato allora 'Octopus' – cosa curiosa, per me, perché era il nomignolo affettuoso che avevo affibbiato a mia moglie – che sul piano della tenuta nervosa è una tortura molto peggiore di quello manuale. Il computer infatti quando spara la lucina fa un rumore, come di un braccio meccanico che si apre e si chiude, e tu, col dito sudato sul pulsante hai l'istinto di schiacciarlo, ma se non vedi la stramaledetta 'lucina' devi trattenerti. L'esercizio durò una ventina di minuti. Mi parve di essermela cavata bene. Del resto ho sempre avuto degli ottimi riflessi (li ho ancora, ma non mi servono più). Alla dottoressa non ebbi il coraggio di chiedere nulla. Così come non osai aprire la busta con i risultati che andai a ritirare qualche giorno dopo. La consegnai direttamente al biondo che disse: «Gli esami confermano la mia diagnosi: il campo visivo è già intaccato, per ora sui bordi marginali, ma la lesione c'è». Gli dissi che non ero sicuro di aver capito bene il meccanismo, che volevo ripetere l'esame e pretesi che telefonasse subito, in mia presenza, alla dottoressa. Percepii nettamente, al di là del filo, lo scetticismo, addirittura, mi parve, il sarcasmo, della donna. Anche il viso del mio medico, mentre le parlava, era eloquente, come a dire: che ci vuol fare, so che è inutile, ma accontentiamolo.

Ritornai al Fatebenefratelli. I modi della giovane dottoressa erano, se possibile, ancora più bruschi. Non si sforzava nemmeno di dissimulare la sua commiserazione. Il secondo esame confermò il primo. Dovevo rassegnarmi: avevo il glaucoma.

Quel pomeriggio il biondino mi esaminò l'acutezza della vista davanti al solito tabellone con le lettere. Avevo delle lenti a contatto nuove. Il quadro luminoso mi si presentava nitidissimo. Lessi, senza sforzo, fino all'undicesima riga. Rimasi seduto davanti al tabellone a lungo. Quando mi alzai dissi: «Sarà l'ultima volta, ma non ci ho mai visto così bene come in questo momento».

Uscii dall'ambulatorio. Era pomeriggio tardo. Tutto sembrava come sempre. Sul viale Monte Santo le macchine sfrecciavano veloci per immettersi sulla circonvallazione interna. Ne leggevo le targhe anche a grande distanza. Per quanto mi sforzassi non riuscivo a 'trovare' la mia malattia, non riuscivo a capire in che cosa potesse consistere e come si sarebbe manifestata.

I primi anni furono, a modo loro, quasi esaltanti. Mi sentivo un cieco in libera uscita. Guardavo ogni dettaglio, si trattasse delle tegole di coccio rosse di una casa toscana, di un particolare architettonico o della sfumatura di un quadro o del colore di un vestito o della forma di un paio di scarpe, insomma di qualsiasi cosa, con un'avidità golosa, imprimendomeli bene nella mente, perché sapevo che di lì a poco non li avrei visti più. Un po' come succede in guerra, quando sei consapevole che puoi morire da un momento all'altro.

Ma la malattia, come confermavano i maledetti 'Octopus', avanzava. A Capri in una notte d'estate senza luna c'era uno stellato straordinario. Ma io le stelle le vedevo un po' sfocate. Capii che non avrei mai più visto un cielo stellato e che era l'inizio della fine, una fine lenta, graduale, che ti mangia gli occhi giorno dopo giorno, in modo quasi impercettibile ma costante, per cui tu non sai se domani potrai fare quello che riuscivi a fare fino a ieri. Una tortura molto ben studiata.

La prima rinuncia, dolorosissima (anche se nulla rispetto a quello che sarebbe arrivato poi) fu a guidare la macchina. Non ho mai amato particolarmente, nemmeno da giovane, le automobili appariscenti. Le ragazze preferivo conquistarle in altro modo. Per me la macchina è sempre stata uno straordinario strumento di libertà. Potersela filare in ogni momento da qualsiasi situazione. Mi piaceva esplorare, di notte, anche nella mia città, quartieri sconosciuti. Eppoi guidare mi è sempre piaciuto moltissimo. Mi distendeva i nervi. Ma amavo anche i viaggi lunghi. Nel 1969 feci, con degli amici di Lotta Continua, Milano-Caltanissetta guidando ininterrottamente per 24 ore. I miei compagni sostenevano che quando ci fossimo fermati a un grill dovevamo rubare qualcosa, una sorta di 'esproprio proletario' soft. Quelli erano i tempi. Io ero contrario.

Ci fermammo a un grill dell'Autosole. Loro erano decisi a fare piazza pulita. Rientrarono in macchina furiosi: non erano riusciti a portar via nulla. Allora tirai fuori da sotto il mio montgomery blu una bottiglia di vino, tre salamini e altre masserizie. Mi piaceva fare di queste cose.

Un'altra volta guidai sempre per 24 ore di fila da Sofia a Dubrovnik, senza che il mio compagno, Maurizio Calzolari, toccasse mai il volante, attraversando tutta la Bosnia per strade quasi sempre sterrate che spesso finivano in torrenti che bisognava guadare. A certe curve si vedevano dei ragazzini serbi che, con le mani a coppa, offrivano fragole, mirtilli, tartarughine e altri frutti del bosco. Sulle autostrade italiane mi piaceva fermarmi ai grill in piena notte e osservare l'umanità composita che vi si raccoglie in quelle ore. E mi facevo le mie rappresentazioni: quello era uno che tornava da un incontro con l'amante, quell'altro un rapinatore in fuga, l'altro ancora un rappresentante di commercio. Avrei voluto farci un film su questa cosa, risalire le vite che avevano portato quelle persone lì, in quel momento, a quell'ora quando la gente 'perbene' dorme i sonni del giusto. Poiché guidare, soprattutto in autostrada, vuole una concentrazione costante perché ogni distrazione a certe velocità può essere fatale – cosa che le donne, troppo curiose, in genere non capiscono, per fortuna vanno piano – e non devi guardare solo ciò che avviene immediatamente davanti a te ma un chilometro più in là, ciò che mi stava attorno lo potevo vedere solo in parte, i profili dei monti innevati, le balle di fieno perfettamente arrotolate com'è in pianura padana, la terra screpolata del senese, i torrenti, le cascatelle, i paesi arrampicati sul monte, i castelli. Ora che sto dalla parte del passeggero e potrei guardar tutto, con calma, non vedo niente, o quasi.

La malattia ha avuto anche una forte influenza nella mia vita di giornalista e di scrittore. Non potendo più viaggiare nello spazio – il buon giornalista è quello che partendo dal particolare riesce a darti una visione d'insieme, e io i particolari, almeno a partire dai primi Novanta, non li vedevo più nitidamente – ho cominciato a viaggiare nel tempo e ho scritto *Nerone* e *Catilina*. Poi utilizzando un'attitudine speculativa che ho sempre avuto, ho viaggiato nel pensiero e ho scritto i miei libri 'storico-filosofici', da *Il denaro «Sterco del demonio»* a *Sudditi*. Oppure ho parlato, sia pur in forma trasversale, di me stesso, come in *Di[zion]ario erotico. Manuale contro la donna a favore della femmina* o in *Ragazzo*.

In giornalismo ho dovuto rifugiarmi, per forza di cose, nel commento. Ma il vero giornalismo, secondo me, è un altro: è la cronaca, l'inchiesta, il reportage. Come ha detto un grande del nostro mestiere, Nino Nutrizio, direttore de «La Notte», «Il nostro è un mestiere che si fa prima con i piedi e poi con la testa»: prima bisogna uscire, guardare, osservare, annusare, ascoltare, parlare e poi, scrivendo, dare un senso al magmatico materiale raccolto.

La redattrice della Radio svizzera

Nel 1985 mi ero separato da mia moglie. Ma il matrimonio era finito già da molti anni, dal 1978 quando era nato nostro figlio Matteo, desideratissimo. Quella nascita, come a volte avviene, aveva messo il suggello finale al nostro rapporto. Era stata l'unione di due ragazzi innamorati e immaturi. Avevamo cominciato quando lei aveva diciannove anni e io ventiquattro, troppo diversi per trovare un'intesa stabile. Io ero un uomo che inseguiva sogni, lei una friulana molto concreta. Se io fossi stato un po' meno sognatore e lei un po' meno concreta la cosa avrebbe potuto, forse, funzionare. Così la distanza era incolmabile. Ero rimasto in casa solo per essere vicino a mio figlio, ma un giorno lei, esasperata da un matrimonio praticamente 'in bianco', mi aveva cacciato di casa. Giustamente. Ma non aveva fatto la sciocchezza, comune a molte donne, di usare il figlio contro di me, sapendo benissimo che un figlio, a qualsiasi età, oltre che della figura materna ha bisogno, quasi a pari merito, anche di quella paterna. Per anni, in qualsiasi posto fossi, il sabato e la domenica prendevo l'aereo e tornavo a Milano per stare con mio figlio. Ciò rendeva complicate, e inevitabilmente fugaci, le mie relazioni sentimentali.

I rapporti con la madre di mio figlio sono rimasti sempre

ottimi e, recentemente, su una sua idea, abbiamo celebrato, insieme agli amici più cari, i nostri 'quarant'anni di non matrimonio'.

Con le donne, per parecchi anni, non era andata bene. Colpa anche di un'educazione sbagliata, tipica dei miei tempi, che le rappresentava come esseri angelicati. Cesare Pavese si stupiva che anche le donne pisciassero. Per cui quando, adolescente, entrai nel mondo femminile lo feci con occhi sognanti e sgranati e mi ci volle molto tempo, e molte sberle, per metterli a fuoco e capire di che si trattava.

Naturalmente già molto tempo prima del distacco definitivo da mia moglie le cose erano cambiate. Ero stato con parecchie donne, alcune molto belle, un paio bellissime, fra le più belle, a Milano, della loro generazione. Non certamente per merito mio, ma perché eravamo in pieno 'permissivismo sessuale' e le sciagurate 'la davano via' con una certa noncuranza. Erano stati, in genere, rapporti brevi e violenti, quasi brutali. Io a letto facevo la parte del sadico, loro, le femministe, quella delle masochiste. Con piacere di entrambi, devo dire. Dovevo far pagar loro qualcosa, anche se non sapevo che cosa. Oggi lo so: l'anaffettività di mia madre. Io sono sempre andato a cascare su donne, sia pur sotto piume apparentemente molto diverse e variopinte, anaffettive. Per quanto ogni volta ci si illuda si va sempre a finire sullo stesso tipo di donna (o di uomo, se si è dall'altra parte della barricata). Per quel che mi riguarda le donne che mi hanno voluto veramente bene (cosa che non coincide affatto con l'innamoramento e l'amore, vuol dire 'volere il bene dell'altro', che stia bene, con te ma non solo con te) prima o poi le ho liquidate. In questo gioco perverso avevo bruciato molti rapporti che se vissuti diversamente avrebbero potuto essere intensi e duraturi. Ma arrivato quasi a metà dei miei quarant'anni sentivo l'esigenza di un rapporto più stabile e avevo cominciato a prendere una preoccupante attitudine da zitella. Intendo dire che non mi riusciva più di guardare una donna, appena un po' appetibile, come van guardate le donne, in modo normale, mi mettevo subito a pensare se con quella avrebbe potuto nascere una storia duratura. Naturalmente le donne sentivano questo mio 'zitellismo' psicologico e, come accade in questi casi, mi evitavano.

Nel giugno del 1989 la Radio della Svizzera italiana mi chiese un'intervista per un libro che avevo appena pubblicato, *Elogio della guerra*. Già qualche anno prima la Prima Rete della RSI, diretta da un triestino di grande cultura, Giulio Villasanta, aveva prestato molta attenzione al mio primo libro, *La Ragione aveva Torto?*, passato completamente sotto silenzio in Italia. Il giornalista che aveva preso contatto con me, Fares, era lo stesso che mi aveva intervistato per *La Ragione*. Ma un paio di giorni prima dell'incontro mi telefonò scusandosi: aveva un impedimento, sarebbe stato sostituito da una collega. Che mi telefonò poco dopo dicendomi che le avrebbe fatto piacere se fossi arrivato a Lugano la sera prima per cenare insieme e mettere a punto l'intervista che avremmo fatto la mattina dopo, alle nove. L'albergo, l'Hotel de la Paix, era naturalmente a spese della Radio. Mi consigliò anche di prendere il TEE delle 19 e 30, molto comodo. Risposi che non se ne parlava neanche: a Lugano sarei arrivato molto tardi nella notte e con la mia macchina.

La mattina dopo, nella asettica hall della Radio ticinese, così lontana dai bivacchi clientelari di viale Mazzini, vidi venirmi incontro una ragazza di circa trent'anni, in un tailleur giacca-pantalone grigio, con un'aria da stronza. «La classica giornalista in carriera» pensai. Aveva un bel viso regolare, gli zigomi pronunciati che le incavavano le guance, la pelle straordinariamente liscia, due occhi insondabili, una gran testa di capelli scuri e ribelli. Assomigliava un poco a Florinda Bolkan.

La Bolkan l'avevo conosciuta, insieme alla sua storica amante, Marina Cicogna, ai tavolini di un bar della piazzetta di Porto Rotondo. Nella metà dei loro quarant'anni erano splendide. Io ero lì alla caccia di un'amica, soprannominata 'fascino discreto della borghesia', che ho inseguito per tutta la vita, inutilmente. Porto Rotondo è un posto fasullo. Finto. Provvisorio. Capisci che il tabaccaio, il giornalaio, il parrucchiere, la bella ragazza che serve nella boutique, a metà settembre se ne andranno e rimarrà il deserto. La profusione di fiori, dal profumo intenso, acuisce, anticipandola, quest'aria da camposanto. Porto Rotondo non è un paese è un villaggio-vacanze di lusso. E la mitica 'spiaggia di Ira', con quella sterpaglia selvaggia che la limita a monte, sarà stata affascinante quando ci andava la Fürstenberg. Allora – siamo a metà degli Ottanta – era un groviglio dantesco di corpi che, senza il conforto di un ombrellone o di un chiosco, arrostivano sotto il sole assassino di Sardegna. I lussuosi yacht restano ormeggiati nel porto. Nei tre giorni che ci sono stato non ne ho visto uscire uno. Passano le serate invitandosi l'un l'altro nelle loro ville dove pareva molto divertente che Marta Marzotto si aggirasse tenendo in mano un pene finto e istoriato, a mo' di candela. Quanto si divertissero lo si poteva vedere la mattina dopo quando, verso le 11, su una certa salitella si creava una lunga coda di persone pazientemente in attesa. Aspettavano i giornali che arrivavano dal continente.

Di peggio c'è solo Porto Cervo. Qui l'Aga Khan, o chi per lui, ha giocato un brutto scherzo alla borghesia che vuole almeno poter sfiorare il jet-set.

Siamo verso la fine degli anni Novanta. Non guidavo più. Mi feci accompagnare a Talamone, dove da anni passo le vacanze di lavoro (quelle vere le faccio in Corsica), da una bella quarantenne bionda, chiamiamola G., disponibile, affettuosa, accuditiva ma di un'ottusità allarmante. Nelle conversazioni dovevo abbassare molto il livello. Ma alle volte eccedevo. E lei mi riprendeva. A Talamone il bagno lo faccio alle otto di sera in una certa baia di mia conoscenza e, a quell'ora, di pochi intenditori. In genere, anche se ho una fidanzata o una compagna, preferisco andarci da solo. I rumori sono attutiti, le voci lontane, i colori tenui, l'aria immobile. Il silenzio è rotto solo dal lento e ritmico sciabordio del mare, appena percettibile. La natura si riposa. Il tempo sembra essersi fermato, la condanna momentaneamente sospesa. Dopo il bagno mi siedo sulla roccia ancora calda e fumo una sigaretta guardando il mare, le rocce che si sono fatte scure, quasi cupe, primordiali, e il cielo che trascolora dal giallo chiaro sopra le colline lontane, dove batte l'ultimo sole, al verde pallido, all'azzurro, al blu, al viola. Son lì per stare in santa pace, solo con me stesso. E anche gli altri, rari, frequentatori hanno la stessa esigenza. Con un architetto, che nuota benissimo, in dodici anni ci siamo scambiati, sì e no, dodici parole.

Quella sera ebbi invece la cattiva idea di portarci G. Lei riuscì a far suonare il cellulare quattro o cinque volte e rimanere un'ora al telefono. Decisi di tornare a Milano. Lei, sempre gentile, sempre affettuosa, mi portò fin sotto casa. Con G. avevo un'autonomia di un paio d'ore ma da Talamone a Milano ce ne vogliono cinque e mezzo. Ero distrutto. Scaricai i bagagli, che erano parecchi. Libri naturalmente, di lavoro e di lettura. Liquidai G., ma arrivato davanti alla mia porta mi accorsi di aver perso le chiavi. Era Ferragosto e faceva il solito caldo umido e appiccicoso di Milano. Lasciai i bagagli davanti alla porta e mi rifugiai al Grand Hotel Principe di Savoia, accanto a casa mia, dove c'era almeno l'aria condizionata. Mi feci servire dal maître, che conoscevo da anni, delle tartine di caviale e una bottiglia di bianco, e portare un telefono. Che fare? La domestica non sarebbe tornata prima della fine del mese, mio figlio e la mia ex moglie, i soli che possedevano i doppioni, erano in vacanza. Telefonai a mio cugino e lo raggiunsi a casa sua. I miei bagagli intanto, con alcuni dattiloscritti che ritenevo preziosi, erano sempre fuori dalla mia porta. Le provammo tutte. Di fabbri non c'era neanche l'ombra. I pompieri dissero che la cosa si poteva anche fare, ma per motivi di sicurezza non potevano operare dalla facciata esterna, ma solo da quell'interna e non erano nemmeno sicuri di poter far entrare il mezzo dal passo carraio perché la casa costruita negli anni Cinquanta era tarata su veicoli più piccoli. Rinunciammo e rinviammo ogni decisione all'indomani. Dormii a casa di Valerio, con mezzi di fortuna perché era troppo piccola per ospitarmi. La mattina presto telefonai alla vicina di casa, mia amica da sempre (la prima volta che ci siamo visti lei aveva tre anni e io sette). Era nella sua casa di Porto Cervo. Le spiegai la situazione. «Non ti preoccupare. Ti faccio avere le mie chiavi». Così traslocai nel suo appartamento vuoto. Ero a posto. Ma feci l'errore, per creare un po' di corrente, di aprire una parte della grande vetrata che correva lungo tutta la ringhiera del balcone, come era diventato uso quasi comune per guadagnare spazio. Le due case sono d'angolo. Potevo vedere il mio balcone e notai che la finestra del bagno era socchiusa. La tentazione era forte. Da un balcone all'altro non c'era più di un metro. Una quarantina di anni prima su quei balconi – il loro non aveva ancora la vetrata – io e la giovanissima domestica di mia madre, la Tina, da una parte, la mia amica, allora adolescente, e la madre, che aveva da poco superato i quaranta, avevamo passato tante sere di primavera e di inizio estate a chiacchierare. La madre era un'emiliana prosperosa, dal gran culo, un'"oca giuliva', una specie di Sandra Milo che non sapevi mai se 'c'era o ci faceva', e che arrotava tutte le erre in modo delizioso. Per anni era stata la mia ossessione adolescenziale. Tante volte, andate a dormire la Tina e la ragazzina, quando si accendeva la luce della camera da letto di lei mi era venuta la tentazione di saltare sul suo balcone per spiarla mentre si spogliava (c'è un delizioso libro di Tom Antongini, il segretario di D'Annunzio, *Il bucomane*, che racconta degli aficionados dei fori, fatti ad arte da sapienti predecessori, fra una camera e l'altra di un albergo, e dell'estrema eccitazione nel «vedere una ragazza, che giù nella hall si è tirata pudicamente la gonna sulle ginocchia, impegnata nelle operazioni più intime»). Era una 'pazza idea'. Non l'attuai mai. Ma allora avevo vent'anni e avrei potuto farcela, anche con una certa facilità. Adesso ne avevo cinquantaquattro, ero ancora nel pieno delle mie forze, ma la cosa era più dubbia. Rientrai in casa, tirai fuori dai miei bagagli la macchina da scrivere, ma dai tasti non mi usciva un rigo. Ogni momento tornavo al balcone. Vedere la mia casa lì e non poterla raggiungere mi mandava in bestia. Presi una scaletta di legno, di quelle che si usano per raggiungere i libri negli scaffali più alti, e salii sulla ringhiera, tenendomi con le mani alle ante della vetrata. Si trattava di saltare sulla ringhiera opposta, mettendovi il piede e poi, sullo slancio, ricadere sul mio balcone. Un metro. Solo un metro. Ma se sbagliavo sotto mi attendeva un abisso di quattro piani. Mi lanciai. Caddi a faccia in giù sul cemento del mio balcone. Era fatta.

Recuperai le chiavi di riserva e la mattina dopo telefonai alla mia amica dicendole che le sue gliele avrei consegnate al suo ritorno. «Perché non vieni a Porto Cervo, da noi?». Ormai la mia estate era fottuta e dissi volentieri di sì. Abitavano in un *compound* che pretendeva di non essere un condominio ma di fatto, per la vicinanza delle villette, lo era. Dalle due alle quattro non si doveva far nessun rumore, nemmeno battere sulla macchina da scrivere. Il *compound* era incassato, per cui da una parte non vedevi le montagne e dall'altra la vista del mare era preclusa dalle altre villette. La spiaggia era stata ottenuta con i materiali di risulta delle abitazioni costruite da poco. Erano sassi taglientissimi e anche in mare dovevi entrarci con le scarpette di plastica. La mia amica, accorgendosi del mio disagio, mi portò in una spiaggia poco lontano. Ma non fummo fortunati. L'afa rendeva l'acqua oleosa.

Loro, la mia amica e la figlia, stavano fuori tutto il giorno, io rimanevo a casa con la nonna, l'antico oggetto dei miei desideri. Dopo le quattro mi mettevo diligentemente alla macchina da scrivere. Ma avevano un cane, un lupo enorme, che non sopportava che io mi chiudessi nella stanza senza chiave che mi era stata riservata. Dava una spallata alla porta. Vedevo la sua lunga schiena, poderosa, passare davanti alla scrivania con aria minacciosa.

La sola cosa divertente era che il nostro vicino era Gorrini, agli arresti domiciliari dopo una condanna per Tangentopoli. La sua compagna, Donatella Turri, aveva recitato nell'unico film interpretato da Luigi Tenco, *La cuccagna*. Mi ricordavo perfettamente una scena in cui lei si tira giù le mutandine bianche. Erano passati quasi quarant'anni ma era ancora molto bella.

Nel film Tenco si chiamava Giuliano. Giuliano era il nome di un mio compagno di classe del Carducci, Giuliano Sevieri. Di due anni più grande di noi filava con la ragazza più bella del liceo, Enrica Marelli detta 'Chicca'. Tutti lo invidiavamo, ma lui non sembrava dare gran importanza a quel rapporto. Aveva un viso serio, triste, addolcito però ogni tanto da un lieve sorriso che gli spuntava sull'angolo delle labbra. Andavamo spesso a vedere insieme le partite del Milan perché lui era un tifoso rossonero. Si laureò in medicina e divenne il mio medico. Aveva preso un mucchio di specializzazioni ma, da cattolico convinto, riteneva suo dovere fare il medico della mutua. Quel dolce sorriso era sparito dalle sue labbra. Una volta gli chiesi della 'Chicca'[6]. Con mia sorpresa rispose che, dopo di lei, l'amore come sentimento per lui era finito. Capitolo chiuso. «Ma se sembrava che non te ne importasse granché, della Chicca». «Non era così. Tu, piuttosto, sembrava che avessi molte ragazze quando facevamo il liceo». «Scherzi? Se c'è un periodo in cui sono andato in bianco è quello». «Ma arrivavi in classe, sempre in ritardo, tutto scarruffato, con dei segni di rossetto sul collo». «Me li sarò fatti con quello di mia madre, per darmi un tono».

Quelli di Porto Cervo sembravano divertirsi. Li eccitava la vicinanza di Villa Certosa anche se il suo proprietario non c'era quasi mai. Io dopo quattro giorni ne avevo abbastanza. Inventai una scusa per filarmela che la mia amica finse di prendere per buona. Ma la nonna scoperse le carte e arrotando tutte le erre disse: «Ma allorrra è un fallimento!». Una frase che è restata nel nostro lessico familiare.

L'intervista fu ottima. La strana ragazza dimostrava di aver capito il senso del libro, né quell'argomento, spinoso per un Paese come la Svizzera che non conosce la guerra da secoli, sembrò preoccuparla o scandalizzarla. In realtà ne avrà letto il risvolto di copertina e un paio di pagine. Ma era un tipo molto svelto. Alla fine mi invitò a prendere qualcosa al bar della Radio. E questo ci stava. È un'abitudine da quelle parti, una piccola cortesia che si usa verso gli ospiti (non sono cafoni come da noi dove dopo l'intervista o il talk ti mollano nei meandri dei loro uffici e arrangiati). Intanto si era fatto mezzogiorno e mi chiese se volevo far colazione con lei. E questo era un po' meno usuale. Andammo al Mövenpick, in

[6] Enrica Marelli, sequestrata a fini di estorsione malata di diabete, era morta da tempo all'età di 38 anni.

riva al lago. Si fece portare solo delle insalate, era vegetariana di stretta osservanza. Venni a sapere con una certa sorpresa che aveva quarantuno anni. Parlava soprattutto lei, io ascoltavo. Aveva una voce calda, sensuale, stupenda. Ma io friggevo: alle tre mio figlio giocava una partita con i 'pulcini' in una squadretta di San Siro. Finalmente poco prima delle due riuscii a sganciarmi e con una volata arrivai al campo appena prima del fischio d'inizio.

Il pensiero di avere una storia con quella donna non mi sfiorò neppure. Fece tutto lei. E fece tutto quello che una donna non dovrebbe mai fare se vuole conquistare un uomo: mi inseguì. Con telefonate, con inviti, con proposte quasi esplicite. E più insisteva, più io mi ritraevo. Detesto, come credo la maggioranza degli uomini, le donne aggressive. Appartengo alla generazione del 'ti vedo e non ti vedo', dell'eterno gioco delle ritrosie e della seduzione, dove però a far la parte della preda è lei. Eppoi quella redattrice della Radio svizzera non mi convinceva. Perché bella era bella, e aveva anche fascino e quella voce sensuale che, a volte, si apriva in una risata calda, liberatoria. Ma questo, nei primi tempi, avveniva di rado. Mi intimoriva quell'aria un po' fosca. Non capivo perché si comportasse in modo così spudorato. Eppoi appariva troppo magra per i miei gusti, almeno da quello che si poteva intuire attraverso i vestiti da suora in cui si infagottava quando non portava i pantaloni. Però, dai e ridai, la redattrice della Radio svizzera mi mise in una situazione in cui, se non altro per non fare definitivamente la parte del finocchio, non potei più far finta di nulla. Così una sera, mentre chiacchieravamo sul marciapiede davanti a casa mia, la stesi sul cofano della macchina e, senza molta convinzione, quasi per onor di firma, la baciai. Ma forse sarebbe più esatto dire che fu lei a mettermi in bocca una lingua serpentina, intrusiva e con tale violenza e trasporto che mi ritrassi quasi subito. Però mentre ci baciavamo le avevo appoggiato una mano sulle reni e le avevo sentite piene, sode, tonde, formose, elastiche. Perfette. Era la classica falsa magra. Cominciò così, per una palpata di culo, la storia più importante della mia vita.

È stato un grande *amour passion*, durato otto anni. Turbolento. «Certo ci fu qualche tempesta / anni d'amore alla follia / Mille volte tu dicesti basta / mille volte io me ne andai via». Lei si era presa una cotta fulminea, furibonda. Chissà perché. In quel periodo ero fisicamente distrutto, bolso, perché con la spada di Damocle che mi pendeva sulla testa avevo ripreso a bere, con un aspetto 'topesco', come diceva lei. Ciò non le impediva di essere gelosissima, in un modo quasi infantile che mi faceva tenerezza. Se nel letto trovava un capello che riteneva 'sospetto' se ne strappava uno dei suoi, li stendeva entrambi sul grande tavolo di sala e li metteva a confronto. «Mariella – le dicevo – dovrei essere io ad essere geloso, non tu». Ma, per la verità, non me ne ha mai dato il motivo. Era la donna di un solo uomo. Quanto a me ero talmente coinvolto per pensare ad altro.

Il mio innamoramento fu più graduale, forse più maturo. Un anno dopo il nostro incontro, mentre lei attizzava il fuoco del camino nella sua casa di Lugano, capii che l'amavo. Era un bronco selvaggio che doveva essere domato ogni giorno. Come un purosangue che vede il suo campo visivo attraversato da un'ombra improvvisa si imbizzisce e non c'è modo di rimetterlo in riga, lei aveva delle impuntature da cui era impossibile sbloccarla. Una volta sul tratto appenninico della Bologna-Firenze, come sempre trafficatissima, accostò la macchina sulla corsia d'emergenza. Si rifiutava di proseguire. Non ci fu verso di convincerla. Mi misi al volante. Non guidavo da due anni. Conoscevo la strada come le mie tasche perché l'avevo fatta mille volte e per fortuna era sera e mi appoggiavo alle luci rosse posteriori delle altre macchine. Arrivati all'uscita di Prato-Calenzano le riconsegnai la macchina. È stata l'ultima volta che ho guidato.

Femmina dall'alluce alla punta dei capelli, intensa, impulsiva, istintiva, ribelle, anarchica e borghese. Ma al fondo era una sana ragazzona emiliana, nel suo miglior fiorire. Nonostante le apparenze, quelle che mi avevano spaventato all'inizio, non c'era in lei nulla di fosco.

Le giornate più serene le abbiamo passate nella bella casa

padronale, su tre piani, dei suoi, poco fuori Correggio. Lì, con sua madre e soprattutto suo padre, un uomo di grande affettività con cui avevo un ottimo rapporto, si riconciliava, si infantilizzava, si tranquillizzava. Smetteva di combattermi inutilmente.

In realtà eravamo autosufficenti. Con una buona scorta di libri (leggeva moltissimo) avremmo potuto vivere su un'isola deserta. Chiacchieravamo, parlare la eccitava e facevamo l'amore. Poi tornavamo a chiacchierare e a fare l'amore. Però tendeva un po' troppo a chiudermi nella coppia. Io facevo il giornalista e avevo bisogno di mantenere delle relazioni. Lei si innervosiva a vedermi tornare svuotato da certe cene di intellettuali dove mi ero speso senza risparmio. Perché una cosa, fra le tante, forse elementare ma che io non avevo ancora capito, me l'ha insegnata: che bisogna frequentare le persone che ti danno energia e con le quali c'è comunque uno scambio, non quelle che te la tolgono. Io invece ero uno specialista in questo esercizio masochistico. Lei era tranchant nei suoi giudizi, ma ci azzeccava quasi sempre. In compenso inglobava, facendoli suoi, i miei affetti più veri e più cari: mio figlio, il mio amico Giagi, mio cognato e anche la domestica Angela, una lucana semianalfabeta, primitiva, dalla sapienza antichissima che è stata per venticinque anni al mio servizio. Non era una domestica e nemmeno una governante, era quello che Sancho Panza è per Don Chisciotte, il nostro era un rapporto assolutamente feudale in cui ritrovavo qualcosa della storia della famiglia di mia madre e dei loro servitori. Angela aveva capito perfettamente Mariella, la temeva («Iedda può essere terribile») ma le voleva bene. Perché aveva capito che importanza avesse per me. Come aveva capito tutte quelle che c'erano state prima e avrebbe capito quelle che sarebbero venute dopo. Non si esprimeva mai direttamente, ma per parafrasi dialettali dalle quali sapevo se la giudicava adeguata o solo una di passaggio. E anche lei difficilmente si sbagliava. Verso i miei ospiti aveva un rispetto assoluto che era il riflesso del rispetto che aveva per il suo padrone. Se erano miei ospiti voleva dire che erano sacri e andavano serviti prima e meglio di me.

Quella della casalinga non era certo la parte di Mariella. Ma se voleva sapeva far da mangiare benissimo ed era una padrona di casa di grande stile. Così abbiamo avuto a cena, a casa mia a Milano più raramente da lei a Lugano, delle belle teste: Umberto Galimberti, Claudio Risè, Stefano Zecchi, Giorgio Bocca, Guglielmo Zucconi e tanti altri. Finita la cena io partecipavo naturalmente alla conversazione, ma guardavo le ginocchia di Mariella e pensavo che quando gli ospiti se ne sarebbero andati quelle ginocchia si sarebbero aperte per me.

Era insondabile, bizzosa, bizzarra, imprevedibile, facile alle sfuriate, spesso inaffidabile nelle piccole cose, ma era una donna che 'c'era'. Se a casa mia io stavo scrivendo in sala mentre lei nella sua stanza sfogliava in silenzio delle riviste di moda, «Vogue» e «Marie Claire», sentivo che c'era, non solo in senso fisico ma emotivo e sentimentale. Se passeggiavo per le vie di Milano e lei era a Lugano a fare non sapevo che cosa sentivo che c'era. Un filo invisibile ci legava anche quando eravamo lontani. Quando sei in questa situazione le cose che fai da solo assumono tutto un altro colore. Non ti appaiono come tempo perduto. Perché lei, comunque, c'è, anche quando non c'è.

Semmai certe incompatibilità le creavo io. Lei fomentava tempeste, quasi sempre per schiocchezze, ma le passava subito. Avrei dovuto capirlo abbastanza in fretta questo lato infantile del suo carattere e lasciar correre. Invece reagivo in modo altrettanto infantile anche se diverso. Tenevo il muso, per giorni, a volte per settimane. E il mio 'muso' – me lo hanno detto tutte le donne con cui ho avuto un rapporto un po' impegnativo – non è un muso normale. Abbasso la saracinesca ed è come se l'altro non esistesse, non fosse mai esistito. È una cosa difficile da reggere. È, insieme ai repentini e ingiustificati sbalzi di umore (in questo simile a lei), una sorta di 'bipolarismo', uno degli aspetti peggiori del mio carattere che mi viene anch'esso, credo, dall'animo russo così lontano dal 'lasciar perdere' italiano. Abbiamo sprecato molto tempo per queste distanze fasulle create da me.

Vivevamo fra Milano e Lugano. Quando ero io ad andare

da lei prendevo quel TEE delle 19 e 30 che avevo disdegnato solo un anno prima. La malattia aveva cominciato a mordere. C'era comunque qualcosa di romantico in questi viaggi in treno, come c'è nelle stazioni e non negli aeroporti. Quando il treno entrava nella piccola stazione di Lugano, affacciato al finestrino vedevo in fondo la sua figuretta elegante, in un impermeabile bianco, che mi aspettava. Era lì già da dieci minuti.

In questa storia che si svolgeva a Lugano avvertivo anche un sottile simbolismo. Quante volte, all'alba dopo una notte di gioco a Campione, Diego e io, mentre il vento increspava leggermente le acque del lago, avevamo guardato le luci di Lugano senza la minima curiosità. Mai che ci fosse passato per la testa di farci almeno una capatina. Adesso guardavo il lago dall'altra parte. Dalla casa di Mariella vedevo nitidamente la bianca struttura del Casinò di Campione che mi appariva remoto, lontanissimo, indifferente, come un tempo Lugano. Mi ero lasciato alle spalle una vita fatta di scelleratezze per cercare di riempire un vuoto esistenziale. Ora questo vuoto sembrava colmato e il Tempo Perduto, ritrovato.

Lugano è una città di 60 mila abitanti, meno di Savona. Ma se entri in una libreria trovi testi in italiano, in francese, in tedesco oltre che in inglese. È una città cosmopolita, ci vivono americani, inglesi, francesi e molti altri stranieri vi hanno la residenza per motivi fiscali. Ma dopo le cinque e mezza di sera non trovi in giro quasi nessuno. Mi sembrava di essere a Welcome, in pieno Free State, in Sudafrica, dove in un tardo pomeriggio inondato dal sole vidi in tutta la cittadina solo un nero, seduto su una panchina di un bellissimo parco deserto. Cosa facciano gli svizzeri dopo quell'ora non l'ho mai capito. So solo che si alzano prestissimo per andare a correre o a passeggiare nei boschi dei monti che sovrastano la città. Dove, su un cucuzzolo, si era dopo poco trasferita Mariella, nella sua ansia di isolamento. Io a Lugano non scendevo quasi mai se non, qualche volta, per accompagnarla alla Radio quando aveva la trasmissione la sera.

Ponte Tresa Svizzera e Ponte Tresa Italia sono divise solo da un piccolo fiume, il Tresa appunto. Ma da una sponda all'altra cambia tutto. Si passa dall'ordine al disordine. Cambiava anche Mariella che appena al di là del confine cominciava a buttare cartacce dappertutto. E questo rispecchiava un po' anche la sua personalità, per metà borghese, per metà anarchica.

La Svizzera l'avevo sempre detestata, trovavo che ci fosse un'imbarazzante mancanza di polvere. Ma proprio in Svizzera, quella francese questa volta, ci sarebbe stato un altro momento decisivo della mia vita. A Losanna c'era quello che allora era ritenuto il miglior Centro per la cura del glaucoma, diretto da un italiano, il professor Faggioni. Il medico che mi seguiva in Italia, non riuscendo a contenerlo con le cure abituali, mi consigliò di rivolgermi lì. Bisognava fare un'operazione chirurgica, delicatissima, si trattava di tagliare un occhio in due. Se riusciva si fermava, almeno per qualche anno, il corso della malattia. Se non riusciva c'era il rischio di rimaner ciechi di colpo.

In questo 'viaggio della speranza' mi accompagnò Mariella. Ma ripartì subito per i suoi impegni alla Radio. Sarebbe tornata tre giorni dopo, giusto per l'operazione.

Io, come tutti i maschi, ho il terrore delle malattie (meglio: lo avevo, adesso non me ne importa più tanto). Ho un eccesso di immaginazione e mi basta un'influenza per vedermi già in fin di vita. E qui mi trovavo davanti a un'operazione che avrebbe deciso il mio destino. Eppure, curiosamente, i tre giorni che passai alla clinica Rosiaz di Losanna, prima che, fatti tutti gli esami del caso, mi operassero, sono stati fra i più sereni della mia vita. Un pomeriggio una nube scurissima si posò sull'intero lago di Losanna. Mi pareva quasi di poterla toccare, perché la clinica stava su una collinetta. Sotto la nube filtrava, dai due lati, quello da cui il fiume, entrando nel lago, lo forma e quello opposto, una luce tagliente. Vedevo sulla sponda opposta, quella francese, la cittadina di Evian, ne distinguevo nitidamente le case e persino le finestre. Fu un momento magico per uno nelle mie condizioni. A differenza di quello che avevo sempre fatto parlavo con gli altri pazienti, insomma socializzavo. Avevo accettato la malattia.

Oppure stavo alla finestra a guardare il lago o dei ragazzi che si allenavano, quasi sotto la mia finestra, su un campo di basket. La sera prima dell'operazione telefonai alla trasmissione condotta da Mariella che prevedeva gli interventi degli ascoltatori. Parlai della situazione psicologica di un uomo che sta per affrontare un'operazione decisiva. Lei mascherò la sorpresa e tenne botta, senza scoprire il gioco.

Mi svegliai. Vidi su di me il bel viso di lei. Per l'intanto non ero morto sotto l'anestesia. Ora si trattava di vedere quali erano stati i risultati dell'operazione. Faggioni era un mago nel suo campo e l'operazione era riuscita perfettamente. Mi avvertì però che i suoi effetti avrebbero avuto la durata di sei, sette anni, non di più, e che l'operazione non poteva essere ripetuta. Fece quasi un balzo, sorpreso, quando davanti al tabellone, di cui vedevo fino alla sesta riga, esplosi in un «Ma vieni, piccolinooo!» un vecchio grido di battaglia che io e Diego usavamo all'ippodromo quando il cavallo su cui avevamo puntato, quasi sempre un estremo outsider, sfrecciava primo sul traguardo.

Passarono due anni. Adesso Mariella non era più lì ad aspettarmi quando il TEE entrava nella stazione di Lugano. Arrivava in ritardo, sempre più in ritardo. Il nostro legame aveva perso un po' di intensità. Era normale («Avevi perso il tuo calore / e io la febbre di conquista»). Di solito un *amour passion*, proprio per la sua violenza, si brucia rapidamente, come un grande incendio che spazza via tutto e non avendo più nulla su cui alimentarsi, si spegne. Noi avevamo resistito otto anni. Benché io avessi più di cinquant'anni e lei poco meno eravamo, emotivamente, troppo adolescenti per accettare che una musica che aveva suonato a dieci decibel fosse scesa a otto («Ma c'è voluto del talento per riuscire ad invecchiare senza diventare adulti»). Non siamo stati capaci di trasformare il nostro rapporto in qualcosa di più normale, cosa che avremmo potuto fare benissimo perché sul piano intellettuale, culturale e sessuale continuavamo ad intenderci. Anche se su toni un po' più bassi. Ma è anche vero quel che canta Battiato: «Il tempo passa e ci scoraggia / tormenti sulla nostra via / ma dimmi c'è peggior insidia che amarsi con monotonia».

Un pomeriggio, a casa mia, le stavo dicendo che volevo riprendere a bere almeno un po' di vino, per tirarmi su. Lei si mise a urlare. «Possibile che non si possa mai parlare dei miei problemi seriamente, senza che tu ti metta a strillare?». Lei continuava a urlare. Le dissi: «Sai qual è la novità? Mi hai rotto i coglioni». Lei girò il suo bel culo, fasciato da un bel tailleur e uscì di casa. Di queste scene, nella nostra relazione ce ne saranno state decine. Di solito, dopo una quindicina di giorni, pentita, mi telefonava. Quella volta non richiamò.

La rividi dopo l'estate, quando venne a riprendersi le sue cose, i suoi cento vestiti e le sue cento paia di scarpe. Erano bastati due mesi per scavare fra noi degli abissi.

Avevo giurato a me stesso che non avrei più avuto donne. Dopo una storia così intensa, che altro? Per un anno vissi in castità assoluta. Avevo anche bisogno di ricaricarmi, in tutti i sensi. Ma l'estate successiva, a Talamone, mentre il mare mugghiava contro la scogliera, mi resi conto improvvisamente che ero solo. Passai degli anni tormentandomi. Pensavo di aver buttato via l'occasione della mia vita. Facevo dei sogni orribili. Sono nella via sotto casa mia, insolitamente zeppa di gente. Lei mi cammina a fianco, in un cappottino grigio. Ad un certo punto non la sento più vicino a me. Mi volto per cercarla tra la folla ma mi rendo conto che, con la mia vista, non riuscirò a trovarla più. Mi acquietai quando capii che non rimpiangevo tanto lei, quanto una stagione irripetibile della mia vita.

Comunque il mio proponimento durò solo un anno. Credevo di essere Catilina, un uomo che va fino in fondo alla sua storia, anche se, nel suo caso, è la morte. Non sono Catilina. Sono un poveraccio, come lo siamo tutti.

Ricominciò la solita rumba. Una serie di relazioni senza senso. La prima con Emilia, amministratore delegato della Mitsubishi Italia ('Mitsubishi mi stupisci' la chiamavo io, affettuosamente). Emilia era una che 'mi voleva bene'. Ma nella mia vita irruppe, inaspettata, una sorta di Nicole Kidman e fu spacciata. Non si rassegnò mai e pochi anni dopo morì di cancro. Con la Kidman durò qualche mese. Rimase incinta. Io il bambino lo volevo, non avevo ancora l'età per farne un orfano. Lei no, ne aveva già uno da un regolare marito. Decise di abortire. Fui così carogna da non accompagnarla all'ospedale, alle sette di mattina. Mi raccontò poi che fra le tante donne e ragazze che quella mattina si sottoponevano all'intervento lei era la sola a non essere accompagnata da un uomo. Perché uscisse dall'ospedale c'era bisogno della firma di qualcuno. Non so perché. Andai. Mi diedero una stilografica. Firmai con un inchiostro rosso sangue.

Non troncammo subito la nostra relazione. Ma quel fatto l'aveva segnata. E, poco dopo, la storia finì. Ce ne furono altre di scarsa importanza, finché non incontrai la donna che, con alterne vicende, sarebbe stata la mia compagna per tredici anni. Ci siamo lasciati alla fine di due estati fa.

Recentemente mi sono rivisto con Claudio Martelli, il mio ex compagno di banco, noto 'sciupafemmine', e abbiamo passato una serata da liceali, rievocando mogli, fidanzate, compagne, avventure. Gli ho chiesto se aveva avuto senso immettere tanti ormoni in «quelle loro bocche pelose» come le chiama Sartre. Mi ha dato una risposta un po' più intelligente della mia domanda: «Io non rimpiango gli sprechi ormonali, ma quelli sentimentali che ho fatto».

Dopo un lungo embargo ripresi a vedere Mariella. Ormai potevamo permetterci di essere amici. Lei diceva di essere cambiata, cambiatissima. A me non sembrava. Certo era invecchiata, ma gli zigomi pronunciati le facevano da lifting naturale e la ringiovanivano, come allora, di una decina d'anni. Di carattere mi pareva la stessa. Una sera l'ho portata in una pizzeria sotto casa mia dove andavamo quando non aveva voglia di far da mangiare. Ad un certo punto, parlando di letteratura, mi ha detto con una certa aria di rimprovero (doveva sempre rimproverarmi qualcosa): «Tu non conosci i russi». Proprio a me. E proprio lei che mi aveva regalato *Padre Sergij* di Tolstoj con questa dedica: «A Massimo, la mirabile descrizione di un'anima russa che per metà è anche la sua. Ti amo». Ho risposto: «Mariella, oltre a leggere i libri cerca anche di capirli». Si è alzata di scatto e se n'è andata. Credeva di farmi il solito dispetto. Invece ho provato tenerezza: era rimasta la stessa, stessissima Mariella di sempre.

Teatro

Nel 2004 e nel 2005 Fini fa teatro con Cyrano, se vi pare... *Tutto nasce da un incidente di percorso. Nel 2003 Eduardo Fiorillo, inventore, proprietario e direttore artistico di Match Music, la prima televisione musicale digitale italiana, regista e produttore di programmi per la* RAI *aveva proposto a Fini di partecipare a un programma su Rai Due che aveva intenzione di chiamare* Cyrano, *ispirandosi più che a Rostand a Guccini. Avrebbe trattato temi di costume, il narcisismo, la vecchiaia, la paura della morte, eccetera e sarebbe andato in onda in terza serata verso l'una di notte. Le prove vennero fatte negli studi* RAI *di Milano in Corso Sempione. La conduttrice sarebbe stata Francesca Roveda, in arte Cheyenne, a Fini sarebbe spettato il compito di cucire e dare un'unità ai vari spezzoni. Tre interventi di nove minuti in tutto. La cosa aveva destato un po' di curiosità perché era la prima volta che a un personaggio scomodo come Fini veniva affidata una parte di un certo rilievo in una* TV *nazionale e i giornali ne avevano parlato. C'era una certa attesa. La prima puntata, registrata ma non ancora montata, non era stata vista da nessuno quando a Fiorillo arrivò una telefonata da Roma. Era il direttore di Rai Due Antonio Marano: «Ci sono dei problemi su Fini, un veto politico su di lui. Naturalmente tu puoi fare il programma ma devi toglierlo di mezzo, almeno dal video». «No, io questo non lo faccio. Oltretutto il programma è tarato su di lui» rispose Fiorillo, con grande coraggio perché Match Music era una grande struttura che aveva importanti rapporti di collaborazione con la* RAI *e che, con quel diniego, rischiava di giocarseli. Marano prese tempo e convocò Fiorillo e Fini per un lunedì di settembre. Il programma, già annunciato dai tabellini di tutti i giornali, sarebbe dovuto andare in onda il giorno dopo. Marano fu, a suo modo, onesto: «Adesso che ho visto la prima puntata potrei dirle che il programma non funziona, che lei non 'buca' il video. Ma non me la sento. Non è così. Il fatto è che su di lei c'è un veto politico-aziendale da parte di una persona cui non posso resistere». Propose a Fini di retrocedere al ruolo di autore, senza comparire. Ricorda Fini: «Risposi di no. Oltretutto non ero neanche autore, lo erano Fiorillo e due suoi collaboratori, Michele Michelazzo e Filippo Perfido. Ma soprattutto quella violenza era inaccettabile». E* Cyrano *non andò in onda. La cosa provocò uno sconquasso in Match Music. Il socio di Fiorillo lo attaccò per non aver scaricato Fini. Fiorillo, stufo, lasciò Match perdendoci un bel po' di soldi. «Prima di andare alla riunione decisiva con Marano avevo pensato di portarmi un piccolo registratore in tasca, ma vi stavo rinunciando, perché non è mia abitudine fare di queste cose, quando Edo mi disse "E se poi dovessimo pentircene?". La censura era grave perché non colpiva i contenuti di un programma, che nessuno aveva visto, era antropologica era diretta* sic et simpliciter *alla mia persona, come se fossi stato un ebreo durante le leggi razziali. Quasi nessun giornale e collega prese le mie difese, tantomeno il nobile Santoro che dichiarò che quanto mi era successo era niente rispetto a quello che aveva subìto lui. Abbiamo visto poi. Comunque qualche debole mormorio, peraltro del tutto strumentale, a sinistra ci fu. A destra Marcello Veneziani scrisse: "Non capisco perché la sinistra protesti, visto che Fini non l'ha mai fatto lavorare". Con questo ragionamento non avrei potuto lavorare mai in* RAI*. Perché, all'occorrenza, la sinistra avrebbe potuto fare lo stesso discorso alla destra. La questione finì davanti alla Commissione parlamentare di vigilanza presieduta allora dall'onorevole* PD

Claudio Petruccioli. Petruccioli mi chiese di mandargli la registrazione della conversazione con Marano, ne annunciò l'esistenza alla Commissione ma non gliela fece sentire. Così ci fu un commissario della Lega (Marano era, ed è, in RAI, *in quota leghista), un certo Lainati, mi pare, che chiese la mia radiazione dall'Ordine dei giornalisti. Cornuto e mazziato. Il presidente della Commissione parlamentare di vigilanza, Petruccioli, emise questo verdetto pilatesco: "Non si può affermare ma non si può neppure negare in modo perentorio che un veto nei confronti di Fini ci sia effettivamente stato"*[7]*. Comunque io feci causa alla* RAI *e la vinsi. Il Tribunale mi riconobbe i danni materiali ma non quelli morali con la stravagante motivazione che ero stato io a procurarmeli protestando contro la censura e dando così pubblicità alla cosa. In questo modo chi subisce una violenza – nella fattispecie confermata dallo stesso Tribunale – è messo nel letto di Procuste: se non denuncia la violenza, nessuno ne sa nulla e non può chiedere quindi i danni morali, se la denuncia non li può chiedere lo stesso perché è stato lui a procurarseli. Proviamo ad applicare questo criterio alle ragazze vittime di uno stupro».*

Fiorillo non si scoraggiò e propose a Fini di portare il Cyrano *a teatro, ma un* Cyrano *tutto diverso che mettesse in scena il cosiddetto 'Fini pensiero'. «Non ce la puoi fare, Edo. Ne verrà fuori un polpettone indigeribile». Invece* Cyrano *ebbe un ottimo successo di critica e di pubblico, fu dato al Ciak di Milano, al Celebrazioni di Bologna, al Puccini di Firenze, al Colosseo di Torino, al Nuovo di Verona, allo Storchi di Modena («Un teatro splendido – dice Fini – una specie di piccola Scala con i suoi tre palchi, dove dovettero aggiungere delle sedie. Fu il nostro maggior trionfo, anche se andammo bene dappertutto») e in altri centri minori. I critici parlarono soprattutto di Fini, di questo giornalista che faceva teatro, allora non era usuale e*

[7] La trascrizione completa della conversazione fra Fini e Marano in cui il direttore di Rai Due ammette che nei confronti del giornalista «c'è un veto politico-aziendale da parte di una persona cui non posso resistere» si può trovare nel libro di Peter Gomez e Marco Travaglio *Regime* nel capitolo *Massimo Fini, censura antropologica*, Milano, Rizzoli, BUR, 2004.

forse anche oggi (Travaglio fa dei monologhi, è diverso), ma non valorizzarono come meritava la regia di Fiorillo che usò tutti gli elementi dello spettacolo, un grande schermo sullo sfondo, alcuni, brevi, sketch, la musica, il ballo, non per divagare lo spettatore dal 'polpettone' ma per supportare il contenuto del pensiero di Fini.

L'esperienza del teatro fu entusiasmante. È stata forse l'ultima veramente vitale della mia carriera.

Facemmo il casting. I casting sono una selezione crudele. Si presentano decine di ragazzi e ragazze in cerca di un ruolo purchessia. Alcune ragazze si ritengono in dovere di spogliarsi. Ma Edo lo condusse con mano delicata. Alla fine ne scegliemmo sei. Due soli erano attori professionisti, Ettore di Stasio e Matteo Reza Azchirvani, di origine iraniana. Cristian Stelluti, Tiziana Lambo e Valentina Riccardi, che era giunta sesta alle Olimpiadi di Sidney del 2000 nella ginnastica ritmica, erano ballerini. Francesca Mazzalai modella. L'avevo scelta io, contro il parere di Edo, per la sua figuretta slanciata e graziosa che faceva da contrappunto alla prorompente bellezza di Valentina. Francesca Roveda, che collaborava da anni con Fiorillo, era donna di spettacolo, ma non aveva mai fatto teatro. Ed io, del tutto inedito. Erano tutti giovanissimi, Valentina avrebbe compiuto ventun anni durante la tournée, il più vecchio era Ettore con i suoi trentaquattro anni.

Edo ci portò per una dozzina di giorni a Longiano, un paesino nell'entroterra riminese, che ha un piccolo, graziosissimo teatro, il Petrella, un tempo usato anche per grandi feste da ballo e per questo ha un meccanismo che permette di alzare la platea al livello del palcoscenico. Ci faceva lavorare dieci ore al giorno. Ma non erano le vere prove, gli servivano per studiarci, per osservarci con i suoi occhi puntuti che colgono tutto anche la minima sfumatura, insomma per fare gruppo, come un allenatore. Facevamo vita da college. La sera Matteo, Ettore, Cristian ed io ci sedevamo sui gradini della chiesa e parlavamo di 'Dio, amori, donne e motori'. I discorsi dei ragazzi. Un giorno Edo ci diede un pomeriggio di libertà. Era giugno e ci fiondammo tutti a Rimini a fare i bagni, come studenti in libera uscita. Valentina restò tutto il giorno al sole, divenne violacea e si ustionò al punto che la mattina aveva le ossa rotte e non poté provare. Io sfidai a nuoto Cristian che ha le forme e la struttura di una statua greca («Orca balù» disse, ritrovando un vecchio grido di battaglia giovanile la mia fidanzata quando, ospite della sua casa di Firenze, lo vide uscire dal bagno a torso nudo, drappeggiato solo con un asciugamano). Mi batté di una corta bracciata. Ma dopo ansimava come un bufalo. Oggi, quando andiamo in piscina insieme, non ci provo neanche.

Le ragazze provavano in tuta, noi con i vestiti normali. Edo mandava qualche musica col computer. A ripensarci quell'essenzialità mi convince di più della scenografia, troppo pesante, barocca, che, per inesperienza, scegliemmo per lo spettacolo. Edo non era mai stato regista di teatro e, a parte qualche sbavatura, ha fatto un miracolo. Anche se, forse, lui non ne è convinto.

A quell'epoca mi filmava ad ogni passo, anche quando facevo il bagno in mare. Fra noi era nata una fortissima amicizia virile. Una volta mentre, dopo lo spettacolo, facevamo il dibattito che avevamo ripristinato nello stile del 'teatro civile' degli anni Cinquanta, rivolgendosi al pubblicò arrivò a dire «Io sono innamorato di Massimo Fini». Edo è un notorio seduttore, se le fa tutte, dico tutte, sol che ne abbia voglia. Forse è per questo che si permise quella stravaganza che in bocca a qualsiasi altro sarebbe suonata equivoca. Mi riprendeva quando nuotavo ma del *Cyrano* filmò solo, non so perché, è impossibile entrare in quella testa matta, l'Anteprima dove, a parte i due attori professionisti, eravamo tutti un po' legati. Oltretutto aveva rifiutato il consiglio che ci aveva dato Pamela Villoresi: un paio di prove preliminari, gratuite, per le scuole, come fanno, a volte, anche le compagnie importanti e collaudate. Edo è un testone e un prepotente. Se non vuole una cosa non c'è verso di fargliela fare, se la vuole è impossibile dirgli di no. Lo fa con dolcezza perché, ad onta della sua meritata fama di 'duro', è un ragazzo di grande delicatezza. Io lo chiamo ragazzo, perché è 'fatto a ragazzo' anche se adesso ha superato la cinquantina. È l'unico, insieme a mio figlio, che sapendo dei miei problemi di vista mi aiuta senza averne l'aria e senza mettermi in imbarazzo. Inoltre per lui le persone o esistono o non esistono. La Villoresi, mia amica da trent'anni, apparteneva alla seconda categoria. Un'estate che eravamo a Talamone andammo a vederla al Teatro dell'Arsenale. Faceva *Lisistrata*, una cosa leggera come quelle che si fanno d'estate. A lui naturalmente non piacque. Detesta, a differenza mia, le cose vecchie, già fatte, è proiettato costantemente verso il futuro, verso qualche sogno anche se è convinto che i sogni è bello rincorrerli, non raggiungerli (è un'esperienza che fa quasi ogni maschio nel sesso: quando, dopo l'amore, lei ti giace accanto soddisfatta, e tu vorresti solo che sparisse, che si volatilizzasse). Questa è, più o meno, la sua filosofia di vita. Pamela che, insieme ad Elisabetta Pozzi e a Maddalena Crippa, è una delle nostre più grandi attrici di teatro della generazione che sta fra i cinquanta e i sessanta, quando recita a Milano o nei dintorni è spesso ospite a casa mia. Ci si trova bene. È di origine tedesca, disciplinata, ordinatissima, la sua casa uno specchio. Nel mio tugurio finalmente si libera. Una sera, mentre lei recitava, sono entrato nella sua stanza: c'era un casino che ha colpito anche me. Dopo teatro viene a casa, fa da mangiare per tutti e due, e poi parliamo fino alle quattro del mattino col sottofondo obbligatorio di *The house of the rising sun* che le ricorda qualcosa più che qualcuno, un periodo della sua vita. Parliamo di tutto. Anche di sesso. Lei sostiene che la fica è bellissima, io che fa schifo, vale solo per contrasto. Scrive Georges Bataille nel suo fondamentale saggio *L'erotismo*: «La bellezza (l'umanità) di una donna concorre a rendere sensibile – e sconvolgente – l'animalità dell'atto sessuale. Nulla di più deprimente, per un uomo, della bruttezza di una donna sulla quale la laidezza degli organi sessuali e dell'atto non risalti. La bellezza conta in primo luogo perché la bruttezza non può essere sciupata. Laddove l'essenza dell'erotismo risiede appunto nella profanazione». Dopo *Lisistrata* andammo tutti a cena. Eravamo una bella compagnia. Pamela si mise a parlare di sesso con la disinvoltura con cui lo fa a casa mia. Edo, come tutti i seduttori, fa sesso ma si infastidisce se se ne parla. Quando si salutarono la chiamò 'Paola'. Non per dispregio, ma semplicemente perché per lui non esisteva. Come non esistono i miei amici di Verona finché lui non li ha inquadrati e non si è accertato che siano, in qualche modo, nella sua sfera d'influenza. Pamela-Paola gli diede una bella lezione di stile quando, qualche tempo dopo, a casa mia gli fece il caffè porgendoglielo con garbo, come una servetta, senza rancore, che pur doveva avere perché conosco donne ironiche e anche autoironiche, ma nessuna che non sia permalosa, per le attrici e le 'prime donne' è assolutamente escluso.

Quando decidemmo di fare il *Cyrano* Edo comprò una grossa macchina, una specie di camper che doveva servire per la compagnia e passò a prendermi a casa. Dietro sedevano Francesca Mazzalai e Valentina Riccardi. Lì per lì non le notai. Poi voltandomi indietro e rivolgendomi a Valentina vidi spuntare, fra le due spalliere dei sedili, il viso di una bambina con due grandi occhi azzurri. Rimasi perplesso: «Ma chi abbiamo preso?» pensai. Le spalliere ne nascondevano il corpo giunonico. Durante il viaggio le due ragazze chiacchierarono incessantemente e a un certo punto si misero a parlare di sesso, in modo esplicito come fan spesso le giovani di oggi. Edo bloccò la macchina. «Smettetela. Sentir parlare di sesso la mattina mi fa venir da vomitare».

È l'uomo più incolto più colto che conosca. Autodidatta assorbe tutto con un'intensità straordinaria (tutto ciò che gli interessa naturalmente, il resto non esiste) e poi rigira a modo suo dandogli una direzione impensata, spesso poetica. Credo che gli derivi dalle sue origini meridionali. Ma ha anche la concretezza dell'imprenditore perché è sempre vissuto a Verona. Il *Cyrano* non sarebbe stato possibile senza la sua capacità manageriale. Senza essere dell'ambiente, in pochissimo tempo ha formato una compagnia, ha trovato i teatri, i canali pubblicitari. Ha pochissimi amici, sono meno delle dita di una mano, tutta gente fatta a modo suo ('il Barone', 'il Mamo' e Franco Nerozzi, un ragazzo di buonissima famiglia che ha fatto di tutto nella vita, anche il mercenario, e oggi dirige una Onlus che cerca di salvare i Karen, minoranza etnica stanziata in Birmania, oltre che dalle violenze della dittatura dal contagio occidentale). E per gli amici è disposto a spendersi totalmente.

Verso la fine di due estati fa ero, con la mia fidanzata, ad Oberegen, sopra Bolzano. Conciato male. Non dormivo da tre notti di fila, le ultime due ad occhi completamente sbarrati. La montagna mi inquieta, così come il mare mi calma e mi restituisce energie. Per qualche giorno avevo cercato di tenere botta, ma ho gettato la spugna e ho chiesto alla mia fidanzata di rientrare a Milano. Si è negata. Preso dal panico e dalla solita nevrosi ho telefonato a Edo a Verona e gli ho chiesto se poteva venire a rilevarmi e ospitarmi nella casa che ha sul lago di Garda («Sto dalla parte più brutta del lago e quindi vedo la più bella»). Capendo che c'erano dei problemi (non aveva la piena disponibilità della macchina, sul lago c'erano ospiti di sua moglie, la bellissima Daniela, che presumibilmente non doveva essere molto contenta che il marito facesse anda e rianda sull'autostrada la vigilia di Ferragosto) gli ho detto: «Se ci sono troppe difficoltà, se non puoi, lasciamo perdere, in qualche modo me la caverò». «Non si tratta di potere o non potere. Devo». Dopo poco più di un'ora era lì (guida da folle). Si è fatto Verona-Trento-Bolzano-Trento-Verona, 360 chilometri. Sulla strada del ritorno abbiamo trovato la coda, temibilissima, della gente che usciva per andare a Gardaland. Edo, che è specialista in magie, ancora sull'autostrada è riuscito ad aggirarla passando per i campi. Come abbia fatto non lo so. Sul lago aveva sloggiato gli ospiti della moglie, che presumo non doveva essere particolarmente contenta, mandandoli nella sua casa di Verona, per potermi ospitare. Ho fatto un bagno nella piccola piscina e mi sono un po' ripreso ma anche quella notte mi sono addormentato all'alba. Il giorno di Ferragosto i Fiorillo, come tante famiglie italiane, organizzano un pranzo familiare. C'era il padre di Edo, 89 anni, lucidissimo, ex poliziotto e poeta a tempo perso (mi ha regalato una raccolta di sue poesie, molto belle, con questa dedica: «Al padre spirituale di mio figlio dal suo padre naturale»), la madre, l'affascinante sorella Bea, in carrozzella dall'età di tre anni, poliomelitica. Bea si era separata da poco dal marito, faceva volontariato nelle carceri e si era messa, secondo lui, con un 'mezzo ergastolano', cosa che a Edo non garbava per niente perché nonostante tutte le sue arie di uno che ha lambito la 'mala' ed è stato tenutario di discoteche choc, in fondo è un legalista e un moralista. C'erano anche tre o quattro amici.

Io ero ancora molto stanco ma il calore di quella famiglia si trasmetteva anche a me (non ho mai avuto una vera famiglia e mi sono sempre fatto adottare, da quella del mio amico Giagi, da quella della mia amica Vera). Ho parlato quasi tutto il tempo con il padre di Edo che quando mi aveva visto mi era venuto incontro e mi aveva detto: «Posso abbracciarti?» Mi ha raccontato della sua vita di ex poliziotto interpuntando la conversazione con citazioni a memoria puntualissime, di brani di Trilussa, di Gozzano e di altri autori fine Ottocento o primi Novecento che predilige.

Edo mi aveva detto che potevo rimanere quanto volevo. Ma sapeva che io avevo bisogno di ritornare a casa mia («come la chiocciola nel suo guscio» avrebbe detto). Ma io non osavo sottrarre il padrone di casa ai suoi familiari e ai suoi ospiti. È stato lui a prendere l'iniziativa. Verona-Milano-Verona. Altri 400 chilometri. Ma lui 'deve'.

La mia fidanzata, pur sapendomi solo, allo sbando nella Milano ferragostana, arrivò dopo alcuni giorni, al termine delle sue vacanze in Alto Adige. La mollai. Una scelta assai azzardata alla mia età, dopo tredici anni di una storia, sia pur intervallata da due lunghe pause. E non c'erano in vista alternative. Non sono mai stato capace di lasciare una donna (quando sono stato io a lasciarle) per un'altra. Me ne vado quando mi accorgo che il rapporto è diventato mediocre, che non c'è più amore né affetto, solo abitudine. Così come, nelle storie serie, non ho mai avuto un'amante. Trovo già faticosa una donna, figuriamoci due. Eppoi sono un bugiardo che non sa mentire. Mia moglie si era accorta che quando dicevo una bugia il labbro mi si piegava in un certo modo (per fortuna questo non accadeva al tavolo del poker, quando bluffavo; una volta Edo, sospettandomi di vanterie, chiese a Diego com'ero a poker: «Il primo»). Così andava a finire che anche quando dicevo a mia moglie cose innocentissime e verissime, condizionato da lei, mi veniva quella piega al labbro.

Tutti noi della compagnia, almeno quelli con cui sono rimasto in contatto, ricordiamo i giorni di Longiano con grande nostalgia, come un tempo sospeso, irresponsabile. Le prove vere le facemmo al Ciak di Milano dove avremmo debuttato. Due giorni prima non funzionava niente: le musiche, lo schermo, i balletti, le sincronie. Edo rideva. Ed era un segno sinistro. Perché quando le cose van male lui ride. Poi, per miracolo, tutto si mise a posto. Pare che a teatro succeda sempre così.

Un'ora prima del debutto, nel mio camerino, maledicevo Edo che mi aveva spinto a quell'impresa. Ero convinto che sarei svenuto. Che sarei morto sul palcoscenico. E questo era l'incubo peggiore. Non per la morte in sé, ma perché trovo osceno morire davanti agli altri. La morte che ha fatto Enrico Berlinguer. Non per nulla negli ospedali i malati terminali, quando sentono che il momento è venuto, girano il viso verso il muro, per non essere visti.

Invece andò tutto liscio. Alla fine i ragazzi si affollarono attorno a me, festanti, felici.

Dopo non ci fu più alcun problema. Io ero il primo ad entrare, a un certo tempo di musica. Avevo, in quell'inizio, poche battute, ma da come le dicevo dipendeva anche, almeno in parte, la performance dei miei compagni. Mentre ero dietro le quinte, che aspettavo, dicevo a me stesso: «Massimo, tu in questo momento dovresti essere morto di paura». Invece avevo solo voglia di balzare sul palcoscenico. Il teatro ti dà energie, è uno scambio con degli spettatori in carne e ossa. Non c'è TV o film che tenga. Se senti che il pubblico ti 'sente' si alza il livello della tua prestazione. Questo valeva soprattutto per me perché mentre gli altri attori avevano un copione fisso io potevo svariare attingendo anche all'attualità. E se sentivo che il pubblico rispondeva alzavo l'asticella delle mie provocazioni. Come in una conferenza, quando le cose van bene. Ma a teatro è tutto diverso. Devi seguire i tempi della musica, passare la battuta al compagno, muoverti, avere una mimica e, se innovi sul copione, saperlo fare al momento giusto. I tempi sono fondamentali. A teatro come nella vita. Eppoi gli attori, abbacinati dai riflettori, non vedono gli spettatori (per me, che non ci vedo un picchio, una situazione ideale). È una faccenda sensitiva. Inoltre ogni replica è diversa. Il pubblico della prima di Firenze è diverso da quello della seconda, il pubblico di Bologna non è quello della pur vicinissima Modena. E la compagnia non è sempre nella stessa forma. Come per una squadra di calcio. Tu puoi aver litigato a morte con un tuo compagno fino a mezz'ora prima ma in scena vuoi solo che faccia bene e se lo vedi in difficoltà lo aiuti, lo incoraggi e quando rientra dietro le quinte gli dici che è stato bravissimo. Io sono stato sempre un solitario, il senso di appartenere a una comunità l'ho provato solo a teatro e, quando ero giovanissimo, nella squadra in cui giocavo al pallone.

A Milano, dove continuavo a fare il mio lavoro di giornalista, la sera arrivavo stanchissimo a teatro. Edo mi osservava con attenzione. Secondo le sue bizzarre teorie più ero stanco e più rendevo. Comunque mi bastava passare per la platea, guardare i tecnici che mettevano a posto le ultime cose, entrare nei camerini perché mi passasse tutto. Mi sono addirittura fatto la convinzione che il palcoscenico in sé, come un cerchio magico, ti dia energia.

Quello che succedeva nei camerini, il cosiddetto 'backstage', era forse ancora più divertente di quello che facevamo in palcoscenico. E nelle ultime repliche abbiamo inserito un 'backstage' fra due atti il cui intervallo sarebbe stato troppo lungo. I due attori professionisti, Matteo ed Ettore, tramavano contro il regista. Le ragazze facevano pollaio come se lo spettacolo non le interessasse ma a dieci minuti dall'inizio cominciavano le crisi di pianto, le isterie, le necessità fisiologiche improrogabili («Devo fare la cacca»). Cristian si preparava ascoltando musica. Lo facevo anch'io con un brano *lounge*, sempre lo stesso, che mi portava lontano, molto lontano in regioni della mente in cui guardavo tutto dall'alto e dimenticavo che di lì a poco sarei dovuto entrare in scena. Poi bevevo un bicchiere di vino bianco per farmi coraggio e mangiavo mezza tavoletta di cioccolato, cosa proibitissima perché impasta la bocca. Su tutto vegliava Francesca Roveda che chiamavamo 'la mamma' anche se aveva solo trentatré anni. Il direttore di scena dà il 'time': trenta minuti, dieci minuti, cinque minuti. Si sale tutti sul palcoscenico. Al di là del sipario si sente il brusio del pubblico. Ci si mette tutti in cerchio, si dice il tradizionale 'merda, merda, merda' e si tocca il culo alle ragazze, cosa che pare porti bene. La più gettonata era Valentina. Il direttore di scena dice il fatidico «Signori, chi è di scena» e tutti vanno dietro le quinte a prendere il proprio posto. Lo spettacolo andava via velocissimo, lo hanno riconosciuto tutti. Sorprendeva anche noi. C'è un momento in cui io e Francesca Roveda siamo insieme dietro una delle quinte. «Siamo già al quarto atto?» ci chiediamo un po' stupiti.

Al Celebrazioni di Bologna una sera avevo 39° di febbre. Non sapevo se ce l'avrei fatta. Oltretutto dietro le quinte è pieno di spifferi. Alla fine non avevo una linea di febbre. Potenza dell'adrenalina. A Firenze si ruppe una lampada spargendo vetri dappertutto. Per fortuna eravamo alla fine di un atto. Il direttore di scena venne nel mio camerino: «Nell'intervallo ho cercato di spazzar via tutto quel che potevo, ma qualcosa può essere rimasto. Fai attenzione». Io recitavo a piedi nudi. Naturalmente misi subito il piede su una scheggia che si conficcò nel tallone. Feci tutto l'atto con quella scheggia. Pensai che ero diventato un vero attore. Per la verità da ragazzo sono andato in giro per anni a piedi nudi, una volta mi entrò nel tallone un aguzzo fondo di bottiglia, quasi non me ne accorsi tanto ispessita era la mia pelle. Sopporto benissimo il dolore fisico. Sono un fachiro, quasi un asceta. Le ferite, il sangue non mi fanno impressione. Ho invece il terrore dei malesseri che vengono dall'interno del corpo e orrore della medicina tecnologica. Da quando ho una certa età non vado dai medici. Non ti danno mai uno sguardo d'insieme, umano, come faceva il mio vecchio pediatra, il dottor Soletti, che ho tenuto fino alla sua morte. Mi guardava e concludeva invariabilmente che non avevo niente. Se proprio insistevo – da giovane ero ipocondriaco – tirava fuori dalla sua farmacia certe pillole misteriose senza farmi pagar nulla. Negli anni era diventato un amico di famiglia. Aveva scelto pediatria perché era piccolissimo senza per questo essere affetto da nanismo. La sua statura lillipuziana rassicurava i bambini. Pensavano fosse uno di loro. Sul letto di morte Soletti mi confessò che quelle pillole erano dei placebo. Oggi il medico non ti guarda neanche in faccia, ti prescrive subito una ventina di esami. Uno stress che da solo ti toglie qualche anno di vita. E quando apri quella maledetta busta senza sapere ancora il risultato ti vengono i brividi al pensiero che la tua vita, e alle volte la tua morte, dipende da certi numeri astrattamente segnati sulla carta. Una voce umana, una voce umana, perdio. Mi ha spiegato il mio amico Giuliano Sevieri, medico vecchio stile: «Una volta il medico aveva come unico, o quasi, oggetto di studio e di ricerca il malato e il suo corpo. E quindi gli stava addosso, gli respirava addosso». I nuovi medici si affidano alla tecnica. Sono dei tecnici. Freddi, scostanti, spesso sgarbati. Tu non sei più una persona, sei un numero, sei un oggetto da statistica. Eppure la medicina è una disciplina umanistica e si dovrebbe sapere che un buon rapporto col malato è già una terapia. I medici vogliono sempre trovarti qualcosa e non desistono finché non ci sono riusciti. Un giorno mi telefona una mia cara amica: «Mi hanno trovato un cancro». «Ah! Sei sicura? L'ultima volta che ti ho visto, qualche mese fa, mi pareva che stessi benissimo». «Stavo benissimo. Non avevo sintomi di alcun genere. Sono andata a fare un esame di routine. Non segnalava niente. Ma per il mio medico, una donna, c'era qualcosa che non quadrava. Mi ha fatto fare altri esami. Sempre niente. Ma lei non era convinta. Finché non hanno scoperto questo cancro al cervello». Sarebbe morta di lì a poco dopo le consuete torture. Sarebbe morta ugualmente, è ovvio, ma mi chiedo se ha avuto senso guastarle quei giorni, quelle settimane, quei mesi che avrebbe potuto vivere convinta d'esser sana e da sana.

Un pomeriggio mi trovavo su una certa spiaggia di Finale, ai Bagni Garibaldi. Chiacchieravo con la mia vicina di ombrellone, una bella signora bionda. La giornata era nuvolosa, il mare un po' agitato, la bandiera rossa d'ordinanza. Disse: «Poiché non si può fare il bagno ne approfitto per andare a fare una visita di routine». Non la rividi il giorno seguente, né quelli successivi. Eppure era un'habitué. L'estate dopo chiesi al gestore di quella signora. «È morta di cancro» disse, laconico. Datemi pure del pazzo ma sono convinto che se quel pomeriggio fosse stata una bella giornata di sole e lei avesse fatto il bagno invece della 'visita di routine' (espressione già di per sé sinistra), le cose sarebbero andate diversamente.

È vergognoso quanto poco guadagnino gli attori di teatro. Le prime attrici, come Elisabetta Pozzi e Pamela Villoresi, guadagnano discretamente, ma infinitamente meno di una squinzia qualsiasi della TV. I giovani attori, non ancora affermati, quando sono in trasferta devono arrangiarsi perché la diaria è veramente misera. Ma sanno come fare. Affittavamo, per i giorni in cui dovevamo stare in tournée in questa o quella città, una grande casa, possibilmente in centro e dividevamo le spese per otto, quanti eravamo. E ci si stava dentro (per essere più precisi: ci stavano dentro loro, io non avevo problemi, prendevo un cachet molto più alto, ero il protagonista e anche autore con Fiorillo, e un po' mi vergognavo). La mattina ci alzavamo tardi, verso mezzogiorno, perché la sera, dopo il teatro, facevamo come minimo le due di notte. Qualcuno, non necessariamente una ragazza, faceva da mangiare. Il pomeriggio uscivamo a zonzo. In genere eravamo in sette, io, Matteo, Cristian, Francesca Mazzalai, detta la 'Franceschina piccola' più che per i suoi ventisette anni per distinguerla dall'altra Francesca, la Roveda, Valentina Riccardi e Tiziana Lambo. Le ragazze, tutte carine, venivano puntate e ogni tanto una spariva. I ragazzi, tutti bei ragazzi, a loro volta puntavano e prima o poi 'beccavano'. Il gruppo si assottigliava.

Finiva che rimanevo io con un paio d'altri. Quel cazzeggio era delizioso, perché privo di senso di colpa, tanto sapevamo che la sera avremmo fatto teatro. Insomma avevamo il diritto di farlo. Però il teatro ci attirava irresistibilmente. Se il regista ci aveva dato il 'time' alle sette, alle sei eravamo già tutti lì.

Il più rompicoglioni di tutti era probabilmente anche il più bravo: Matteo Azchirvani, l'iraniano. Come quella doveva fare assolutamente la cacca, Matteo era capace di piantare grane assurde dieci minuti prima che iniziasse lo spettacolo. Edo, che è forte come un toro, avrebbe volentieri massacrato di botte il filiforme Azchirvani.

Dopo lo spettacolo facevamo il dibattito. Io, seduto sul bordo del palcoscenico, con le gambe penzoloni, rispondevo alle domande del pubblico. Dietro di me, come coreografia, sedevano su due panchine i giovani attori. Un giorno Matteo mi affronta: «Io non sono solo un attore. Sono anche un uomo, con le sue idee. E non ci sto a fare la bella statuina là dietro». «Bene. Venite davanti anche voi e diciamo al pubblico che può rivolgervi delle domande». Il caso volle che il giorno dopo, mi pare al Celebrazioni, ci fosse un pubblico un po' diverso dal solito, gente incravattata e 'fichetta', tipo Forza Italia. Non contestava lo spettacolo, che era piaciuto, ma i suoi contenuti antimodernisti. Ci chiedeva quale fosse la coerenza fra quello che dicevamo e la nostra vita personale. Ci fu un po' di bagarre. Io, in quel clima, ci vado a nozze. Il giorno dopo Matteo mi avvicina e mi dice: «Io sono un attore. E mi sta sul cazzo che mi vengano fatte domande personali».

In quel periodo ho fatto la vita dello studente scioperato. È stato bellissimo.

L'energia del teatro, la compagnia dei ragazzi, aveva nascosto il fatto che avevo compiuto sessant'anni. Che ero diventato vecchio. La mia fidanzata, con cui stavo da quattro anni, mi aveva lasciato. Era comprensibile. Mi seguiva in tournée, ma non faceva parte della compagnia e si sentiva fuori posto. Si era messa con un fabbro, un artigiano alto un metro e 87, giusto contrappasso per me che andavo mitizzando il mondo medioevale. Per onestà devo dire che, capendo la sua difficoltà, non avevo approfittato del fatto di avere intorno le attrici e le tante belle ragazze che bazzicano il mondo del teatro. Una in particolare mi piaceva, non le ero indifferente e avrebbe potuto nascere facilmente un'avventura. Ma vi rinunciai per non offendere la mia fidanzata. Che oltre e più delle ragazze era gelosissima di Eduardo Fiorillo e degli strettissimi rapporti che si erano creati fra di noi. Per una donna è difficile capire che ci può essere un'amicizia virile senza, per questo, essere finocchi.

Edo, vedendomi solo, premuroso come sempre, estrasse dal suo vastissimo parterre di femmine una bellissima e ricca donna della Verona-bene, una quarantenne di origine venezuelana e me la fece conoscere. A letto andavamo benissimo ma per tutto il resto non avevamo niente da dirci. Andammo in vacanza insieme a Talamone. Un pomeriggio, risalendo dalla spiaggia, pensai: «Se avessi vent'anni, con questa non starei più di una settimana». Mi misi alla Lettera 32 e cominciai a scrivere, come sfogo: «Ragazzo. Che meravigliosa parola. Essere un ragazzo. Avere vent'anni». Che sono esattamente le parole con cui inizia *Ragazzo. Storia di una vecchiaia*. Vi aggiunsi una cartella e mezza che rispecchia, con qualche variante, la prima pagina del libro. Quando lei tornò su, siccome le donne non possono fare a meno di curiosare dappertutto, si mise a leggere e, non capendo che quelle parole la riguardavano, disse: «Ma questo è un libro». Io non ci avevo assolutamente pensato. Quando lo pubblicai ci eravamo lasciati da tempo ed ero tornato con la mia fidanzata che nel frattempo aveva rotto con il fabbro. Glielo mandai con questa dedica: «Ad altri il libro è donato, a te è dovuto». Se lo meritava. Almeno quello.

Non è il solo libro nato per caso. Nel 2002 Gigi Bacialli, che mi aveva da poco assunto al «Gazzettino», decise di fare uno 'speciale' di quattro pagine per il primo anniversario dell'11 settembre. Mi telefonò: «Abbiamo bisogno di un tuo pezzo, almeno di venti cartelle». «Venti cartelle? Sei matto, è impossibile». Ne scrissi 21. L'editore di Marsilio, Cesare De

Michelis, soprannominato da me affettuosamente Shylock per la sua avidità, voleva farne subito un libro. «Non possiamo fare un libro di sole venti pagine. Non è serio». «Ma lo pubblichiamo con caratteri molto grandi, lo intermezziamo con pagine bianche, con delle fotografie». «No». Mi misi alla Lettera 32 e in quattro giorni scrissi le altre quaranta cartelle, aiutato dalla mia fidanzata che le ribatteva pezzo per pezzo al computer, le stampava e poi me le ripassava perché le correggessi. Consegnai il lavoro all'editore e non ci pensai più. Con sorpresa, sfogliando le pagine di cultura del «Corriere», vidi che era balzato in testa alla classifica dei Saggi, lasciando gli altri a grande distacco. Avevamo azzeccato tutto: titolo, *Il vizio oscuro dell'Occidente. Manifesto dell'Antimodernità*, formato, la copertina, il prezzo contenuto (6 euro) e soprattutto lo stile. Poiché avevo cominciato con un articolo avevo proseguito sullo stesso ritmo, facile, immediatamente fruibile, pamphletaire. Purtroppo sorprese anche l'editore. Il libro andò esaurito in pochi giorni. Lo stramaledetto Shylock ci mise tre settimane per ristamparlo. Scomparve dalle classifiche. Vi rientrò, ma al secondo o al terzo posto. Se Cesare fosse stato più pronto saremmo rimasti in testa, ininterrottamente, per dieci settimane, visto che per il 2002/2003 è stato comunque il saggio italiano più venduto, secondo nella classifica assoluta solo a *Stupid white men* di Michael Moore, e i giornali non avrebbero potuto ignorare il fenomeno, come è avvenuto, per esempio, con *Io uccido* di Faletti. Non avrebbero potuto far finta di nulla come da sempre son soliti fare con i miei libri, soprattutto quelli di sinistra. Se fosse stato per «la Repubblica», l'«Espresso», l'«Unità» io non sarei esistito, culturalmente, in questo Paese. Più attenti al mio lavoro sono stati i giornali di destra, «Il Giornale», «Libero», «Il Foglio» e altri minori, nonostante io sia antiberlusconiano da sempre, da prima che Berlusconi diventasse un uomo politico, da quando era un imprenditore e, comprato il Milan, presentò la squadra all'Arena con contorno di majorettes, vallette, comici di quart'ordine. Mancavano solo le puttanone scosciate sul dorso degli elefanti come nel 'Superbowl' americano.

All'epoca scrissi per «L'Europeo» un pezzo che iniziava così: «O il calcio distruggerà Berlusconi o Berlusconi distruggerà il calcio» (2/8/1986). Naturalmente ha vinto lui, come sempre, aiutato da molti altri complici e soprattutto da fattori legati al mercato e agli altri *idola* moderni ad esso strettamente connessi, che non solo hanno sconciato 'il più bel gioco del mondo', per me l'amore di una vita, ma l'intera nostra esistenza ridotta a denaro, al 'Dio quattrino' l'unico Nume condiviso in Occidente.

A scrivere un libro sul denaro avevo pensato già alla fine degli anni Ottanta. Presi in mano il fondamentale libro di Simmel *Filosofia del denaro*, e dopo poche pagine lo richiusi: non ci capivo nulla. Dieci anni dopo ci riprovai e tutto mi apparve più chiaro. Evidentemente il tempo aveva fatto il suo lavoro. Non ero più il ragazzo un po' ingenuo che aveva scritto quasi d'istinto *La Ragione aveva Torto?*. Per me è stata un'esperienza estremamente feconda dal punto di vista culturale. Perché il denaro attraversa, oltre all'economia, una quantità di discipline, l'antropologia, la storia, la filosofia, la sociologia, la psicologia, il diritto, la numismatica e molte altre ancora. Non credo di aver fatto un cattivo lavoro. Nell'ultima pagina del libro, pubblicato nel 1998, è descritta, quasi al millesimo, la bolla che dieci anni dopo, col crollo della Lehman Brothers, metterà in ginocchio l'economia occidentale. Ma va anche più in là profetizzando il collasso definitivo dell'Occidente partendo dalla premessa che il denaro è, nella sua estrema essenza, *futuro*, rappresentazione inesausta del futuro e tanto più lo è quanto più enorme è la sua quantità in circolazione (oggi, a spanne, trecento trilioni di dollari come mi pare abbia calcolato Giulio Tremonti), scrivevo: «Se infine, come noi pensiamo, il futuro è un tempo inesistente, un parto della nostra mente, come lo è il denaro, allora abbiamo puntato la nostra esistenza su qualcosa che non c'è, sul niente, sul Nulla. In qualunque caso questo futuro, reale o immaginario che sia, dilatato a dimensioni mostruose dalla nostra fantasia e dalla nostra follia, un giorno ci ricadrà addosso come drammatico presente. Quel giorno il denaro non ci sarà più. Perché non avremo più un futuro nemmeno da immaginare. Ce lo saremo divorato».

Catilina. Ritratto di un uomo in rivolta e *Nerone. Duemila anni di calunnie* nascono invece da curiosità liceali, quasi infantili. Quando lessi l'incipit de *La congiura di Catilina* di Sallustio che fa un ritratto a tinte fosche del protagonista («Lucio Catilina, nato da illustre famiglia, era fortissimo di animo e di corpo, ma di indole trista e malvagia. Fin dall'adolescenza trovò piacere nelle stragi, nelle rapine, nelle discordie civili e tra esse passò i suoi anni giovanili. Corpo resistente alla fame, al freddo, alla veglia fino all'inverosimile, animo audace, subdolo, incostante, simulatore e dissimulatore in qualsiasi materia, cùpido dell'altrui scialacquatore del suo, sfrenato nelle passioni, buona parlantina nessuna saggezza, la mente vasta correva sempre verso lo smisurato, l'incredibile, l'irraggiungibile»), ritenni solo tre frasi «Fortissimo di animo e di corpo»; «corpo resistente alla fame, al freddo, alla veglia fino all'inverosimile» e soprattutto «la mente vasta correva sempre verso lo smisurato, l'incredibile, l'irraggiungibile». Io sono un uomo che insegue sogni. Mi sarebbe piaciuto essere Catilina. Ma non lo sono stato. Non ho neanche potuto esserlo. Ho vissuto un'esistenza mediocre in una società mediocre. Mi commuovono sempre, quando le rileggo, le parole che Sallustio, che pur gli è nemico, dedica a Catilina che, dopo aver fornito, a quarantacinque anni, una performance atletica formidabile («Catilina, con una squadra volante, è sempre in prima linea. Dà una mano a quelli che duran fatica, sostituisce ai feriti gente valida, ha occhio a tutto, combatte egli stesso senza posa, colpisce spesso nel segno, compie insieme il dovere del soldato valoroso e del generale abile») muore in battaglia: «Catilina fu trovato lungi dai suoi, fra i cadaveri dei nemici, respirava ancora un poco ma gli si leggeva sul volto la stessa espressione di indomita fierezza che aveva da vivo». «Bella morte», commenterà Floro un paio di secoli dopo, «se fosse morto per la Patria». No, bella morte e basta. Altro che droni. Ve lo immaginate Barack Obama che, dopo una conferenza stampa molto *polite*, torna dietro le quinte dà al capo della CIA o a quello delle Forze Armate ordini che significano la morte di uomini e, a volte di decine, di centinaia di uomini, di fronte a un talebano in carne e ossa? Se la farebbe nelle braghe e dovrebbe chiamare Michelle a pulire il culo al Capo supremo del glorioso esercito americano.

E poiché mi è capitato di vivere in Italia, ed è di me che sto parlando, vediamo la storia della classe dirigente italiana. Da Caporetto in poi è una storia vergognosa. In una splendida pagina de *La rivolta dei santi maledetti* Curzio Malaparte scrive sul fuggi fuggi della borghesia, che quella guerra aveva voluto, quando i fanti-contadini, stufi di farsi ammazzare in nome della tattica omicida dell'"attacco frontale' del generale Cadorna, ruppero le righe: «Fuggivano gli imboscati, i comandi, le clientele, fuggivano gli adoratori dell'eroismo altrui, i fabbricanti di belle parole, i decorati della zona temperata, i cantinieri, i giornalisti, fuggivano i napoleoni degli Stati Maggiori, gli organizzatori delle difese arretrate, i monopolizzatori del patriottismo degli angoli morti e delle retrovie, decisi a tutto fuorché al sacrificio, fuggivano gli ammiratori del fante, i dispensatori di oleografie e di cartoline illustrate, gli 'snob' della guerra, gli "imbottitori di crani", gli avvocati e i letterati dei comandi, i preti del Quartier Generale e gli ufficiali d'ordinanza, i 'roditori' della guerra, i fornitori di carne andata a male e di paglia putrefatta, i buoni borghesi quarantotteschi che non volevano dare asilo al fante perché portava in casa pidocchi e cenci da lavare e parlavano del Re come del 'primo soldato d'Italia', fuggivano tutti in una miserabile confusione, in un intrico di paura, di carri, di meschinerie, di fagotti, di egoismi e di suppellettili, tutti fuggivano imprecando ai vigliacchi e ai traditori che non volevano più combattere e farsi ammazzare per loro». C'è in questo spietato ritratto l'Italia di ieri, di oggi, di sempre. Ci sono il Re e Badoglio che fuggono da Roma lasciandola scoperta, in balia dei tedeschi. C'è Mussolini che dopo tanta retorica sulla 'bella morte', che aveva spinto moltissimi giovani a sacrificarsi per Salò, fugge travestito da soldato tedesco. Verrà poi il Toni Negri dell'"armiamoci e partite', Moro che dalla prigione delle BR scrive le lettere che scrive, Craxi che preso con le mani sul tagliere scappa all'estero e da lì infanga il suo Paese di cui pur era stato presidente del Consiglio e ne delegittima le Istituzioni, delegittimando, con ciò, anche se stesso in quanto premier.

A me, alla mia generazione e a quelle successive, è mancata la guerra. «La guerra – scrive Norman Mailer – è la *prova* di tutte le prove». È in guerra che un uomo va fino in fondo a se stesso e sa veramente chi è (è uno dei temi, anche se il discorso è molto più vasto, di *Elogio della guerra*). Si sono visti dei gradassi che nella vita civile sembravano degli spaccamontagne afflosciarsi come dei palloni sgonfiati, e impiegatucci, cui non si sarebbe dato un soldo, comportarsi con coraggio e dignità.

Io non so chi sono. Sono ritenuto un uomo coraggioso per ciò che ho scritto e scrivo. Ma a essere coraggiosi con la lingua non dico che siano buoni tutti (ce lo conferma la quantità di servi magari 'servi liberi', come si autodefinisce Giuliano Ferrara, che circolano nel mondo giornalistico, intellettuale, culturale, politico italiano, pronti a prostituire la propria dignità al padrone di turno) però è un'altra cosa. Io non so se, pistola alla tempia, avrei detto dove si nascondevano i miei compagni. Non so se avrei resistito alla tortura. Insomma non so se ho coraggio, quello che ha avuto mia madre per tutta la vita passando per esperienze terribili, e che le ho sempre ammirato. È anche vero che la donna, a differenza dell'uomo, non ha bisogno di dimostrare il proprio coraggio. Perché ce l'ha, quando occorre (se non serve, se compare un topo o aleggia un pipistrello allora è tutto uno svolazzar di gonne). Il coraggio ce l'ha nel Dna, perché è strutturata per partorire con dolore e sa, più o meno consciamente, di appartenere al ciclo eterno della vita, seme-pianta-seme, e quindi avverte la sua morte come un ritorno a Gea, alla Madre Terra. Mentre per il maschio, fuco transeunte, è un precipitare nel nulla, lo spaventoso Nulla. Deve quindi superare la sua paura. Che è forse la vera forma del coraggio, ciò che lo distingue dall'incoscienza o dalla temerarietà. Catilina non aveva di questi problemi anche perché era inserito in un mondo, quello romano, per il quale la morte era il suggello di una vita, ciò che le conferiva il suo significato definitivo. E i modi degni del morire erano solo due: il suicidio o la morte in battaglia. Lui la onorò nel più straordinario dei modi. Niente a che vedere con Cicerone, questo protodemocristiano, questo Aldo Moro ante litteram, che a sessantaquattro anni suonati, inseguito dai sicari di Antonio, che più che le *Filippiche* non gli perdonava di aver sputato sul cadavere ancora caldo di Cesare dopo averlo adulato in tutti i modi, fugge disperato, come una bestia braccata, ha un attimo di ripensamento e torna indietro, ma solo perché in una delle sue ville ha dimenticato 'la roba', quindi prosegue, trasportato in lettiga dai suoi servi senza alcuna meta e alla fine, raggiunto, sporge il capo mostrando ai sicari, come racconta Plutarco, «un volto canuto e disfatto». Verrà scannato senza pietà. Come meritava. E a Roma la sua testa mozzata verrà mostrata con uno spillone ficcato nella lingua, come a dire che era stato buono solo a cianciare.

Catilina è un uomo, un uomo con le palle, come non ne esistono più, un genere di cui le donne d'oggi vanno vanamente alla ricerca. In qualche liceo la mia biografia viene proposta come lettura e tutte le ragazze si innamorano di lui.

Comunque qualche somiglianza, almeno concettuale, con Catilina ce l'ho. È un reazionario che sogna di riportare in una società corrottissima e dalla lingua biforcuta, com'è la nostra, i valori dell'antica Roma, coraggio, dignità, lealtà, dovere del più forte di proteggere i 'deboli' («Mi sono assunto, com'è mio costume, la causa generale dei disgraziati») ormai quasi completamente perduti. Ma non è un moralista rompicazzi alla Catone. È un libertino, e un libertario, che se ne frega delle forme, viola un paio di vestali e si lava le mani, lorde di sangue (a diciassette anni, nelle file di Silla, era a capo di una squadra di guerrieri celti, i più famosi dell'antichità) nelle acque sacre del Tempio di Apollo. Per questo non è mai piaciuto né alla destra conservatrice né alla sinistra più o meno rivoluzionaria.

L'altra mia biografia di un personaggio romano, *Nerone*, è più complessa perché molto più complesso è il suo protagonista. Catilina è lineare, si sa dove comincia e si capisce subito come andrà a finire, Nerone è proteiforme. Ma anche qui a stimolarmi sono state suggestioni infantili. Sul mio abbecedario c'era scritto che il giovanissimo imperatore amava giocare con le bighe d'avorio, di nascosto dalla madre Agrippina. Per me che nel giudizio finale di terza media ero stato definito «ragazzo che potrebbe fare ma distratto da un'incoercibile passione per i giochi (vorrei vedere chi, a tredici anni, non è 'distratto dai giochi', ma questo è un altro discorso) la cosa incuriosiva parecchio. L'altro particolare che mi attraeva è che la notte, travestito da schiavo, andasse al Ponte Milvio uno dei luoghi più malfamati di Roma per tastare il polso del popolino. Negli anni Novanta, quando ebbi la possibilità di farlo, perché ero diventato un giornalista abbastanza noto, mi misi a studiare, per farne un libro, questo strano personaggio partendo da quei fragilissimi presupposti. A me, d'istinto, incuriosiva ed era simpatico ma mai e poi mai avrei immaginato che su di lui fosse stata rovesciata una caterva di calunnie tale da capovolgere completamente il suo profilo di uomo solare, allegro, colto, intelligente, clemente e, forse ciò che più conta, di grande statista. Io non ho forzato nulla, tutto ciò che ho scritto su Nerone è avallato dalla storiografia moderna. Solo che gli storici, nonostante ogni evidenza da essi stessi messa in luce, per pavidità, conformismo o altro devono comunque concludere che fu un imperatore 'nefando'. Io non ho avuto di questi timori reverenziali e ho dato a Nerone quello che a Nerone spettava. Si vada a vedere quello che resta della 'Domus aurea' recentemente restaurata, e si capirà, senza tanti discorsi, qual era la vera personalità dell'imperatore dannato, *in saecula saeculorum*, dal libellismo di Tacito, dagli autori cristiani e dai film storici patacca degli americani.

Anche *Nietzsche. L'apolide dell'esistenza* nasce da una curiosità, ma di tutt'altra natura. In vent'anni, dai venti ai quaranta, avevo letto tutte le opere, da *Umano, troppo umano* a *Ecce homo*, i frammenti postumi, i taccuini, ma mi ero reso conto che di lui, come persona, sapevo molto poco. Le solite cose: l'amicizia con Wagner, il famoso abbraccio al cavallo in piazza Carlo Alberto a Torino, la follia. Il fatto è che non esistevano biografie di Nietzsche. Perché la sua vita è quasi priva di avvenimenti e quei pochi sono di carattere intellettuale: la precoce perdita della fede, l'incontro letterario con il pensiero di Schopenhauer, l'amicizia con Wagner, il brevissimo, platonico e umiliante incontro con Lou Salomé, la stessa follia. Per cui anche i migliori autori, come Hollingdale, che si sono cimentati nell'impresa di cercare di ricostruire la vicenda dell'uomo Nietzsche, in mancanza di materiale non hanno resistito alla tentazione di fare più che una biografia di Nietzsche un'esegesi della sua opera. Ma su questa esiste una bibliografia sterminata e non toccava certo a me aggiungere qualcosa di nuovo. *Nietzsche*, che dal punto di vista letterario è, forse, la mia opera migliore (insieme a *Ragazzo* che però è di impegno molto minore) mi è costato una grandissima fatica perché per metterne a fuoco la personalità ho dovuto assemblare e organizzare tanti piccoli, e apparentemente insignificanti, episodi della sua vita quotidiana. *Nietzsche. L'apolide dell'esistenza* è, al fondo, un'autobiografia, genio a parte naturalmente. Anch'io mi sono sentito sempre estraneo alla vita. A me, dall'impazzimento, mi hanno salvato le donne, che lui non ebbe mai. Cosa che non mi impedisce di detestarle.

Quasi tutti gli autori dicono che la loro opera più importante è l'ultima. Secondo me è la mia prima, *La Ragione aveva Torto?*, che contiene, in nuce il cosiddetto 'Fini pensiero' e tutte le opere 'storico-filosofiche' successive.

La Ragione ha i suoi lontani prodromi in un viaggio che feci nei primi anni Settanta con mia moglie in Kenya e Tanzania. Era un viaggio organizzato. Però, atterrati a Nairobi, abbandonammo la compagnia e noleggiammo una macchina per andare in giro per conto nostro. Ci spingemmo a sud in una zona, fra Kenya e Tanzania, abitata dai Masai. I primi che vedemmo stavano facendo il bagno al fiume, altri erano seduti sulle rocce, coperti solo da un minuscolo perizoma. Bronzei, scultorei, bellissimi, come tutte le razze nilotiche. Non avemmo difficoltà a fare amicizia col capovillaggio che spiccicava un po' di inglese. I Masai bevevano latte misto a sangue, per essere più forti, e vivevano in capanne di paglia e fango così basse che all'interno bisognava camminarci curvi. Vidi una giovane donna partorire in mezzo alla strada, urlando per il dolore, e un'altra, più anziana, che la schiaffeggiava. «Perché la picchia?» chiesi al capovillaggio. «È la madre. Una ragazza masai non deve gridare quando partorisce». L'uomo ci fece visitare, in segno di amicizia, anche la sua capanna che si snodava per un intrico di bassi cunicoli in cui camminavamo piegati in due. Patrizia vide un bellissimo vaso, splendidamente istoriato. Lei ha sempre avuto l'animo del mercante, era l'idolo dei suk di Tunisi e Marrakesch perché contrattava fino allo sfinimento, davanti a una tazza di tè, e questo agli arabi piace moltissimo. A Tunisi c'era – ma non credo esista ancora – oltre al normale suk, un mercato destinato a *les americains*, disprezzatissimi perché compravano tutto senza badare al prezzo, senza trattare.

Patrizia chiese al capovillaggio se gli poteva vendere quel vaso. L'uomo, che era stato fin lì gentilissimo, si irrigidì. «Questa domanda non me la dovevi fare, non me la dovevi proprio fare. Io questo vaso non te lo posso vendere e siccome non te lo posso vendere te lo regalo». Era un retaggio, come avrei scoperto dopo, leggendo Marcel Mauss, dell'antichissima consuetudine del dono e del controdono che per centinaia di migliaia di anni è stata l'unica forma socialmente consentita di scambio.

Ma allora tutte queste cose non le sapevo. E pregno della mia brava cultura illuminista trovai i Masai cordiali e ospitali (se gli andavi a sangue), ma giudicai il loro modo di vivere (donne che partorivano in strada, altre che le schiaffeggiavano, ritualità crudeli) barbaro. Da chiamare subito una ONG, se allora fossero esistite, per metterli sulla giusta strada.

Dopo quella scorribanda ai confini con la Tanzania tornammo a Nairobi, dove vivono i Kikuyo, che a differenza dei Masai, di allora, si sono integrati. Nairobi era una città di cinque milioni di abitanti, con una trentina di grattacieli tipo Manhattan, il resto un'enorme bidonville fatta con i materiali di risulta del mondo occidentale. Niente capanne, ma casupole in lamiera. Negli stretti vicoli colava un liquido equivoco e maleodorante che sapeva di piscio. Ma soprattutto mi colpì la disgregazione. Alcolismo, tristezza, disperazione. Dappertutto. Ogni senso di comunità, così forte fra i Masai, pareva scomparso. Su una di quelle case di latta troneggiava, simbolo involontariamente ironico, un'enorme bottiglia di Coca-Cola ritagliata da qualche pubblicità. Fu allora che mi posi la domanda: chi aveva fatto la scelta migliore, i Masai che avevano preferito rimanere nella propria cultura, per quanto barbara, o i Kikuyo che avevano cercato di inserirsi nel nostro modello? Di entrare nella modernità? Questa domanda se ne trascinava con sé un'altra, più inquietante: e se noi moderni, noi figli dell'Illuminismo, nel tentativo, legittimo, di inseguire, e di creare, 'il migliore dei mondi possibili' avessimo fatto lo stesso errore dei Kikuyo?

Il dubbio germogliò negli anni successivi anche perché mi sentivo sempre meno a mio agio nella società in cui vivevo, pur essendo ancora molto giovane. Ma poteva essere un problema mio, di un disadattato che scaricava il proprio malessere sulla società. Il mio primo 'taccuino', che è del 1974 (avevo trent'anni) inizia con una pagina intitolata "Crisi d'identità?". Eppure apparentemente andava tutto bene: lavoravo in un giornale prestigioso, «L'Europeo», guadagnavo benissimo, in un paio d'anni mi avevano dato tre aumenti di stipendio, ero sposato con una donna che amavo, o che comunque credevo di amare, che dopo quattro anni di fidanzamento mi aveva scelto, preferendomi a un altro ragazzo, un calabrese dolce e affettuoso (sia detto col senno di poi: avrebbe fatto meglio a sposar lui). Comunque in quegli anni, proprio perché ero 'nel mondo', impegnato a costruire la mia carriera, non avevo tempo per pensare a scrivere un libro. Il lavoro all'«Europeo» mi assorbiva totalmente.

L'occasione venne con la disoccupazione. La mia idea era di mettere a confronto la nostra società non con inverificabili epoche iperboree, come avevano fatto Guenon ed Evola, che peraltro allora non avevo nemmen letto, ma con una realtà documentabile, quella degli uomini e delle donne che avevano vissuto nei secoli immediatamente precedenti la Rivoluzione industriale. Per fare questo confronto mi avvalsi dei lavori degli storici francesi degli «Annales» (in particolare Goubert, Braudel, Bloch, Soboul) che avevano studiato la vita materiale e la mentalità della gente dell'*ancien régime*, e di moltissimi altri autori da Peter Laslett all'italiano Carlo Maria Cipolla a Johan Huizinga a Karl Polanyi un pensatore al livello di Marx e Adam Smith che però, non essendo né marxista né liberista, aveva avuto, almeno fino ad allora, scarsa diffusione. Fu uno studio che mi impegnò due anni. Il libro lo scrissi, materialmente, in due estati, quelle del 1983 e del 1984. Nel 1983 mia moglie ebbe la bella idea di fare le vacanze in Sardegna, a Carloforte, pur sapendo che fra le mie varie fobie avevo soprattutto quella del caldo (Non per nulla l'anno precedente, quello dei Mondiali vinti dall'Italia e dell'urlo indimenticabile di Marco Tardelli, ci eravamo rifugiati a Bergen, in Norvegia, e nel piccolo, raccolto, ovattato museo di Oslo avevo visto un altro *Urlo*, quello di Munch, oltre che la stupenda *Ninfa* di Lucas Cranach, due opere che avevano molto a che vedere col libro che stavo per scrivere. L'estate del 1983 fu una delle più calde del dopoguerra. In Sardegna superò i 43°, in Puglia arrivò a 47°. Eppure ogni pomeriggio, dalle due alle quattro, le ore più calde, battevo sui tasti della macchina da scrivere mentre il sudore colava sui fogli. Fu sempre quell'anno che insegnai a mio figlio a nuotare e ad andare in bici senza le famigerate rotelle. Purtroppo, nonostante sia un ragazzo con i nervi a posto e molto equilibrato (non fuma, non beve, cosa che mi ha fatto pensare che il miglior modo di educare i figli sia dare il cattivo esempio, senza che questo gli impedisca di divertirsi come alla sua età si deve) a lui è venuta la fobia degli squali. Pensa che ci siano anche in piscina. Forse è stato traumatizzato dal brutto film di Spielberg (i minuti migliori sono i primi quindici dove lo squalo non si vede, c'è solo l'attesa, quando appare, tenuto insieme da giunture improbabili, che ricordano le stecche di balena che sostenevano gli abiti delle ragazze dei tempi miei, gli mancava solo il grosgrain, il film diventa grottesco). In quanto alla bici, ora che tutti la usano, lui non ci va. Preferisce i mezzi o farsela a piedi. Detesta la macchina, anche se alla guida è molto calmo e ha riflessi prontissimi, i miei, sono la sola eredità che gli ho trasmesso, insieme a una certa malinconia di fondo. Non la cultura. Negli anni della sua formazione gli ho parlato solo di calcio, di ciclismo, di boxe e di tennis, del Torino, di Roberto Rosato, di Puskas, di Morten Olsen, di Lerby, di Rik Van Steenbergen, di Rocky Marciano (49 incontri, 49 vittorie, 43 per ko), di Sugar Ray Robinson, di Stefan Edberg, di Laver, di Fraser, dei mitici 'canguri' australiani insomma dei miei idoli. Oltre che di calciobalilla, la 'playstation' dei miei tempi, perché, caro Antonio Ricci, insieme al mio amico Giagi, sono stato campione ligure di calciobalilla, il mio 'gancio', da fermo, era il più veloce del West.

Qualche anno fa decisi di prendermi un segretario/segretaria e chiesi a Matteo di farmi una preselezione. Lui, alla fine, scelse otto giovani: quattro ragazzi e quattro ragazze. Ai ragazzi, che erano dei miei fan, vogliosi di abbeverarsi, disse: «Guardate che mio padre non vi parlerà di cultura. Vi parlerà solo di calcio».

A piazzare *La Ragione aveva Torto?* feci una fatica tremenda. Nessuno lo voleva. Era troppo in anticipo sui tempi. Lo prese Raffaele Crovi che aveva messo in piedi una piccola casa editrice, Camunia, e non potendo assicurarsi i grossi nomi doveva puntare su autori nuovi. Con Crovi ci avevo già provato una decina di anni prima, quando lavorava, mi pare, per Bompiani, proponendogli un romanzo, *Il Dio Thoth*. I lettori della casa editrice si divisero: alcuni ne furono entusiasti, altri lo giudicarono sbagliato. E avevano ragione. Io avevo preso come riferimento *1984* di Orwell, perché il mio era un romanzo di fantascienza, di quella fantascienza di tipo sociologico che anticipa di poco la realtà. Ma la parte ideologica (che in *1984* è molto presente ma Orwell è Orwell e io son solo io) sopraffaceva il ritmo narrativo. Sarebbe bastato, per la verità, un editor attento per darmi le indicazioni necessarie e ripulirlo. Ma perdemmo la battuta. Alcune anticipazioni de *Il Dio Thoth* sarebbero state sviluppate in grandissimi film come

Blade runner e *Arancia meccanica*. Quando lo pubblicammo, nel 2009, era un po' datato. È il mio libro che ha venduto di meno. Bisogna anche dire, per onestà, che io non sono un romanziere. Non sono un artista. Mi frega il fatto di essere stato a lungo giornalista. Il giornalista approccia la realtà con l'attitudine del cronista, sente il bisogno di spiegare. Il romanziere lavora di fantasia. Nel romanzo lo sfumato e addirittura il non detto è spesso più importante del detto. Non ricordo, almeno in Italia, giornalisti, pur grandi, che siano stati anche grandi romanzieri. Montanelli non ci ha nemmeno provato. *La pelle* e *Kaputt* di Malaparte sono dei reportages appena un poco più forzati di quelli che era solito scrivere per i giornali. C'è Buzzati. Ma anche Buzzati, straordinario nei racconti, quando tenta il romanzo vero e proprio, *Un amore*, fallisce.

Della *Ragione aveva Torto?* furono editate 4.000 copie. Sia pur lentamente andarono esaurite. Oggi, in quella prima edizione, il libro è introvabile, anche sulle bancarelle e nelle librerie specializzate. Per gli appassionati è diventato un 'cult'. Fu ripubblicato da Sperling & Kupfer nel 1993, senza punto di domanda, e dalle Edizioni Settimo Sigillo nel 1999, quindi definitivamente acquisito dalla Marsilio diventato il mio principale editore dopo che lasciai la Mondadori per non essere accusato di attaccare Berlusconi ma di prendere i soldi da lui (altri sono stati più disinvolti). Oggi *La Ragione* è arrivata alla settima edizione.

Dalle costole della *Ragione* sono nati *Elogio della guerra* (1989), *Il denaro. «Sterco del demonio»* (1998), forse il mio libro più denso, comunque quello che mi ha impegnato di più, *Il vizio oscuro dell'Occidente. Manifesto dell'Antimodernità* (2002), *Sudditi. Manifesto contro la Democrazia* (2004) e, anche se può suonar strano, *Di[zion]ario erotico. Manuale contro la donna a favore della femmina* (2000).

Nel titolo de *La Ragione aveva Torto?* ho voluto conservare il punto interrogativo, com'era in origine. Perché uno dei portati fecondi dell'Illuminismo è l'esercizio sistematico del dubbio. E il dubbio si esercita innanzitutto verso se stessi. Io non pretendo di avere ragione. Pongo dei dubbi, faccio delle domande, mi chiedo e chiedo se la strada che, dopo la Rivoluzione industriale, abbiamo imboccato con tanta orgogliosa sicurezza possa essere ancora considerata quella giusta e, soprattutto, se non sia il caso di cogliere alcune suggestioni del passato, senza per questo tornare al Medioevo né, tantomeno, al 'buon selvaggio' vagheggiato da Rousseau, che non è mai esistito. L'altro principio, secondo me, irrinunciabile dell'Illuminismo è contenuto nella famosa frase di Voltaire: «Non sono d'accordo con le tue idee, ma difenderò sino alla morte il tuo diritto a esprimerle».

Ma gli eredi dell'Illuminismo sembrano aver dimenticato questi principi basilari, imponendo in modo acritico, senza ammettere obiezioni, quello che ormai non è nemmeno più un pensiero ma un meccanismo, scientifico, tecnologico, produttivo ed economico, che credono di guidare ma di cui son solo le mosche cocchiere, che va per conto suo e che come un treno, senza più macchinista, lanciato a una velocità crescente, prima o poi, andrà fatalmente a sbattere. Insieme a tutto il suo carico.

1969
O di qua o di là

Era settembre. Camminavo all'una di notte in via Borgogna, nel centro di Milano. Mi sentivo solo. E triste. Lavoravo dall'inizio del mese alla Pirelli, capivo che non era un posto per me, ma non sapevo immaginare un mio futuro. Mi inoltrai in via Cerva, una strada buia, a U, che non porta da nessuna parte perché risfocia in via Borgogna e non vi passa nessuno, tranne quelli che vi abitano. Sentii dei passi dietro di me. Svoltai nella parte corta della U. I passi mi seguirono. Quando stavo per tornare in via Borgogna i passi accelerarono. Davanti a me si presentò un uomo dall'apparente età di trent'anni, in un completo grigio sopra il quale mi sorrideva una faccia da gioppino. Capii subito di che si trattava. Mi invitò a prendere una pizza, da Ferrari in piazza Duomo. Lo seguii con l'intenzione di prenderlo un po' per il culo. Al ristorante mi raccontò che era un broker della Merrill Lynch, che guadagnava bene e altre cose che non ricordo. Alla fine mi chiese il numero di telefono. Glielo diedi. La settimana successiva mi invitò a passare il weekend con lui, in una villa di Bordighera dove viveva sua madre. Non avevo nulla da fare, non avevo la ragazza, o forse ce l'avevo ma non mi interessava, e dissi di sì. Mi venne a prendere a casa con una spider, mi pare una MG. Sugli stretti sedili posteriori era accucciata la sua cagna, Melisanda, dall'opera di Debussy *Pelléas et Mélisande*. In jeans e t-shirt Carlo si rivelò un bel ragazzo, alto, ben fatto, prestante. Il viso non era più sconciato da quel sorriso idiota. A metà strada verso Bordighera si fermò in una piazzuola per fare pisciare il cane. Chino su Melisanda cominciò a 'scheccare' in modo insopportabile. Gli diedi un formidabile calcio in culo. Si voltò, inviperito, e cominciò a inseguirmi, ma girando intorno alla macchina ero imprendibile. Arrivammo a un compromesso. A Bordighera cenammo, con la madre, sulla terrazza della villa circondata da un grande parco. Non c'era bisogno di vedere i rapporti di Carlo con la madre per capire la sua omosessualità.

Nel giugno del 1974 «L'Europeo» mi mandò a intervistare Pier Paolo Pasolini sul tema 'Il fascismo dell'antifascismo' per il quale avevo già sentito Franco Fortini. Pasolini, con quel suo volto da Cristo crocefisso, il Cristo di Mathias Grünewald che sta a Colmar all'interno dello splendido chiosco di Unterlinden, non aveva nulla dell'omosessuale. Né nell'aspetto né nei modi. Inoltre, a differenza della quasi totalità degli intervistati che, tutti tesi a mostrare la loro mercanzia e le loro bellurie, non mostrano alcun interesse per il loro interlocutore, Pasolini era diverso. Con lui l'intervista diventava un colloquio. Chiacchierammo per un paio d'ore sulla terrazza della sua casa all'Eur, una casa molto borghese in un quartiere borghese. Ad un certo punto fece capolino sua madre e il comportamento di Pier Paolo cambiò di colpo. Diventò tutto un 'puci, puci, un pissi pissi bao bao', uno strusciarsi, un illanguidirsi, uno sciogliersi in un modo molle e quasi osceno. Si era completamente infantilizzato. Io non sapevo da che parte guardare. Nel pomeriggio arrivò Ninetto Davoli e conobbi un altro Pasolini. Alla sera mi portò a mangiare in una trattoria del Pigneto, un quartiere piuttosto malfamato, ora diventato 'trendy'. C'erano i 'ragazzi di vita', del sottoproletariato romano, le 'marchette', l'ambiente che gli piaceva frequentare. Era la sua zona d'ombra, torbida, senza la quale peraltro, a mio parere, non sarebbe esistito nemmeno il grande intellettuale, il grande operatore culturale che conosciamo. Tornai a intervistarlo a settembre di quell'anno per il suo film *Il fiore delle Mille e una notte*. Si era creata una certa consuetudine, così quando passavo da Roma, cosa che allora capitava abbastanza spesso, provavo a telefonargli e, se non aveva niente di meglio da fare, ci si vedeva, di giorno e in posti meno inquietanti del Pigneto ma sempre fuori dal circolo dei locali frequentati dagli intellettuali romani. Devo a questa conoscenza, intellettualmente molto stimolante, alcune suggestioni per il mio 'antimodernismo', allora allo stato nascente, dal famoso articolo sulle lucciole e la Montedison alla sua passione per un mondo perduto, quello popolano. Ma non ebbi modo di approfondirla. Perché nel novembre del 1975 Pasolini fu ammazzato. Io credo che Pier Paolo, più o meno consciamente, cercasse la morte. Quando si circola per certi ambienti, da soli, di notte, con una Alfa Romeo, si sa, o si dovrebbe sapere come prima o poi va a finire. Non credo al 'complotto fascista', disinvoltamente inventato da Oriana Fallaci per certi 'rumors' sentiti dal parrucchiere, né ad alcuna altra ipotesi di questo genere. Il diciassettenne 'Pino la rana' avrebbe avuto tutto l'interesse a tirare in ballo altri responsabili, se ci fossero stati.

Carlo mi portò nel parco. Sapevo cosa voleva. Mi ero messo in trappola da solo. Si mise dietro di me e prese ad accarezzarmi. Aveva delle mani da pianista che sapevano come suonare i corpi dei ragazzi. Mi tirò giù i jeans e le mutande. La luna era piena. La notte era bellissima e romantica. Pensavo: «Ma cosa sto facendo? Io dovrei essere qui con una ragazza». Comunque, per essere espliciti, non mi venne duro. La mia era un'eccitazione puramente mentale. Il solito piacere di autodistruggersi, di degradarsi. Lui venne tre o quattro volte sulle mie natiche. Gli omosessuali, in genere, hanno una sessualità fortissima. Il giorno dopo Carlo guidò per tutto il viaggio con una mano sola, ma senza risultato. Al rientro, a casa sua, cercò di baciarmi. Rifiutai. Capivo che se lo avessi fatto sarei passato definitivamente dall'altra parte. Considero il bacio, che appartiene tanto alla sfera sentimentale che a quella sessuale, la forma più completa del possesso. Non per nulla le puttane non baciano e non si lasciano baciare.

Dopo quell'episodio entrai in una crisi profonda. Di identità. Mi sembrava che la mia voce fosse diventata femminile. Ci furono altri approcci sessuali, ma sempre inconcludenti. Il fatto è che, sessualmente, non mi piace il corpo dell'uomo. È troppo duro, spigoloso, irsuto. Preferisco la morbidezza e la levigatezza della donna. Almeno quando sono in me. Comunque se erano le umiliazioni che cercavo, non mi mancarono. Una sera andammo a vedere *Giulietta e Romeo* di Zeffirelli, che il regista aveva volto in chiave pederasta. Eravamo in otto: quattro uomini adulti, i 'maschi', quattro ragazzi, le 'marchette'. Squittirono tutti nella scena in cui il protagonista è disteso sul letto a culo nudo. Dopo il cinema andammo a cenare. Furono accostati due tavoli, che non erano però allo stesso livello. Su quello più alto sedevano i quattro adulti, sul più basso, e in qualche modo separato, noi. Di che cosa parlano le 'marchette'? Delle stesse cose di cui parlano le donne, di vestiti, di scarpe, di cosmetici, di profumi, di gioielli, di boutique. Io ero laureato da poco, avevo un altro livello culturale, ma nulla mi autorizzava a sentirmi diverso da quei ragazzi, anche se io non prendevo denaro. Anzi la cosa mi procurava, insieme all'imbarazzo, un torbido piacere.

Quando andavamo a delle feste clandestine, dove c'erano però uomini e donne, io ero ormai ufficialmente 'il ragazzo di'. Quante volte, anni dopo, incontrando persone che mi avevano conosciuto a quelle feste ho temuto che mi ricollegassero a quel 'ragazzo di'.

Un weekend Carlo mi portò a una festa in una grande villa di Montecarlo. Era una festa di 'ragazzi così' come si chiamavano tra loro, in gergo, gli omosessuali del jet set. C'era tutta l'internazionale degli invertiti, quella sera. Alle tre di notte arrivò Rudy Nurejev, molto su di giri. In suo onore si aprirono bottiglie di vodka, buttando poi i bicchieri alle spalle, alla moda russa, possibilmente contro gli specchi di cui il salone della villa era pieno. Nurejev afferrò un esile ragazzo biondo, efebico, bellissimo, un italiano, e lo coinvolse in una danza vorticosa finché i due, sempre allacciati nel ballo, scomparvero nelle stanze interne della villa.

La prima volta che lo vidi danzare fu quattro anni dopo, nel 1973, alla Scala, in *Giselle*, con Carla Fracci. Nurejev aveva trentacinque anni ed era all'apice atletico, un momento delicato e pericoloso perché da quella vetta poteva solo discendere. E infatti quando lo rividi all'inizio dell'estate dell'anno successivo al Castello Sforzesco si era già un poco appesantito, i suoi famosi 'voli' non erano più così alti, così naturali, così leggeri, così liberi, anche se la sua presenza sulla scena rimaneva quella magica di sempre. Ma in quella sera d'autunno del 1973 Nurejev era al massimo. Tutto il primo atto e una buona parte del secondo erano scivolati via senza grandi emozioni. C'erano stati sì i virtuosismi, solo impercettibilmente leziosi, di Carla Fracci e le performance atletiche di due giovani ballerini ma buona parte del pubblico, quella che non conosce ogni piega o risvolto del balletto (io poi lo detesto, lo trovo troppo sdolcinato), era rimasta delusa. Il grosso pubblico infatti era venuto per vedere Nurejev e Nurejev fino a metà del secondo atto aveva fatto poco, qualche passettino senza impegno, due o tre dei suoi 'voli' e niente più. «Tutto qui?» avevo pensato e questo pensiero era certamente venuto anche ad altri. Ma verso la metà del secondo tempo dell'opera di Adam, Carla Fracci, il secondo ballerino e il bravissimo corpo di ballo erano spariti dietro le quinte e avevano lasciato Nurejev solo sulla scena. Nurejev, per quattro, cinque minuti, non di più, aveva ballato, solo, la tunica bianca sullo sfondo nero del bosco cupo delle Willi. Alla fine di quella danza, breve e forsennata, si era immobilizzato sulle punte al centro della scena. Ci fu un attimo di silenzio. Poi dal loggione una voce gridò: «Dio!». E venne giù la Scala.

Questo Dio della danza me lo trovai davanti due mesi dopo, una mattina di novembre, mentre una pioggia fitta e leggera assassinava Londra, seduto di fronte a me e a una tazza di caffelatte bollente nel piccolo e un po' squallido ridotto-bar del Covent Garden. «L'Europeo» mi aveva mandato a intervistarlo. Non posso descrivere l'impressione che mi fece meglio che con le parole che ritrovo oggi su quella vecchia copia del giornale. «Ha una voce pastosa, cantante, decisamente sensuale. Guardo il suo viso mentre parla. Vedo i famosi zigomi pronunciati, come hanno tutti gli slavi, le guance un po' incavate, il taglio mongolo degli occhi che sono chiari, tra il grigio e il verde, percorsi a volte da fiammelle dorate, che oggi sorridono ma, e questo lo noterò dopo, a guardarli bene conservano sempre sul fondo, sotto la superficie, qualcosa di duro, di maniacale, come se seguissero qualche segreto pensiero. Sono occhi difficili da guardare a lungo. Le spalle larghissime su un corpo che, affondato in un largo e goffo pigiama, appare gracile. Ma la cosa più straordinaria è la bocca. Una bocca splendidamente disegnata, perfetta, sensibile, mobilissima, dal pallore intenso di una rosa. Una bocca che si apre spesso a uno strano riso, un po' infantile e un po' ironico» («Europeo», novembre 1973).

Io ero molto teso. Nurejev era impegnato nelle prove di *Après-midi d'un faune* e nel pomeriggio aveva un altro spettacolo, l'appuntamento era stato fissato a metà, in modo confuso, dal fotografo Stefano Archetti, e temevo la fama di scontrosità e di sgarberia che Nurejev si portava dietro, la sua pubblicizzata arroganza. E invece fu non direi gentile, che non sarebbe la parola appropriata, ma affettuoso e addirittura indifeso. Forse aveva funzionato l'ingenuo trucco di portare con me, con la scusa di farle fare da interprete, mia madre. Inoltre è noto che omosessuali e vecchie signore vanno d'accordo. Lui si era intenerito e i due avevano cominciato a parlare fitto della 'grande Madre Russia', degli infiniti spazi, della neve, della tundra, del Volga, di Ufà e di Saratov. Insomma delle cose che entrambi si erano lasciati alle spalle da moltissimi anni. Ma la mossa di portar mia madre si era rivelata un'arma a doppio taglio. Purtroppo io conosco male il russo. Sono nato quando in Italia c'erano i tedeschi e non era prudente parlarlo. Inoltre i russi sono noti scialacquatori di patrimoni, di tutti i tipi, anche linguistici, e a quella sventata di mia madre non passò per la testa di insegnarmelo appena finita la guerra quando, a poco più di un anno e mezzo, avrei potuto apprenderlo come prima lingua. Ma non me lo insegnò nemmeno dopo. Fui io, verso i dieci anni, a chiederglielo. Ma era troppo tardi. Lo imparai *comme ci, comme ça*. Invece mia sorella, che è nata a Parigi nel 1935, lo sa perfettamente. Conosco meglio il francese perché i miei, quando ero piccolo e, per un qualsiasi motivo non volevano che capissi quello che si dicevano, parlavano in francese. Questo sapere e non sapere il russo mi fu però utile quando andai in Unione Sovietica per un reportage. Lo spiccicavo quando mi serviva, in altre occasioni facevo invece finta di non saperlo del tutto così potevo ascoltare in libertà i discorsi che i russi facevano fra loro, ignari che ero in grado di intendere ciò che si dicevano.

Comunque sapevo il russo a sufficenza per capire che mia madre delle risposte di Nurejev riferiva solo ciò che le garbava e in modo del tutto arbitrario, il che è tipicamente russo, ma soprattutto modificava anche il tono delle domande che io volevo un po' aggressive e che lei invece addolciva. Quando poi chiesi a Nurejev dei suoi rapporti con le donne mia madre si rifiutò di porre la domanda, le pareva sconveniente chiedere certe cose al 'caro Rudy' (si conoscevano da meno di mezz'ora ed era già diventato il 'caro Rudy'). Fui costretto a bypassarla, a uscire dal gioco e a proseguire l'intervista in inglese. Del resto lui conosceva tutte le lingue, anche un poco di italiano che spiccicava male ma capiva benissimo. Sulle donne Nurejev, che fin lì aveva parlato in gran libertà della sua infanzia, del suo carattere, del bere, della vodka, del suo primo maestro Alessandro Puškin, di Fokine e Balanchine, di Roland Petit e di Petipa, di Ashton e di Jerome Robbins, si irrigidì, fu evasivo o, se si vuole, anche troppo esplicito: «Le donne sono esseri inquietanti, forti come dei marinai. Vogliono distruggere e fiaccare l'uomo. Ma non sono cose di cui ho voglia di discutere in questo momento. Parliamo, se ritiene, delle donne che conosco meglio, le ballerine. Ho una grande ammirazione per Margot Fontaine». Mi fece capire, anche se non lo disse in modo diretto, che non sopportava Carla Fracci. Peraltro era noto che era solito fare dispetti, anche in scena, alle prime ballerine che non gli piacevano.

Io sapevo, naturalmente, dell'omosessualità di Nurejev, era notoria, inoltre ne avevo avuto, per così dire, una conoscenza diretta in quella festa di quattro anni prima a Montecarlo. Il Nurejev che sorseggiava caffelatte, ne bevve quattro o cinque tazze, era molto meno inquietante. Ma, benché infagottato in quel goffo pigiamone, si avvertiva in lui una sorta di magnetismo animale, una presenza fortissima. Era come una tigre cucciolona, ma pronta a raccogliersi, in qualsiasi momento, per spiccare il balzo. Mi raccontò che c'erano delle notti in cui gli piaceva stare in mezzo alla gente, parlare, ridere, cantare e scherzare e altre in cui andava a rincantucciarsi, solo, da qualche parte o a disperdersi e dissiparsi. Nella nostra conversazione il demone che dormiva in lui venne fuori, per un attimo, verso la fine quando gli posi la solita, sciocca, domanda: cosa voleva dire per lui, nato povero, essere diventato un uomo ricchissimo. Nurejev fece una specie di balzo, il suo largo busto si erse sopra di me, dagli occhi che erano diventati due strette fessure, mi mandò un lungo sguardo obliquo e disse con quella sua strana voce cantilenante e badando bene a scandire le parole «I'm rich of talent». Ma si ricompose subito, lo sguardo si velò di ironia anche se sul fondo rimaneva qualcosa di fisso e di inquietante. «Sì, io sono stato un ragazzo povero e so cosa vuol dire vivere con duecento grammi di pane al giorno. E mi fa piacere, ora, avere del denaro, soprattutto perché senza denaro ci si può trovare, a volte, in situazioni abbiette, terribilmente volgari. E io odio tutto questo. Ma non sono i soldi che contano, i soldi passano e restiamo noi, con quello che ci portiamo dentro, la nostra povertà e la nostra ricchezza stanno tutte in noi». E aggiunse, senza che io lo avessi ulteriormente stuzzicato: «Anche il successo passa. Quando avrò finito, quando non potrò più danzare, quando le gambe si saranno fatte pesanti e legnose, quando il pubblico non mi amerà più, è solo su di me, su ciò che ho dentro, che potrò contare».

Nurejev è stato molto amato, dalle donne, ma, oserei dire, soprattutto dagli uomini. Perché, ammettiamolo, consentiva a quel poco o quel tanto di omosessualità che è in ciascuno di noi di manifestarsi senza compromettersi troppo. Era così bello, così affascinante, così singolare, così campione, che ammirarlo, amarlo, adorarlo era lecito anche a un uomo. Nurejev non è stato solo il Dio della Danza. È stato il Dio della Bellezza. È stato il Dio della Giovinezza. Per questo ci fece male al cuore vederlo ripreso, nell'autunno del 1993, in una delle sue ultime apparizioni pubbliche, una celebrazione in suo onore, a Parigi, accasciato su una sedia, inerte. Non c'era più nulla, nemmeno nello sguardo, dell'affascinante, orgoglioso, prepotente ragazzo che era stato. E io preferisco ricordarlo in quella sera di fine estate del 1973 alla Scala, quando ballò solo, sprezzante verso il mondo intero, a cominciare dal pubblico adorante, compreso solo della propria arte e un tale, interpretando ciò che in quel momento tutti sentivamo, gridò: «Dio!».

Carlo era molto gettonato. Era uno di quei casi, abbastanza rari, di uomini, a tutti gli effetti, cui piacciono gli uomini o, per essere più precisi, i ragazzi, pederasti nell'accezione greca del termine. Il problema degli omosessuali, femmine in corpo di maschio, è che cercano degli uomini ma trovano quasi sempre delle 'checche' come loro. Questo spiega il loro vorticoso cambiar di partner, alla ricerca inesausta dell'uomo. Se lo trovano si creano delle coppie stabili, spesso molto più stabili di quelle etero. Ma è raro. L'altro problema degli omosex è la giovinezza che per loro dura pochissimo, fino a trent'anni. Dopo si passa dalla parte dei predati a quella dei predatori e ciò significa che si è diventati 'vecchi'. Inoltre se la vecchiaia è un passaggio difficilissimo per tutti, lo è in particolare per gli omosessuali. Per due motivi sostanzialmente. L'omosessualità ha una sua bellezza estetica quando si è giovani. In secondo luogo l'omosessuale da vecchio, non essendosi formato una famiglia, è più solo. Qualche anno fa incontrai Aldo Busi in un bar di Porta Pia che mi piace frequentare. Lo stimo molto, credo che sia uno dei pochi scrittori italiani del dopoguerra (*Vita standard di un venditore di collant*) anche se non, come sostiene lui con le sue solite iperboli, «il più grande del Novecento». Scorsi nei suoi occhi qualcosa di disperato. Che non era solo la consapevolezza di non aver più niente di significativo da scrivere, come mi confidò, ma era la solitudine. Quella peraltro che lui stesso descrive, con intuito premonitore, in un libro giovanile, *Seminario sulla gioventù*.

Carlo era anche un simpatico avventuriero. Guadagnava bene ma conduceva una vita assolutamente al di sopra dei suoi mezzi. Mi spiegò una cosa che avrei fatto bene a capire: «Vedi, se tu guadagni duecento milioni l'anno puoi fare una vita come se ne guadagnassi due miliardi». Io invece sono sempre stato un risparmiatore, il fesso istituzionale del sistema, come spiego in alcune pagine del *Denaro. «Sterco del demonio»*, perché i suoi quattrini, prima o poi, gli vengono flippati. Il denaro è credito e, come ha scritto Vittorio Mathieu nella *Filosofia del denaro*, «i debiti, alla lunga, non vengono pagati». I ricchi, o comunque coloro che hanno capito meglio cos'è veramente il denaro, hanno debiti non crediti e in tasca tengono pochi spiccioli, il minimo necessario e a volte nemmeno quello e gli devi pagare il caffè. Devo dire, per quel che mi riguarda, che, non amando gli oggetti, non amando i vestiti, non amando le macchine lussuose (quel che importa è che vadano), non mi è stato difficile risparmiare e il denaro l'ho usato per essere e sentirmi libero, per poter lasciare un giornale quando non mi piaceva più starci o per non trovarmi in quelle situazioni abbiette di cui parlava Nurejev. Sono nato in una famiglia dove di denaro ce n'era quanto bastava, né poco né tanto, da non doversene preoccupare. La situazione ideale. E così ho vissuto. Certo adesso mi piacerebbe potermi comprare una casa sul mare (non 'al mare', con vista di sguincio). In Corsica, «il posto più vicino più lontano dall'Occidente» come lo definisco (perché i corsi hanno conservato qualcosa dei popoli tradizionali, tipo curdi o afgani, fatte le dovute proporzioni) ne ho adocchiate di bellissime. Vecchie case corse a due piani. Davanti c'è un piccolo giardino, si apre un cancelletto e si è sulla spiaggia. Ma non hanno prezzo. Nessuno sarebbe così scemo da venderle. Per me rimarrà un sogno. Ma i sogni, forse, è più prudente non realizzarli. Bakunin, che era stato nomade tutta la vita, finalmente si fece una casa, stabile. Morì poco dopo. Fra i sogni di Giorgio

Strehler c'era un secondo Piccolo Teatro. Avevano appena finito di costruirlo che schiattò. Meglio seguire la filosofia di Edo. Se non altro per scaramanzia.

Anche Carlo non aveva mai un soldo in tasca e spesso mi chiedeva un 'deca' per la benzina, che naturalmente non restituiva. Aveva la barca ma non pagava i marinai. Diceva di essere inserito nel bel mondo, ma in realtà il suo era un *demi-monde*. Se parlava della sua amicizia con Ligresti, non era Salvatore, ma Antonino, il fratello.

La nostra amicizia, senza più alcuna connotazione sessuale, andò avanti per parecchi anni, sia pur a pezzi e bocconi. Alla fine degli Ottanta mi resi conto che erano anni che non andavo alla Scala. Non era casuale. Era stata occupata militarmente dai socialisti. Non solo alle prime, ovviamente, ma anche alle repliche. Bisognava proprio essere dei patiti e mettersi in fila di notte per sperare di acquistare un biglietto in modo regolare. Mi ricordai che Carlo aveva un palco. Gli telefonai – adesso viveva a Lugano in una villa a Ruvigliana, sopra il lago – e gli dissi che il 7 dicembre volevo andare alla prima del *Don Giovanni* di Mozart. «Proprio alla prima? Perché non all'Anteprima che è più divertente?». «Alla prima» mi impuntai. Ci trovammo davanti al teatro. Lui era in smoking e mi guardò di sbieco perché ero vestito nel solito modo spiegazzato e non avevo la cravatta (la metto, anzi la mettevo, solo al Casinò). Alla Scala ci sono (o almeno così era allora) due sbarramenti di controllo. Al primo Carlo tirò fuori da sotto il suo impeccabile smoking una bottiglia di spumante e un panettone e li consegnò a uno degli inservienti. Al secondo fece più o meno lo stesso. Entrammo nel teatro, nella zona dei palchi. Cominciammo a camminare su e giù. Mancavano dieci minuti all'inizio. Gli dissi: «Perché non andiamo a sederci nel tuo palco?». «No, aspetta, ho voglia di sgranchirmi un po' le gambe, dopo dobbiamo restare tre ore seduti». Finalmente entrammo in un palco molto laterale, proprio sopra l'inizio del palcoscenico, da cui si vedeva malissimo. Nel palco c'era altra gente che aveva già preso posizione. Mi passò l'imbarazzo quando capii che anche gli altri erano degli 'imbucati'. Carlo mi spiegò poi che anche alla più importante delle prime, come quella di Sant'Ambrogio, dove ci sono tutte le Autorità, nazionali e locali, al completo, c'è sempre qualche palco che resta vuoto. Basta aspettare l'ultimissimo minuto, quando si è certi che chi ha a disposizione il palco o i suoi ospiti non arriveranno, e poi entrarvi guidati dagli inservienti pagati con lo spumante. Questo era il suo Palco alla Scala.

Alla fine vidi uscire dal foyer, come un bolide, Gianni De Michelis seguito da uno sciame di cortigiani, fra cui c'era anche un giovane Sgarbi. «Noi andiamo a mangiare – mi disse De Michelis – perché non vieni con noi?». «Volentieri» e mollai Carlo.

A tavola mi trovai di fronte proprio Vittorio Sgarbi. Lo avevo visto in TV, al *Costanzo Show*, e mi era piaciuta quella sua giovane grazia da Gavroche. Ma soprattutto mi era piaciuta una sua battuta che trovo formidabile ancora oggi. Costanzo aveva organizzato la solita trappola. Aveva invitato una preside di liceo che la pretendeva a poetessa e le stava facendo leggere alcune sue composizioni. Erano poesie carducciane, con termini obsoleti fra cui ricorreva più di altre la parola 'arbusto'. Intanto il regista, Paolo Pietrangeli, inquadrava Sgarbi che si contorceva sulla sedia. Alla fine Costanzo gli chiese cosa ne pensasse e Sgarbi la fece a brandelli. «Lei è un asino impoetico» disse, piccata, la malcapitata preside. «E lei è una stronza» replicò d'impulso Vittorio. Costanzo: «No, Vittorio, ritira subito quello che hai detto, scusati con la signora». Sgarbi, che non è cattivo, è solo infantile, e che per una battuta, come Oscar Wilde, sarebbe disposto a tutto, si profuse in scuse ma concluse: «Comunque resto dell'idea che 'stronzo' sia più poetico di 'arbusto'».

Lo segnalai al mio direttore, Lanfranco Vaccari, che gli affidò una rubrica d'arte sull'«Europeo». Ma non funzionò. Forse scriveva quegli articoli con la coda, nei ritagli di tempo, senza impegnarsi. Ma io credo che la ragione sia un'altra. Una cosa è parlare – e non c'è dubbio che Sgarbi, quando non è in preda alle sue isterie, parli un italiano splendido, probabilmente il migliore oggi disponibile in Italia – scrivere un'altra.

A quella cena mi disse: «Ti invidio». «Perché?». «Perché sul giornale tu hai la foto e io no» rispose con quella naïveté, con quel fondo di fanciullesca ingenuità che lo salva. Qualche tempo dopo passeggiavamo per le strade di Milano. La gente lo indicava a dito, gli si faceva attorno, gli chiedeva autografi. In pochi mesi era già diventato Vittorio Sgarbi. «Beh – gli dissi ridendo – adesso ti sentirai ripagato di quella storia della foto».

Per molto tempo abbiamo avuto ottimi rapporti. Io lo difendevo dagli attacchi di certi vecchi marpioni del giornalismo che capivano che era entrato in campo un concorrente pericoloso. A me piaceva perché portava un po' di aria fresca in un mondo ammuffito. In qualche modo mi ci riconoscevo un poco. Sua madre, Rina, mi telefonava spesso, quasi sempre la domenica: «Lei vuol bene a Vittorio».

Quando Berlusconi nel 1994 lo mise a capo della Commissione Cultura gli dissi: «In questo governo di stracciaculi sei l'unico uomo giusto al posto giusto. Approfittane. È una grande occasione». «Sì, sì, lo farò» rispose lui che a tu per tu, è una persona ragionevole, affettuosa, dolce, persino remissiva. Basta che non si accendano i riflettori. Invece continuò a fare *Sgarbi quotidiani* attaccando la magistratura in modo violento e sgangherato. Gli dicevo: «Guarda che quando parli di cose giudiziarie fai la stessa impressione che io farei a te se parlassi d'arte». Rideva: «Hai ragione».

Ha sempre avuto la smania di darsela da libertino. Una sera eravamo, a Milano, nella casa della sua fidanzata di allora, Patrizia Brenner, che gli avrebbe dato un figlio, bellissimo, almeno nell'età dell'adolescenza quando lo incontrai, mi pare a Cortina. Non so se in quel momento volesse sbarazzarsi di Patrizia, o che altro, ma mi disse: «Non capisci che ti sto offrendo la mia fidanzata?». «Beh, se permetti, le fidanzate me le scelgo da solo». Una sera mi invitò nella sua casa romana di via dell'Anima. Credevo fosse una cosa per pochi. Invece c'erano centinaia di persone. Ma la cosa che mi colpì di più è che era zeppa fino all'inverosimile di oggetti di tutti i tipi, anche nei cessi. Una casa dannunziana. «Ma ce l'hai un posto dove cagare?». Alla fine riuscii ad acciuffarlo e ci mettemmo a chiacchierare un po' tranquilli su un divano. Si era messo da pochissimo con una bellissima ragazza, Sabrina Colle, che credo sia ancora la sua fidanzata. Era attorniata da un gruppo di uomini, i soliti marpioni romani che ti fanno mille promesse con l'intento di portarti a letto («Passano a prenderti con l'ammiraglia / cenetta con aragosta e tenaglia / quando alla fine li hai conosciuti / ti portano a letto e poi tanti saluti», Max Pezzali). Gli dissi: «Vittorio, guarda che ti stanno fottendo la ragazza». Lui ebbe un riflesso di gelosia, si avvicinò al gruppo e rimise le cose a posto.

Una notte ci trovavamo a Savona. Si fece aprire d'autorità la modesta pinacoteca di quella città, al Priamar. Eravamo un gruppetto ma, illustrando le opere, parlava, di fatto, solo a me. Una lezione *ad personam*. Furono quaranta minuti di godimento puro. È affascinante quando spiega, conosce i materiali come pochi e, soprattutto, sa collegare le varie epoche culturali al presente. Sarebbe stato un grande professore di Storia dell'Arte se al concorso quei coglioni dei prof non lo avessero bocciato. Non credo invece che sarebbe stato un grande critico d'arte. Proprio quella notte al Priamar avevo notato che si soffermava su un quadro solo pochi attimi, per passare subito a un altro, come un bambino goloso che appena toccato un giocattolo ne cerca uno più nuovo. Del resto del bambino aveva gli occhi, mobilissimi, che passano da un oggetto all'altro, da una persona all'altra, da una donna all'altra, senza concentrarsi veramente su nessuno. E questo gli toglie profondità. Quella che ha, per esempio, Philippe Daverio o anche Bonito Oliva e aveva De Dominicis. Il nostro tempo lo ha aiutato a disperdersi, a dissiparsi, la TV vellicava troppo il suo narcisismo perché potesse rinunciarvi e fare seriamente lo studioso.

Sua madre continuava a telefonarmi: «Lei vuole bene a Vittorio». «Sì, signora, ma se insiste nel dire le sciocchezze che dice a *Sgarbi quotidiani* non credo che potrò rimanere a lungo neutrale». Per un'intera estate mi attaccò come il prototipo dei 'forcaioli', mettendo la mia fotografia in bella evidenza, tipo 'wanted', come fan oggi i grillini con la rubrica 'Il giornalista del giorno'. Io non ci badavo granché. Ho sempre cercato di distinguere la polemica pubblica dai rapporti personali. Eppoi questa gente – non parlo solo di Sgarbi – pensa sempre che il mondo sia nato con loro. Io ho difeso i diritti degli indagati, degli imputati, dei condannati quando Vittorio non era ancora nato. Non ho alcuna considerazione, provo anzi disprezzo per quelli che si sono scoperti 'garantisti' – termine peraltro che è, in sé, un 'non sense' se si riferisce ai magistrati che hanno il dovere di applicare le leggi approvate dal Parlamento – solo dopo che a finire in carcere, o piuttosto ai 'domiciliari' in lussuose ville in genere frutto delle loro grassazioni, sono stati anche i cosiddetti Vip. A settembre scrissi per «Il Giorno» un articolo che non era una risposta a quegli attacchi di Sgarbi, trattava in generale di temi di diritto, segnalavo l'ignoranza degli intellettuali italiani in materia e in un passaggio di non più di un paio di righe mettevo anche Sgarbi. Un'inezia rispetto a quello che lui mi aveva rovesciato addosso per mesi. Mi querelò. Il caso volle che qualche sera dopo ci trovassimo a cena in una lunga tavolata, mi pare al Biffi. Io ero seduto accanto a una bella donna, Alessandra Paleologo, di fronte avevo un tizio di cui non ricordo il nome, accanto a lui c'era Sgarbi. Ci ignorammo. A un certo punto si alzò e fece un'intemerata contro quelli che fanno querela. Lo guardavo, divertito. Un'altra volta lo sentii fare in TV un attacco violentissimo ai padri che non riconoscono i figli naturali. È fatto così. Un bambino irresponsabile che non si rende conto appieno di quello che dice e fa.

Ma una polemica violentissima la avemmo quando, per «Il borghese», ne scrissi un ritratto, in cui lo trattavo con simpatia. In un passaggio dicevo però che sarebbe diventato adulto, forse, quando non ci sarebbe stata più sua madre. Apriti cielo. «Tu hai augurato la morte di mia madre!». Sul «Gazzettino» scendemmo a livelli bassissimi, scambiandoci insulti anche sul piano sessuale. Per la verità fu lui il primo a scegliere questo terreno di scontro. E non credo che ne sia uscito in modo molto glorioso, perché conosco bene un paio di donne che gli sono state vicine. Comunque di quella polemica da 'lavandaie di San Frediano', indegna di entrambi, mi vergogno profondamente. Lui non so. Non si vergogna di nulla. Beata incoscienza.

Una delle cose che mi rimproverava era di criticarlo senza avvertirlo prima. Una cosa ridicola, che non esiste in giornalismo. Una sera si festeggiava una giovanissima autrice che aveva scritto il suo primo libro. Il caso, anche qui, volle che Sgarbi ci passasse davanti mentre la ragazza ed io ci sbaciucchiavamo su un divano. Vittorio, che a queste situazioni è sempre molto attento, ci fissò per qualche attimo. Poi passò oltre infilandosi in un'altra stanza. Poco dopo lo raggiunsi. Era voltato. Mettendogli le mani sulle spalle dissi: «D'ora in poi niente critiche, né preventive né successive». Ci ritirammo in una stanzetta, ci spiegammo e facemmo ufficialmente pace. Mantenni la parola e non parlai più di lui, né nel bene né nel male.

Recentemente ero stato invitato alla TV di «Class». «C'è anche Sgarbi – mi disse il conduttore – la cosa la disturba?». «Per niente». Mi ritelefonò dopo mezz'ora, imbarazzato: «Sgarbi ha detto: con tutti tranne che con Massimo Fini».

Quella folata dell'esuberante Gianni De Michelis dal foyer della Scala, seguito dalla nube tossica dei suoi cortigiani, sarebbe stata una delle ultime. Era la fine del 1987. Due anni dopo sarebbe caduto il muro di Berlino provocando una serie di sconquassi in Europa. In Italia liberò moltissimi voti che fin lì si erano pietrificati, per disperazione, nella Democrazia cristiana (Il famoso 'turatevi il naso' di Indro Montanelli) per contrastare il pericolo comunista. Adesso questa ragione era venuta meno. C'erano molti voti in libera uscita e si diressero verso un movimento nuovo, la Lega di Umberto Bossi. La presenza di una vera forza di opposizione dopo vent'anni in cui il PCI era stato associato al potere permise le inchieste di Mani Pulite. Prima se un magistrato osava indagare sui politici tangentari e gli imprenditori collusi finiva al confino. Emblematico è il caso di Angelo Milana. Pretore a Piacenza fece nel 1986 le stesse inchieste che qualche anno dopo avrebbe fatto la Procura di Milano: mise in galera due sindaci che si erano succeduti a Piacenza, uno comunista, l'altro socialista, e un importante imprenditore e costruttore, Vincenzo Romagnoli che, sotto ricatto, per ottenere degli appalti aveva pagato tangenti ai sindaci e ai loro partiti. Si sollevò tutto l'"arco costituzionale', e non, di Piacenza, e persino l'Arcivescovo, gridando che quegli arresti erano un'infamia. Milana fu deferito al CSM che lo propose per un trasferimento a Trieste, che non è proprio dietro l'angolo. Milana era un vecchio giudice e di fronte a questa violenza replicò: «Se le cose stanno così, me ne vado in pensione e tenetevi pure i corruttori e i corrotti».

Più inquietante ancora è quanto accaduto al procuratore Carlo Palermo, che operava a Trieste ed ebbe la sfortuna di imbattersi in un traffico di armi in cui spuntava il nome di Bettino Craxi. Fu trasferito d'autorità a Trapani. Dopo tre mesi fu oggetto di un attentato 'così detto di mafia'. Lui si salvò per miracolo, ma rimasero uccise una madre e le sue due figliolette che passavano di lì per caso. Che cosa avesse potuto scoprire sulla mafia Carlo Palermo che era lì solo da tre mesi resta un mistero.

Mani Pulite spazzò via il potere socialista e i suoi protagonisti. Ci fu un episodio che mi diede la misura di come questi personaggi e i loro accoliti, che avevano accumulato nelle loro mani un potere enorme, fossero stati abbandonati a se stessi e lasciati soli (il Capo, il boss dei boss, il 'decisionista', l'arrogante Bettino Craxi che ogni volta che appariva in Televisione ci strigliava, noi 'cittadini comuni', come se fossimo noi, e non lui, premier due volte, i reggitori della cosa pubblica, era coraggiosamente fuggito in Tunisia, sotto le ali protettrici del dittatore Ben Ali).

Avevo fatto, per l'«Indipendente», un ritratto di Sergio Cusani, uno dei più importanti *brasseur d'affaires* socialisti, insieme a Ferdinando Mach di Palmstein, che era rimasto impigliato in quelle inchieste.

Raccontavo la storia di questo ragazzo della Napoli-bene che arriva a Milano e si fa coinvolgere prima dal Sessantotto e poi dal malaffare socialista. Non gli scontavo nulla, ma era, tutto sommato, un ritratto benevolo. Fra il periodo di detenzione preventiva, da cui era stato scarcerato, e la condanna, Cusani che non avevo mai visto né tantomeno conosciuto, veniva quasi ogni giorno a casa mia, si rannicchiava sul mio divano rosso, il mento quasi appoggiato alle ginocchia, perché è molto alto, e si confessava.

Sono molti, uomini importanti e persone qualunque, che sono venuti a confessarsi sul mio sdrucito divano rosso. Forse perché ho capacità e pazienza d'ascolto. Forse perché conservo sempre, una certa 'pietas', anche verso i nemici più acerrimi. Non mi è mai riuscito di odiare veramente qualcuno.

Una sera tardi mi telefona Claudio Martelli. «Sono a Milano. Sono qui con Nuccio Abbondanza, perché non ci raggiungi?». Già il fatto che lui, ex potentissimo 'numero due' del PSI fosse a cena con una scartina del socialismo milanese voleva dire che marcava male. «Non ne ho voglia, Claudio. Vieni tu piuttosto a bere un bicchiere da me». Arrivò. Non lo vedevo da una decina d'anni, dall'epoca del suo ultimo matrimonio quando, dopo tante baruffe, avevamo fatto una pace definitiva e lui mi aveva invitato. A quel matrimonio mi ci aveva accompagnato Stefania Craxi.

Con Stefania avevo avuto una bellissima amicizia, durata anni, nonostante i rapporti con suo padre si fossero fatti tesissimi a causa delle mie critiche sempre più dure, mentre lui una volta, addirittura da New York, mi aveva bollato come «un giornalista ignobile che scrive cose ignobili». Le scrissi un biglietto in cui le chiedevo se se la sentiva di continuare la nostra frequentazione in una situazione come quella. Mi rispose che la polemica politica era una cosa e l'amicizia un'altra. Quando Craxi fu condannato e fuggì in Tunisia venne anche lei a sedersi sul mio 'divano rosso', non per confessarsi, perché non aveva niente da confessare, ma per sfogarsi. «Mio padre non è un ladro» diceva in un fiume di lacrime. Io tacevo, imbarazzato. Avrei voluto abbracciarla, ma mi trattenni, temendo che il mio gesto potesse essere equivocato. Quando morì il padre, amatissimo, amato solo come una figlia può amare un uomo, i nostri rapporti si interruppero. Quella tragedia l'aveva indurita. Ripresero parecchi anni dopo quando un funzionario del ministero degli Esteri, di cui lei era diventata sottosegretario, le segnalò un ritratto a lei dedicato che avevo scritto per «Il Giorno» il 21 gennaio 2000, due giorni dopo la morte di suo padre. «Questo è uno che ti vuole bene» aveva detto il funzionario. Lei mi aveva telefonato e riprendemmo a vederci, a Roma e a Milano. Ma una sera lei sentì in televisione una mia intervista in cui, fra le viltà della classe dirigente italiana, ricordavo anche quella di Craxi. Mi lasciò sulla segreteria un messaggio furibondo. Le scrissi una lettera in cui le ricordavo che esistono anche 'le vite degli altri' e che lei non era stata l'unica a perdere il padre. Non mi ha risposto. Non sono nemmeno sicuro che l'abbia ricevuta. Da allora non so più niente di lei, se non da qualche ritaglio di giornale. La vecchiaia è fatta anche di questo, di amici e amiche cari che via via, per una ragione o per l'altra, si perdono per strada. E resti solo.

La sposa, di origine aristocratica, era bellissima. Aveva ventotto anni. Ma nonostante il suo fare da gran signora al momento del fatidico 'sì' la sua voce si incrinò tradendo la sua età. Lui di anni ne aveva cinquantotto. Si era fatto togliere le borse sotto gli occhi e mentre, durante la cena nuziale, si aggirava fra i convitati, in un palazzo che a me parve un castello, e forse lo era, nel suo viso rifatto c'era qualcosa di sinistro e la bella prigioniera sembrava destinata a fare la fine delle fanciulle della favola di *Barbablù*. Invece le cose sono andate diversamente.

Claudio è uno che quando tutti lo hanno sfanculato ti dice: «Li ho mandati tutti a fare in culo». Questa patetica finzione l'ha giocata più volte anche con me che, dopo cinquantadue anni di vite parallele, incrociate da alterne paci e baruffe, credo di poter dire di conoscerlo bene. Allo stesso modo in cui lui conosce me, almeno a stare ai ritrattini, molto affettuosi, che mi ha dedicato nella sua autobiografia. «Poi, negli anni, trovammo il tempo, fra sigarette e liquori, amori ancillari, partite a poker e a ping pong, per disputare su Sartre e su Camus, e altro tempo per rintuzzare le sue contestazioni quando ero in auge, per poi ritrovare intatta la sua amicizia dopo la caduta. Io avevo sperimentato sulla mia pelle che 'l'inferno sono gli altri', lui che si può essere 'solitari e solidali'». La sconfitta non sta nel suo Dna. Ma quella sera però non fingeva. Per la prima volta l'ho visto veramente distrutto. Mi raccontò che la giovane moglie lo aveva lasciato per un coetaneo, un geometra o qualcosa del genere. Non era, o non mi sembrò, solo il bruciore per uno smacco cocente, ma l'autentico dolore di chi si vede abbandonato da una donna da cui ha avuto due figli e che sa che, nonostante sia ancora prestante, davanti a lui si stende la prateria della solitudine e che c'è da affrontare l'ultima prova, «gli ultimi esami» come mi ha scritto nella dedica del suo libro autobiografico. Anche se forse, questa è la mia impressione, Claudio non si rende veramente conto dell'età che ha. Che abbiamo. Rimanemmo a chiacchierare, bevendo vino bianco, fino a notte inoltrata.

Ci sono incursioni notturne più inquietanti. Alle quattro e mezza suona il citofono. «Sono Luca. Sono al quinto 'travesta', ho bisogno di trecento euro». «Sali». È Luca Barbareschi. Gli dò i trecento euro e si dilegua nella notte. Questa scena, nel corso degli anni, si sarà ripetuta tre o quattro volte. L'ultima un paio di anni fa. Io non dò mai giudizi sulle perdizioni altrui. Ho già da pensare alle mie. Né tantomeno azzardo predicozzi morali. Ma quella sera, sapendo che aveva trovato un equilibrio con una nuova compagna, meno spettacolare di altre ma evidentemente più adatta, gli dissi: «Luca, fermati...». Ma sapevo che non c'era nulla da fare. Quando una persona è in quelle condizioni non sente ragioni. Anzi vedendo, mentre aprivo il portafoglio, che avevo molti quattrini (a me piace girare con 'la fresca', è un'abitudine contratta al tavolo del poker, l'unico posto, ormai, dove si vede il contante), mi chiese altri cento euro oltre i tradizionali trecento. Se ne andò barcollando. Era in condizioni spaventose, alla Lapo Elkann. Mi telefonò due giorni dopo. Lucido. Gli dissi: «Senti Luca, se torni un'altra notte in quelle condizioni cosa devo fare? Darti i quattrini o cacciarti via a calci in culo?». «Cacciami a pedate nel culo». Per fortuna non se n'è più presentata l'occasione.

C'era un altro personaggio che veniva di notte a casa mia. Era un ex giornalista dell'«Avvenire» cacciato dal giornale per omosessualità. Era, come si dice in gergo, un 'omosessuale di ritorno', cioè uno così irrimediabilmente brutto da non poter aspirare a nessuna ragazza. Così, senza lavoro, spendeva il denaro di famiglia a 'marchette' e la madre lo aveva fatto interdire. In epoche lontane, a metà degli anni Settanta, quando vivevo ancora con mia moglie, mi aveva chiesto un prestito di 300 mila lire, non poco per l'epoca, e non le aveva restituite. Lui era sempre rimasto nella 'casa dei giornalisti' in viale Ferdinando di Savoia, io vi ero ritornato nel 1985 dopo il divorzio. Quando di notte vedeva le luci della mia sala accese, perché stavo scrivendo qualche libro, suonava alla porta. Io gli davo il mio tempo. Lui si sfogava, si confessava e alla fine, immancabilmente, mi chiedeva 50 o 100 mila lire e, in seguito, 50 o 100 euro. Adesso che sua madre finalmente è morta è rientrato in possesso delle sue proprietà, è diventato un uomo ricco e si è trasferito a Caserta non proprio nella Reggia ma quasi. Ogni tanto mi telefona per chiedermi delle mie interviste a Pasolini o comunque per qualche questione omosessuale. Ma mai che gli sia venuto in mente non dico di ripagare ma di manifestare una qualche riconoscenza per quegli antichi prestiti. Io certo non glieli ricordo. «Par délicatesse j'ai perdu ma vie» scrive Rimbaud.

Barbareschi lo conosco da trentacinque anni. Allora era smilzo poi, facendo molta palestra, si è irrobustito e oggi è indubbiamente un bell'uomo, prestante. Era legato a un mio giovanissimo amico, Luca Lindner, che nei suoi sedici, diciassette anni era di una straordinaria bellezza, occhi di ghiaccio alla Delon 'Un giovane Rimbaud' lo chiamavo io senza che lui sapesse chi fosse mai questo Rimbaud né comprendesse il significato di quella definizione. In seguito è ingrassato malamente. In compenso ha fatto una strepitosa carriera in pubblicità e oggi è presidente di McCann Worldwide, una delle tre più grandi agenzie di pubblicità del mondo.

Sposato con una bella ragazza, tre figlie, Barbareschi aveva già allora una certa vocazione per l'autodistruzione. Che per lui passava per il sesso, la 'partouze', i travestiti. Mi ricordo che a una festa un po' particolare gli passai, dall'alto dei miei quarant'anni, un biglietto: «Per ora va tutto bene, ma guarda che continuando così si finisce nell'impotenza». Cosa che poi è puntualmente avvenuta, sia pur temporaneamente, come mi confidò una notte, una notte normale, tranquilla, senza l'ombra dei travestiti. Mi raccontò che il suo medico gli aveva detto che era in preda a una sorta di schizofrenia. Quando andava, senza alcuna protezione, con i travestiti, i transgender o altri tipi del genere, rischiando l'AIDS, pensava che ad agire fosse un altro. Lui era solo uno che guardava. Mi raccontò anche che era andato a curarsi a Londra, in una clinica specializzata, per cercare di guarire da questa sua sessuomania. Ma con scarsi risultati. Quando pensò di entrare in Parlamento, sotto l'egida berlusconiana, mi chiese consiglio. «Il politico lo possono fare tutti, l'artista no. Tu sei un artista, secondo me l'artista è uno che cammina tre metri sopra gli altri. Non fare questa cazzata, non ti porterà nulla di buono». Va da sé che non mi diede retta, con i risultati che si sono visti.

A Luca sono affezionato, come, credo, lui a me. Penso ci leghi lo stesso impulso ad autodistruggersi, sia pur in modo diverso, con cui dobbiamo quotidianamente combattere. L'ultima volta che ci siamo visti, alla Pergola di Firenze dove davano la pièce di Edoardo Sylos Labini *Nerone. Duemila anni di calunnie* tratta dal mio libro, mi ha fatto vedere, come un qualsiasi padre, le fotografie delle sue figliolette e lasciandoci mi ha detto: «Ti voglio bene». Poi è scomparso, per mesi. È fatto così. È umorale e ondivago. Anche nella sua professione. È un uomo intelligente, colto e anche un ottimo attore, può interpretare magnificamente *Il Gattopardo* come immiserirsi in un musical mediocre come *Chigago*. Avrebbe avuto una carriera molto più importante se fosse stato capace di amministrarsi meglio. Come, naturalmente a ben altro livello, e per altri motivi, è stato per Walter Chiari.

Con Chiari torniamo a respirare un po' di aria pura in questo capitolo piuttosto torbido. Per tutti gli anni che è stato direttore del «Corriere Lombardo» mio padre la mattina di Natale, da buon cattolico sebbene non praticante, per scaricarsi la coscienza portava doni e vettovaglie ai milanesi poveri delle periferie (si era anche inventato 'Il pranzo dei diecimila' per quelli che oggi si chiamano, con la consueta ipocrisia, i 'meno abbienti'). Una specie di antecedente dell''andare in bassa' di Don Giussani che una decina di anni dopo sarebbe stato mio docente di religione al Berchet. Fondatore di Comunione e Liberazione e, prima ancora, negli anni Sessanta, di Gioventù Studentesca (GS), Don Giussani era un predatore d'anime e sostanzialmente un corruttore perché era troppo facile per un uomo della sua cultura, della sua preparazione, della sua intelligenza, e sufficentemente cinico per usare trucchetti adatti ad attirare i giovani, plagiare ragazzi di sedici, diciassette, diciotto anni. Aveva il vezzo di dire qualche innocente parolaccia in meneghino, di darsela da eretico e aveva inventato il 'Raggio', riunioni aperte a ragazzi e ragazze insieme e per questo molto frequentate in un'epoca in cui le classi, anche delle scuole superiori, non erano miste. Nonostante tutto questo apparato, messo in scena per catturare i ragazzi, Don Giussani era il prete più prete che abbia mai conosciuto. Quando predicava, cioè sempre, il corpo magro, ma compatto, nevrile, come bruciato da un'intensa passione interiore, gli ballava dentro la tonaca nera e richiamava immagini di sapore medioevale. I tratti del viso aveva irregolari, forti, ma il mento era sfuggente e gli dava quel che di cedevole, di molle, tipico di molti preti e che in un certo senso li 'smaschera' anche quando fan finta di fare dell'altro. Don Giussani era armato di una passione intensa e nello stesso tempo di una logica sottile, ferrea, invincibile, che non dava scampo. C'era in lui uno strano miscuglio di rigore gesuita e d'impeto missionario. Un po' era Naphta e un po' Savonarola. Non era simpatico, ma aveva il carisma naturale del capo, un fascino indiscutibile, con un che di cupo, quasi di sinistro, che aveva una presa straordinaria sugli studenti. In quella scuola laica, con un preside ebreo, Joseph Colombo, fece strage di anime. Io fui uno dei pochi, con Giulio Giorello, Fabrizio Mondadori e qualche altro, che non si fece abbindolare. Ma moltissimi anni dopo, in un momento di crisi e di smarrimento, andai da lui per avere qualche lume sull'eterna questione di Dio. Fu un colloquio affascinante, in cui, tra l'altro, Giussani mi disse una cosa molto profonda della quale in seguito mi sono spesso servito: «L'errore è una verità impazzita». Ma su Dio mi resi conto che Don Giussani brancolava nel buio quanto me.

In quelle mattine di Natale in cui mio padre si dedicava alle 'opere di bene' mi trascinava, recalcitrante, con sé e si faceva accompagnare da un uomo di spettacolo. Per anni è stato Walter Chiari che si prestava a sacrificare, a titolo gratuito, quella mattina in cui in genere la gente si riposa. Walter mio padre lo conosceva si può dire da sempre, da quando faceva ancora il pugile dilettante, e gli era molto affezionato. Un Natale Walter non poté proprio venire e mio padre lo sostituì con Mike Bongiorno che conosceva dai tempi, recenti, di *Lascia o raddoppia?*. E si accorse che Bongiorno, nonostante fosse lontanissimo dal calore umano di Chiari, aveva più successo, era molto più conosciuto. Era nato lo strapotere della Televisione.

Walter Chiari era una persona generosissima di sé. Non sapeva dire di no. Così capitava che desse tre appuntamenti più o meno alla stessa ora, ma, sia pur in modo rocambolesco, finiva che riusciva ad onorarli tutti. L'ultima volta che l'ho visto è stato verso la fine degli Ottanta, pochi anni prima della sua morte, un pomeriggio di Natale, in un capannone allestito vicino all'aeroporto di Bresso dove erano stati radunati degli anziani e, per dare un pomeriggio lieto in un giorno in cui i vecchi sentono la propria solitudine in maniera particolarmente penosa, erano stati invitati dei personaggi dello spettacolo. Prima di Chiari intervenne Ezio Greggio che si limitò a dire poche parole, peraltro relative ai suoi impegni futuri, tanto per farsi un po' di pubblicità, e se la filò. Chiari arrivò con un ritardo mostruoso. Evidentemente aveva concesso altri appuntamenti più o meno in contemporanea. Ma per un'ora e mezza diede uno spettacolo autentico, come se si fosse trovato al Nuovo o al Lirico, improvvisando come solo lui sapeva fare (Una volta che intervistai Carlo Campanini, la sua spalla abituale, nell'intervallo di uno spettacolo che Chiari stava dando in un teatro di Torino, Campanini, con mia sorpresa e divertimento, si calò le braghe e mi fece vedere una natica rossa come il fuoco: «Walter – mi spiegò – innova di continuo sul copione, sorprendendomi. E poiché io ho la parte del cretino, cioè di quello che non capisce la battuta e deve rimanere serio, per non ridere mi pizzico a sangue una natica»).

Quando morì nel dicembre del 1991, ai suoi funerali c'erano pochi vip, ma la gente popolana di Milano che lo aveva amato per la sua simpatia naturale, per la sua generosità, per il suo spendersi disordinato e perché capiva che, al di là di alcune leggende, era una persona moralmente integra.

Un altro uomo buono e generoso, che ho conosciuto molto più da vicino e a fondo di Walter Chiari, è stato Gianfranco Funari.

Un pomeriggio accendo la TV e lo vedo intervistato da una piccola emittente, mentre passeggia per le strade di Milano. Parlava della sua solitudine. Ad un certo punto disse: «Se penso a un altro uomo solo penso a Massimo Fini». Mi meravigliai. Mi conosceva appena, lo avevo incontrato solo un paio di volte a uno dei suoi talk. Aveva un intuito straordinario, sapeva tirar fuori da chi gli stava di fronte il meglio e il massimo. Come ha scritto Aldo Grasso «il sapere di Funari si arresta davanti a quello del suo interlocutore». Dei grandi conduttori di talk è stato il migliore. Costanzo aveva bisogno di una redazione di trenta persone, a lui ne bastavano tre. Ma era un uomo scomodo. Credo che i protagonisti della cosiddetta 'rivoluzione italiana' che abbatté la Prima Repubblica siano stati quattro: Di Pietro, Bossi, il Feltri dell'«Indipendente» e Funari con *Mezzogiorno italiano*. Di Pietro è stato massacrato, Bossi inglobato, Feltri comprato, Funari emarginato. La sua direzione dell'«Indipendente» fu disastrosa. Si presentò alla redazione in Rolls Royce, panama e bastone da passeggio esibendo nel primo numero come titolo di testa di prima pagina, a caratteri cubitali: "BUONA DOMENICA". Una cosa che può fare Papa Bergoglio non un direttore di giornale. Non era il suo mondo. Non era il suo linguaggio.

Era un narciso impenitente. Ma di un narcisismo così spudorato e naïf che invece di dare fastidio muoveva a tenerezza. Deve sempre occupare il centro dell'attenzione. Una sera eravamo a casa mia con Eduardo Fiorillo che della TV, dal punto di vista tecnico, è un mago. Parlò quasi sempre Funari, Edo, abituato a sua volta ad essere protagonista, ascoltava in silenzio. A un certo momento della serata azzardò timidamente che una certa soluzione tecnica, una cosa minore, era stato lui il primo a usarla. Niente da fare. L'aveva inventata Gianfranco.

Una sera venne a casa mia, accompagnato da una bellissima ragazza che restò in piedi, immobile, muta, per tutto il tempo. Mi consegnò dei documenti. «Se mi fanno fuori consegnali alla magistratura. Mi fido solo di te». Un pizzico di megalomania c'era.

Possedeva un patrimonio di aneddoti impressionante, antropologici, sociologici, storici, soprattutto sulla Roma dei tempi che furono, la sua Roma (sui suoi trascorsi da croupier in Asia preferiva invece glissare). Io lo incitavo a raccoglierli in un libro, gli avrei dato una mano se necessario. Ma non ne abbiamo avuto il tempo. Negli ultimi anni aveva un'autonomia di quattro ore, quelle della trasmissione che teneva su Odeon dove si era rifugiato. Dopo si accasciava in camerino e la moglie doveva spogliarlo e rivestirlo. Il medico gli aveva detto che se avesse smesso di fumare avrebbe potuto vivere ancora abbastanza a lungo, altrimenti sarebbe morto entro i 75 anni. Non smise. E morì esattamente all'età di 75 anni facendo mettere sulla bara un pacchetto di sigarette, quelle sottili che fumava lui, il panama e il bastone da passeggio.

Mi voleva bene. Si preoccupava. Mi chiedeva della fidanzata, se ce l'avevo o no, e di mio figlio che invitò un paio di volte a Odeon, nella sua qualità di giovane docente di matematica alla Statale.

Mi è mancato molto, Funari, soprattutto il suo affetto. Ma

i rapporti di amicizia più forti e duraturi nel mio ambiente li ho avuti con Giorgio Bocca.

Bocca avrei cominciato a frequentarlo abitualmente nei primissimi anni Ottanta. Ma la sua conoscenza risaliva al 1976 quando ero stato ingaggiato da «Repubblica», il nascente quotidiano di Eugenio Scalfari, e avevo lasciato «L'Europeo». Il mio passaggio a «Repubblica» fu brevissimo. Dopo aver partecipato ai tre mesi di preparazione del giornale e firmato sui primi due numeri – un'inchiesta sull'università e un'intervista a Guido Crepax – ricevendo altrettanti telegrammi di complimenti di Scalfari, che conservo gelosamente, me ne ero andato, rientrando all'«Europeo» (e violando anche il minaccioso ammonimento di Giglio: «chi va via dall''Europeo' non vi rientra più»). Non era colpa di nessuno. È che con l'ambiente 'radical chic' non ho proprio nulla a che fare. Anche se mi chiedo, a volte, qual è il mio ambiente, avendoli via via rifiutati tutti. Onestamente non posso lamentarmi se sono finito isolato ed emarginato. Scalfari poi, che è un calabrese vendicativo, non me l'ha mai perdonata. Ma con Bocca i rapporti erano rimasti ottimi. A «Repubblica» nonostante il quarto di secolo che ci separava, era nata fra noi un'istintiva simpatia.

Così quando Umberto Brunetti, direttore di «Prima Comunicazione», si inventò una rubrica, 'I Dialoghi sull'informazione', e la affidò a Bocca che era allora, insieme a Montanelli e Biagi, uno dei principi del giornalismo italiano, Giorgio indicò me come *sparring* partner. Naturalmente il prim'attore era lui, nella coppia io avevo la parte del cretino dei fratelli De Rege, dovevo porgergli la battuta, però ci mettevo anche qualcosa di mio e i 'Dialoghi' ebbero un'ottima riuscita. Un piccolo imprenditore milanese, Cariaggi, peraltro più noto per essere il marito di Lara Saint Paul, pensò di riproporre la formula in una di quelle radio locali che allora stavano nascendo come funghi.

Arrivavo la mattina presto a casa di Bocca, in via Bagutta 12, e lo trovavo spesso indaffarato a incollare dei ritagli pescati chissà dove. «Cosa stai facendo, Giorgio?». «Una voce di enciclopedia». «Hai tempo da perdere con queste cose?».

«Ma, sai, mi danno centomila lire» e calcava la voce sul 'centomila'. Anche se eravamo nei primi Ottanta quella cifra non era gran cosa, tantomeno per chi come lui prendeva uno stipendio da «Repubblica» e un altro dall'«Espresso». Quando uscivamo dallo studio della radio lui si infilava in una misteriosa porticina azzurra. Io dovevo attenderlo fuori. Ci rimaneva cinque minuti, poi saliva sulla mia macchina e lo riportavo a casa. Una volta, mentre guidavo, non resistendo alla curiosità, gli chiesi: «Che ci vai a fare in quel bugigattolo?». «Prendo i soldi. Subito, cash. Con quella gente non c'è mai da fidarsi». Non lo attribuirei tanto ad avidità o a taccagneria, piuttosto a un sacro rispetto per il denaro come forma di rassicurazione e conferma tangibile del suo successo. Bocca non ha mai dimenticato di essere il figlio della maestrina di Cuneo e questo rapporto col denaro lo seguirà per tutta la vita. In un'altra occasione eravamo a cena a casa sua. Giorgio era a capotavola, io sedevo alla sua destra. Uno dei suoi figli si era sposato da poco. Ad un certo punto avvicinò il suo viso al mio e coprendosi la bocca con la mano per non farsi sentire dalla moglie, Silvia Giacomoni, mi sussurrò: «Sai, questo matrimonio mi è costato 10 milioni». E calcò la voce sui 'milioni'. In questi casi c'era in lui qualcosa di infantile, quasi di birichino, come se l'avesse fatta grossa a sua madre.

Una delle ultime volte che sono stato da lui mi raccontò che era andato a trovare Pericoli che si era ritirato in Umbria. Naturalmente non guidava più e nemmeno Silvia. Avevano dovuto prendere una macchina con autista. «Sai, io non sono abituato a queste cifre». Ma questa volta il tono era malinconico, come se si sentisse tagliato fuori dal mondo. «Il telefono non squilla più» aggiunse poco dopo. Non poter più guidare deve essere stato un brutto colpo per Giorgio. La macchina gli serviva per chetare le sue numerose nevrosi. Usciva da Milano senza una meta precisa, girovagava per qualche ora e poi rientrava in città (Franco Pierini, ottimo inviato dell'«Europeo» e della «Stampa», faceva anche di peggio. Nel giorno di riposo inforcava la sua Ferrari, si catapultava a tutta velocità a Roma, scendeva al Cafè de Paris in via Veneto, beveva qualcosa e, sempre a tutta velocità, rientrava a Milano).

Quando ci capitava di camminare insieme per le strade intorno a via Bagutta, Bocca ogni tanto abbaiava. «Che fai, Giorgio?». «Scarico la tensione, me lo ha consigliato il medico». In tanti anni non l'ho mai visto veramente disteso.

Questa storia del rapporto col denaro spiega anche, insieme a una buona dose di masochismo, la fascinazione che Bocca provava per i ricchi. Lo lusingava essere invitato a cena a casa dei Pirelli, dei Brion, della Crespi. Ma si annoiava a morte. Inoltre com'è noto, la mensa dei ricchi, con la scusa della dieta, è sempre molto parca, mentre a lui, da buon contadino che aveva nella memoria tempi di vacche magre, piaceva mangiare e bere. «Perché ci vai, Giorgio?». «Ma, sai, i Pirelli, i Brion...». «Ma tu sei molto più importante di qualsiasi Brion o Pirelli o Crespi». Giorgio Bocca non si è mai reso conto appieno del ruolo che ha avuto per più di mezzo secolo nella vita intellettuale italiana. Cito solo, a puro titolo di esempio, due reportages. Nel 1962 con un'inchiesta a Vigevano ci fece scoprire il 'boom' economico che noi, che lo stavamo vivendo, non avevamo capito. È stato il primo giornalista italiano di sinistra a tornare dall'Unione Sovietica raccontando che cos'era realmente il paradiso del 'socialismo reale'. Per questo, e per altro, fu sempre odiato dai comunisti. Negli ultimi anni era invece detestato dalle destre o presunte tali, chissà perché. Se volevi scoprire il criptoberlusconiano, quello che sta per Berlusconi vergognandosene come un tempo chi votava DC, ti bastava fargli tre nomi, Antonio Di Pietro, Marco Travaglio, Giorgio Bocca, per sentirne dire le peggio cose. E tre indizi facevano una prova.

Psicologicamente Bocca era rimasto un provinciale come ha scritto lui stesso in uno dei suoi libri più belli (l'altro è la coraggiosa biografia di Togliatti in cui, in piena egemonia culturale comunista, smaschera le nefandezze de 'il Migliore').

Il culmine del masochismo lo raggiungeva quando accettava l'invito che Giulia Maria Crespi faceva ogni anno ad alcuni importanti personaggi nella sua tenuta della Zelata, sul Ticino. La sadica zarina costringeva gli uomini, quasi tutti in età, a una regata agonistica sul fiume. Lui ne tornava distrutto e furioso. «Perché ci vai, Giorgio?». «Ma, sai, la Crespi...».

Giulia Maria Crespi l'ho vista una sola volta in vita mia. E mi è bastato. Stavo, insieme a Salvatore Veca, su un torricino di Villadeati il maniero che i Feltrinelli hanno nel Monferrato, dove Inge aveva organizzato una grande festa invitando 'la meglio società'. Il posto era proprio feudale. La Villa stava su un cucuzzolo che dominava il contado sottostante e che, a balze, digradava verso la pianura. Da una scala a chiocciola del torricino spuntò una signora che cominciò a sparare una serie di cazzate di estrema sinistra, tanto più comiche considerati il luogo e l'ambiente. Quando se ne fu andata chiesi a Veca: «Chi è quella lì?». «Ma come, non lo sai? È Giulia Maria Crespi» rispose lui, un po' sorpreso.

Quando facevamo 'I Dialoghi' Bocca si teneva piuttosto cauto su «Repubblica» e l'«Espresso», i suoi giornali. Ma una volta, non potendone più, sbottò in una dura critica a Zanetti, il direttore dell'«Espresso». Io riportai tutto diligentemente. Alle sei del mattino di qualche giorno dopo squillò il telefono di casa mia. «Ma che cazzo hai scritto?». «Ma, veramente, quello che mi hai detto tu – balbettai insonnolito – e non a tavola, ma davanti al registratore mentre facevamo 'I Dialoghi'. Eppoi è la verità». «Se tu alla tua età non hai ancora capito che non si può scrivere sempre la verità sei un cretino». E buttò giù la cornetta. Quella frase, detta da chi passava per uno dei più coraggiosi giornalisti italiani, mi colpì. Anche se, forse, avrei dovuto tenerla in maggior conto. Era accaduto che Zanetti, per punizione, quella settimana gli aveva fatto saltare la rubrica e lui temeva guai peggiori. Ma, tornata la normalità, mi perdonò e 'I Dialoghi' continuarono regolarmente.

Bocca era un uomo ruvido, di poche parole, sbrigativo, spiccio. In questo un cuneese purosangue. Ma questa ruvidità, come spesso accade, mascherava un'intima, scontrosa e chiusa timidezza e anche una fragilità emotiva che contrastava con la sua figura di uomo solido, anche fisicamente. Al «Giorno» quando c'era da fare un servizio particolarmente faticoso, Rozzoni diceva: «Mandiamoci Bocca, che è robusto». Un capodanno ero ospite dei Bocca a La Salle, sopra Courmayeur, insieme alla mia giovane moglie. Verso mezzanotte arrivò un'allegra combriccola non si sa bene invitata da chi. Fra i nuovi arrivati c'era una donna sulla quarantina, sciapa, che diceva di essere un'editrice. Chiese al padrone di casa che lavoro facesse. Bocca lì per lì s'incazzò di brutto. «Ma come, vieni a casa mia, dici di essere un'editrice e non sai nemmeno chi sono?». Non mi ricordo cosa rispose la cretina, Giorgio si alzò e sparì nelle stanze interne. Dopo un po' andai a cercarlo. Si stava ubriacando di whisky. Non aveva retto che una squinzia qualsiasi, di cui avrebbe potuto tranquillamente impiparsi, non lo avesse riconosciuto. Ci mettemmo a giocare a biliardo.

Di me credo che lo divertisse la mia giovanile spavalderia e turbolenza. «Mi annoio. Arriva Fini e comincia il casino».

Con Montanelli si poteva parlare di tutto, era un uomo completo. Con Biagi solo di giornalismo, era chiuso nella dimensione del cronista, in un modo maniacale, quasi disumano. A me non è mai piaciuto. Anche se bisogna riconoscergli che ha avuto un ruolo importante nella stagione del terrorismo quando in molti, per compiacenza, conformismo o timore, lisciavano il pelo ai 'compagni che sbagliano' e lui, col suo solido buon senso da 'vecchia zia' riportava le cose al loro posto. E ci voleva del coraggio in quel periodo. Non lo ebbe Bocca che ammise di aver scritto per lungo tempo col freno a mano tirato per la paura di essere ammazzato dalle BR.

Con Biagi, quando ero un giovane inviato dell'«Europeo», ebbi un duro scontro, se così si può chiamare un match fra un peso massimo e un peso piuma. Ero andato a intervistare Inge Feltrinelli su temi di cultura. Biagi aveva da poco pubblicato un libro sulla Germania, superficiale come tutti i suoi libri. Inge, che è di origine tedesca, mi disse: «Questo è un modo indegno di scrivere, di pubblicare, di editare». Io riportai. Biagi filò dai Rizzoli chiedendo il licenziamento immediato del direttore dell'«Europeo», Gianluigi Melega. E ribadì il concetto nella rubrica che teneva sul «Corriere» ('Strettamente personale') sostenendo che un giornale della Casa non poteva criticare, nemmeno per interposta persona, un autore Rizzoli. Quanto a me, chiamandomi 'Gavroche', mi invitava a seguire la sorte di Melega. Gli mandai un biglietto che diceva: «Caro Biagi, lei è un maestro del cachinno, dell'ironia, della critica. Ma dovrebbe anche accettare che le possa essere resa la pariglia. Altrimenti la sua è solo soperchieria del potere». E firmai: Gavroche. Lui capì che era andato un po' troppo oltre e, in segno di pace, mi invitò alla festa che teneva ogni anno nella sua casa di Sasso Marconi. C'era il sindaco di Bologna, Zangheri, il prefetto, forse anche l'arcivescovo e invitati di conseguenza. Il trionfo del piccolo borghese arrivato. Io riuscii a litigare con Sergio Zavoli o, per meglio dire, fu lui che se la prese con me perché Ugo Pirro, il notissimo sceneggiatore e nostro critico cinematografico, non aveva parlato bene di lui. «Ma che c'entro io con Pirro?» chiesi. «Lei beve alla stessa fonte» rispose Lupo-Zavoli. Per fortuna verso mezzanotte arrivò, insieme a un gruppo di coetanei, la terza figlia di Biagi, molto diversa, non solo per età ma antropologicamente, dalle sorelle maggiori, Bice e Carla, un po' 'sciurette'. Insomma, una ragazza dei nostri giorni. Mi intruppai nel suo gruppo e ho un bel ricordo di quella ragazza vista solo una sera, purtroppo morta prematuramente.

Un'altra volta stavo intervistando Biagi, nel suo ufficio. Mentre eravamo lì qualcuno lo informò che il «Corriere» si era permesso di non recensire un suo libro. Partì una serie di telefonate, a Tassan Din, Di Paola e ai massimi dirigenti Rizzoli, in puro stile mafioso. Mancavano solo le bretelle.

Bocca, diversamente da Montanelli, riluttava molto ad aprire la botola esistenziale, ma se lo si stuzzicava – e io lo facevo spesso, perché a me questo solo interessa – non si tirava indietro. Però sempre nel suo modo concreto, pragmatico, realistico, scevro di qualsiasi sentimentalismo. Un giorno mi disse: «Sai, ho capito che dopo una certa età se vuoi l'affetto devi pagartelo». Intendeva proprio l'affetto, non il sesso (di questo mi aveva detto, tempo addietro: «Alla fine la fatica diventa maggiore del piacere e lasci perdere»). Io che avevo quarant'anni e stavo con 'la redattrice della Radio svizzera', 'la morona', come la chiamava lui, affettuosamente, mi sorprendevo.

Mi sembrava un atteggiamento troppo cinico. Oggi che ho l'età che lui aveva allora capisco che aveva ragione. In realtà Bocca non era un cinico, era, al contrario, come ha scritto lui stesso di sé in uno dei suoi ultimi articoli, mettendosi a confronto con Berlusconi, «un cuore tenero, pronto ai cedimenti». Ma aveva il coraggio e la lucidità di guardare le cose per quelle che sono, che è stata anche la sua fortuna di giornalista.

Le mie tesi antimoderniste non le prendeva sul serio. «Tu sei un poeta, un pazzo. Poche balle, qui c'è da competere col Giappone» (Allora 'il pericolo giallo' veniva dal Sol Levante). Negli ultimi anni però le sue posizioni si erano avvicinate parecchio alle mie. Ma non faceva mai riferimento a quanto avevo scritto nei miei libri o negli articoli. E io gli mandavo bigliettini risentiti. Ma quando pubblicai *Ragazzo. Storia di una vecchiaia* scrisse sull'«Espresso»: «Una lettura affascinante. Il 'Ragazzo' mi spiega con fraterna sincerità cosa sono oggi». Bocca è stato per me un maestro di vita. Ma senza mai calarsi dall'alto. Il nostro rapporto era assolutamente alla pari.

Non era invece alla pari quello, assai più rarefatto, con Oreste del Buono. La sua intelligenza sottile mi sovrastava e io non riuscivo sempre a stargli dietro. Era un ragazzo, Oreste, anzi un ragazzaccio, un *puer aeternus*. Quando dirigeva «Annabella» e io lavoravo all'«Europeo» si era messo in testa che tirassi a una delle sue redattrici, una gran bella donna. Io non ci pensavo neanche. Mi affrontò nei corridoi della Rizzoli e, petto contro petto, basso com'era, mi disse, a voce alta davanti a tutti, minaccioso: «Io ti stoppo! Io ti stoppo!». Non fece che peggiorare la situazione. La sera stessa ero a casa di quella donna. Oreste arrivò verso mezzanotte, ubriaco fradicio. Ma non ci fu alcun duello rusticano. Capì che fra me e lei non c'era, e non c'era stato, nulla. Entrambi lo avevamo fatto solo per dispetto.

Sulla pagina Bocca è rimasto lucido quasi fino all'ultimo. Fisicamente invece era crollato qualche anno prima, in modo repentino, probabilmente nel periodo del trasloco dalla storica abitazione di via Bagutta, in pieno centro, a quella, più appartata, di via De Grassi. L'ultima volta che l'avevo incontrato nella vecchia casa avevo già più di sessant'anni e quindi lui doveva avere oltrepassato gli ottantacinque. Mi era venuto incontro e mi aveva messo le mani sulle spalle: «Sei ancora solido» aveva detto. Ma anche la sua presa era solida. Avevo portato una bottiglia di rosso e ce lo eravamo scolato, mezzo di nascosto dalla Giacomoni, naturalmente, perché, diceva, aveva un po' di diabete. Per la casa scorazzavano i suoi nipotini che ogni tanto irrompevano nello studio a salutare il nonno, correndogli intorno. «Questi hanno già capito da chi viene il denaro» aveva osservato, ironico. Avevamo discusso di una cosa da vecchi: come organizzare la propria biblioteca. Lui ne aveva una notevole e, su imposizione della Giacomoni, metteva i libri semplicemente seguendo l'ordine alfabetico degli autori. «Ma così ti togli il piacere di organizzarli in modo tematico. Io mi diverto abbastanza a scompaginare ogni tanto la mia biblioteca e a decidere, per esempio, se la biografia di Trotsky di Deutscher deve stare fra le biografie e non piuttosto nella sezione dedicata alla storia russa. Eppoi nel tuo modo la biblioteca perde ogni gusto estetico». «È più pratico» aveva tagliato corto lui.

Pochi mesi dopo in via De Grassi il panorama era completamente cambiato. Mi trovai davanti un omarino rinsecchito, fragilissimo, che chiunque avrebbe potuto spazzar via con un soffio. Questo era diventato Bocca, 'il robusto'.

L'ultima volta che l'ho incontrato è stato all'inizio di quella che sarebbe stata la sua ultima estate, a colazione a casa sua, con Silvia Giacomoni. Era vigile, attento, ma si stancava presto e preferì far parlar noi. Così la conversazione la sostenemmo soprattutto Silvia ed io che un tempo ci eravamo cordialmente detestati. «Eri insopportabile» dice ora. Probabilmente ha ragione ma anche lei non scherzava. Una mattina mi chiese di accompagnarla in macchina da La Salle a Courmayeur dove doveva fare alcuni acquisti. Mentre guidavo era tutto un «Stai attento! C'è un semaforo! Attento al pedone! Vai piano! C'è una curva!». Fermai la macchina. «Silvia, ancora una parola e scendi e te ne vai a piedi». Ammutolì. Da allora i nostri rapporti migliorarono. In seguito la vecchiaia, che tutto appiattisce e tutti ci uguaglia in attesa del livellamento finale, ci avrebbe ammorbiditi entrambi.

La Giacomoni è stata fondamentale per Bocca. Perché lo metteva al riparo dal suo masochismo. C'è stato un periodo in cui Tomaso Giglio, direttore dell'«Europeo», Giuseppe Trevisani, il grande 'Trevi', giornalista e grafico che impostò «Paese Sera», «il manifesto» e «Il Giorno», con soluzioni geniali e assolutamente innovative per i tempi, e un terzo personaggio che potrebbe essere Franco Pierini, ma non ne sono sicuro perché vado a memoria, andavano quasi ogni sera a casa di Bocca e gli spiegavano quanto fosse provinciale, limitato e cretino. Giorgio subiva. Si mise con Silvia. Quell'aggressione sadica si ripeté anche in sua presenza. Ma fu l'ultima.

Uno dei segni della senilità di Bocca era che non gli piaceva più nulla di nulla, a partire dal giornalismo italiano di oggi che disprezzava in blocco. «Possibile, Giorgio, che non ti piaccia nessuno dei nostri colleghi?». «No». «Nemmeno Travaglio?». «Non si può scrivere un pezzo al giorno, non è professionale». Ripiegai sul passato. «E di Montanelli che pensi?». «Montanelli ed io siamo stati spesso accomunati, ma in realtà non c'entriamo niente l'uno con l'altro. Ciò che gli invidio è il giro di frase elegante, la battuta, ma non penso che fosse un uomo profondo». Ritornai alla carica. «Dai, dimmi almeno un nome di un giornalista che ti piace». «Mi piaci tu» rispose, arrossendo visibilmente. Veder arrossire un vecchio fa una certa impressione[8].

In quel pomeriggio luminoso, troppo luminoso, d'inizio estate, tutti e tre ci rendevamo perfettamente conto, anche per quel sole spavaldo fatto per altre età, di essere dei sopravvissuti. Bocca si è alzato per congedarsi. Gli ho chiesto: «Giorgio, hai più di novant'anni, che cosa pensi della tua vita?». «Penso che, tutto considerato, mi è andata bene» è stata la risposta.

Anche Indro Montanelli si è seduto su quel divano. Ma

[8] Questa battuta non è stata inserita, per ovvi motivi di opportunità, nel pezzo che scrissi per «Il Fatto» il 27 dicembre 2011 in morte di Bocca. In un libro come questo penso di potermela permettere. Testimone è Silvia Giacomoni che era presente.

non era ancora rosso. Per una volta mio padre, che era un orso, pochissimo incline alle pubbliche relazioni, aveva invitato a cena alcuni colleghi importanti. Oltre a Montanelli ricordo il direttore della «Stampa», Giulio De Benedetti, che aveva uno strano ciuffetto sulla fronte, fatto di pochissimi capelli, che ricordava Renato Rascel. Io, ragazzino, estromesso ovviamente dalla cena, spiavo dalla porta della sala lasciata leggermente socchiusa. Spiai anche, in un'altra occasione, sempre seduti su quel divano, Mario Tedeschi, il direttore del «Borghese» postlonganesiano e Gianna Preda, grandissima giornalista, brutta come il peccato, polemista ineguagliabile e feroce. Fu lei a coniare per Amintore Fanfani il detto che era pessimo perché, come tutti gli uomini piccoli, «ha il cuore troppo vicino al buco del culo» (immagine poi ripresa da De Andrè, peraltro in una delle sue canzoni meno felici, *Un Giudice*).

Un pomeriggio vidi passare in corridoio un bellissimo uomo, alto, dritto, distinto senza essere, per questo, per nulla affettato che entrò nello studio di mio padre. Quando se ne andò il babbo venne in camera mia e mi disse: «Tu non lo sai, ma oggi pomeriggio è passata di qui la Storia». «Ah sì? E perché?». «Quell'uomo è Pedro, il partigiano che catturò Mussolini e i gerarchi fascisti sottraendoli a una colonna di trecento tedeschi». Mio padre aveva grande stima e ammirazione per Pier Luigi Bellini delle Stelle. Ho scartabellato nella biblioteca di casa e non ho trovato nessuna sua prefazione a libri di chicchessia. Con un'eccezione: quella che fece per lo scarno volume che Pedro e Bill, al secolo Urbano Lazzaro, il suo luogotenente, si decisero a scrivere una ventina di anni dopo i fatti, *Dongo: la fine di Mussolini*. Altrettanto scarna è la prefazione di mio padre, anche se si avverte una appena accennata venatura polemica nei confronti dei partigiani delle 'linee arretrate' come avrebbe detto Malaparte: «Uscendo dalla leggenda nella quale sembrava si fossero perduti i loro nomi, Pedro e Bill consegnano definitivamente alla Storia il documento preciso e circonstanziato dell'evento di cui furono principali artefici e protagonisti. Un racconto felice, perché i suoi autori lo hanno direttamente desunto, senza nulla concedere alla fantasia o alla retorica, dai genuini appunti vergati in quei giorni. Il lettore sarà affascinato dalla scarna ma vivida narrazione della quasi incredibile impresa della 52° Brigata Garibaldi, seguirà l'azione dello sparuto gruppo di partigiani che riuscì a disarmare la munitissima colonna tedesca alla cui protezione si era affidato Mussolini. Ma si soffermerà anche su altre pagine drammatiche e, insieme, patetiche: come quelle dedicate a Claretta Petacci. *Dongo: la fine di Mussolini* ci narra anche la vita di montagna dei veri partigiani, gli eroismi e le trepidazioni, le ansiose veglie negli squallidi rifugi alpestri, ravvivate dalla mai spenta speranza di un mondo più giusto»[9].

Ebbi modo di avere a cena un paio di volte Bellini delle Stelle con la moglie, la sorella del compositore Luciano Berio. Era un gran signore. Non parlava mai delle sue esperienze di partigiano. Se proprio uno ci teneva bisognava tirargliele fuori con le pinze. Nello stesso modo riservato si comportava nelle riunioni dell'Associazione lombarda dei giornalisti (era rappresentante dei pubblicisti). Si era nel pieno degli anni Settanta e i sindacalisti del «Corriere della Sera», i Fiengo, i Pantucci and company, se la davano grottescamente da marxisti-leninisti e si riempivano la bocca di antifascismo e di Resistenza come se l'avessero fatta loro. Una sera persi la pazienza: «Smettetela di parlare a vanvera. Qui c'è una persona che la Resistenza l'ha fatta davvero» e indicando Bellini delle Stelle spiegai chi era. Ma la cosa non parve interessarli molto.

Avevo intervistato Montanelli parecchie volte quando era al «Corriere»: su Milano, sui rapporti fra la cosiddetta 'capitale morale' e Roma, sulla borghesia. Ma la prima volta che lo incontrai fuori dall'ambito professionale fu nella primave-

[9] Nella 'quarta di copertina' la casa editrice, la Mondadori, riprese per intero la prefazione di Benso Fini ma cancellò l'accenno ai 'veri partigiani'. Si era in piena egemonia culturale comunista e non 'istava bene' far intuire che accanto ai pochi 'veri partigiani' c'era stata anche una moltitudine, che con gli anni sarebbe divenuta legione, di profittatori d'una Resistenza che non avevano mai fatto.

ra del 1974 quando lo andai a trovare nella sua bella casa romana dopo che era stato costretto a lasciare il «Corriere». Seduti sulle sdraio chiacchierammo a lungo sulla grande terrazza che dà su piazza Navona inondata dal tiepido sole di marzo. C'era anche la moglie, Colette Rosselli, una donna alla sua altezza, in tutti i sensi, che credo gli abbia dato parecchio filo da torcere (Molti anni più tardi, pochi mesi dopo la morte di lei, in una colazione all'*Assassino* con sua nipote, Letizia Moizzi, che negli ultimi tempi gli faceva un po' da chaperon, e con la mia fidanzata, Indro mi confidò: «Era una moglie ingombrante, ma adesso che non c'è più ne sento la mancanza»). Anche in quella occasione Colette non rinunciò a dargli qualche stilettata: «Lo sappiamo, a te le donne piacciono solo in posizione orizzontale». Lui era d'umor nero. Peggio: era in una di quelle depressioni, sette, che hanno accompagnato la sua lunga vita. Aveva 64 anni. Uscii da quella casa convinto che Montanelli, come giornalista, fosse finito. Invece pochi mesi dopo, a giugno, fondava «Il Giornale», la sua ultima grande avventura. Perché va bene che faceva una vita molto regolata, che detestava lo champagne, che non beveva se non con moderazione, ma non si arriva a 92 anni, nelle condizioni in cui ci è arrivato lui, se non si ha una fibra eccezionale. Quella che dimostrò nel 1977 quando le Brigate Rosse gli tesero un agguato in via Manin davanti ai Giardini pubblici ferendolo gravemente alle gambe. Si aggrappò alle inferriate e si tirò su da solo. Seppi che lo avevano portato al Fatebenefratelli. Mi precipitai. Naturalmente l'accesso era interdetto ai giornalisti. Ma al Fatebenefratelli era morto mio padre, lo conoscevo come le mie tasche e passando per la chiesetta interna e la stanza delle celle mortuarie riuscii a intrufolarmi nei reparti. Lo raggiunsi proprio mentre in lettiga lo stavano portando in sala operatoria. Con lui c'erano solo due giornalisti del «Giornale», Mario Cervi e, mi pare, Salvatore Scarpino. Aveva i capelli bianchi arruffati. Era lucidissimo. Mi riconobbe. «Che ci fai qui?». «Sono venuto a salutarti e a vedere come stavi, Direttore». «Ma come hai fatto ad arrivarci, a parte i miei non ho visto altri colleghi». «Trucchi del mestiere» dissi io dandomela un po'. «Bravo. Ma adesso corri a scrivere il pezzo sennò questi due ti fregano» disse alludendo ai suoi giornalisti e, sospinto dagli infermieri, scomparve dietro una di quelle paratie fatte di grandi e pieghevoli listoni di gomma che negli ospedali portano alle sale operatorie.

Ci provò due o tre volte a portarmi al «Giornale», ma per una ragione o per l'altra era sempre andata storta. Ma in un'occasione ci andammo vicinissimi. Avvenne tutto per caso. In un pomeriggio canicolare di luglio milanese mi trovavo al «Giornale» per riscuotere una vincita da Massimo Bertarelli che faceva il 'clanda' (una cosa in famiglia, pure Indro ci giocava, anche se poi Bertarelli fu inquisito e arrestato perché ritenuto il 'grande Capo' del 'Toto nero' – anche qui mancava il vecchio 'commissario di zona' che avrebbe saputo che Massimo da giocatore aveva peccato molto, ma come bookmaker non era mai andato al di là della tombola o quasi). Passando davanti alla porta del direttore, aperta per il gran caldo, vidi Montanelli alla scrivania, davanti alla Lettera 32, immobile. Mi affacciai: «Che ci fai, Direttore, al giornale alle due del pomeriggio di una giornata di luglio?». «Che vuoi – rispose – se vado a casa penso alla morte e allora preferisco star qui a far finta di scrivere. Ma entra». Quasi a bruciapelo mi propose di andare al «Giornale» con lui. Non mi ricordo con esattezza che anno fosse, ma doveva essere il 1981 perché la vincita che dovevo prendere da Bertarelli era sulla finale di Wimbledon Borg contro l'astro nascente McEnroe che era dato incredibilmente 4 a 1. Io avevo puntato McEnroe. Bertarelli ci mise quattro mesi per saldare i conti. Questo era il 'gran Capo' del 'Toto nero'. «Che articoli vuoi che faccia per il "Giornale", Direttore?». «Scrivi quel che ti pare. Scrivi a ruota libera. Non pensare al giornale per cui stai scrivendo. Sii te stesso» fu il suo suggerimento. Fissammo un appuntamento con l'Amministratore, Massari, per il 26 agosto. Restai a Savona, in vacanza, beatamente disoccupato. Il giorno prima dell'appuntamento tornai a Milano. Ma il 26 agosto Massari non si fece trovare. Un po' stupito chiamai Montanelli. Lui, più meravigliato di me, fissò d'autorità un altro appuntamento. Ma Massari si diede di nuovo alla macchia. Capii che c'era un veto di Berlusconi e lasciai perdere per non mettere in imbarazzo Indro. Capii anche che Montanelli come organizzatore era una frana e che al «Giornale» gliene facevano sotto il naso di tutti i colori.

Ma questo incidente di percorso non incrinò i nostri rapporti. Un pomeriggio ero nel suo ufficio al «Giornale» e si chiacchierava di politica. Lui lamentava la mollezza, la cedevolezza della Democrazia cristiana. Non la riteneva un avversario degno di lui. Troppo arrendevole. Improvvvisamente Indro prese una piccola fotografia, incastonata in una cornicetta d'argento, che teneva sempre davanti a sè sulla scrivania, come si fa con le immagini della moglie, dei figli o della Madonna e mostrandomela esclamò: «Con questo ci sarebbe stato gusto!». La foto era traslucida e lì per lì non capii. Lui la orientò meglio e piano piano vidi emergere i baffoni inconfondibili di Josef Visanoriovic, alias Giuseppe Stalin. «Con questo sì che ci sarebbe stato gusto. Lui aveva una spina dorsale». «Può darsi, Direttore, ma il divertimento sarebbe durato poco perché ti avrebbe fatto fucilare subito». Indro si mise a ridere, di quella risata un po' cavernosa che gli era venuta invecchiando.

In realtà Montanelli nel regime democristiano ci stava come un topo nel formaggio. Poteva recitare la sua parte da 'bastian contrario' senza troppi rischi. Il crollo della Prima Repubblica fu anche il crollo del suo mondo. Perse i propri punti di riferimento polemici. Non capì i 'tempi nuovi', belli o brutti che fossero. E il fallimento de «La Voce», sia pur nell'elegante veste che gli aveva dato Vittorio Corona, ne fu una conferma.

Nonostante mi dimostrasse stima, simpatia e anche affetto io ho avuto sempre molta soggezione di Indro Montanelli. Non che lui facesse nulla per incuterla. Come tutti i veri grandi non sentiva alcun bisogno di marcare le distanze. Stavano nelle cose (C'è una regola abbastanza generale, lo dico da giornalista che ne ha intervistati tanti: più uno spande, più è probabile che cerchi di mascherare, con la prosopopea, l'intima convinzione della propria pochezza, della propria mancanza di spessore). A me non è mai riuscito di dare un vero 'tu' a Montanelli e di chiamarlo altrimenti che 'Direttore'. Anche se mio direttore non è mai stato.

Montanelli era un uomo di grande eleganza. Non dico nel vestire – aveva anche quella, naturalmente – ma nel tratto. Quando nel 1990 scrissi *Il Conformista*, una raccolta di articoli polemici, quelli della Mondadori mi dissero: «Qui ci vorrebbe una prefazione di Montanelli». Senza preavvertirlo di cosa si trattasse mi presentai da lui al «Giornale» e, pieno di imbarazzo e con la tremarella, gli dissi: «Direttore, è peggio di quello che pensi. Non voglio una recensione, vengo a chiederti la prefazione». Non mi lasciò quasi finire la frase. «Te la devo» disse «Tu sei nella mia linea». Dopo due giorni un fattorino del «Giornale» mi portò la prefazione, che tengo come il più prezioso accredito non solo professionale ma anche morale. «Te la devo». In realtà non mi doveva assolutamente nulla, lo aveva fatto per togliermi dal mio evidente imbarazzo. Quella prefazione si concludeva così: «Fini viene di lontano. Non soltanto come maestria di scrittura, ma anche per ricchezza di esperienze. Quelle degli ultimi vent'anni le ha vissute tutte, anche nelle loro aberrazioni. Ma delle aberrazioni, prima di diventarne complice, fece in tempo ad esserne denunziatore. Ha le mani pulite, ed è questo che dà tanta forza alla sua frusta e insieme lo rende così inviso alla intellighenzia. Non ne rispetta le regole. Non sta al gioco. Perfino nella scelta del titolo di questo libro non ha voluto adeguarsi al conformismo dell'anticonformismo, e ha preferito chiamarlo e chiamarsi *Il Conformista*.

Gliela faranno pagare calando su di lui una coltre di silenzio: da quando i roghi non usano più è la sorte che attende i conformisti che non si conformano».

Quando Indro Montanelli morì nell'estate del 2001 si scatenò la bagarre per chi dovesse sostituirlo nella rubrica di risposte ai lettori sul «Corriere». Il direttore, Ferruccio de Bortoli, chiese lumi anche a Letizia Moizzi, la nipote di Indro, che negli ultimi anni era stata la più vicina a Montanelli e ne conosceva meglio di tutti gli umori, le predilezioni, i disgusti. «Noi avremmo pensato a Biagi» disse de Bortoli. «Se volete far rivoltare lo zio Indro nella tomba date la rubrica a Biagi». «E allora tu chi suggeriresti?». «Mah, se devo interpretare le preferenze di Indro il più adatto è Massimo Fini». De Bortoli quasi svenne: «Ma è pieno di querele». «Via, Ferruccio, non sono le querele che possono spaventare un giornale come il "Corriere della Sera"». «È un anarchico» disse de Bortoli trincerandosi in questa estrema difesa. «Ma in fondo – replicò la Moizzi – anche Montanelli era un anarchico»[10].

Beppe Grillo non si è mai seduto sul mio divano rosso. Sono stato io ad andarlo a trovare più volte nella sua casa di Sant'Ilario, sopra Genova, da cui si domina tutto il Golfo. Ci siamo conosciuti una trentina di anni fa, quando cominciava a fare spettacoli che da comici stavano diventando politici. Lui conosceva *La Ragione aveva Torto?* Probabilmente gliela aveva segnalata sua moglie Parvin che era una mia lettrice. Parvin è vissuta sempre in Italia ma è di origine iraniana. E si vede. Tutte le mogli, o compagne, di uomini importanti sentono il bisogno di far vedere che esistono anche loro e spesso cercano di sovrapporsi al marito, di sovrastarlo, di sostituirlo mettendosi al centro dell'attenzione. Parvin no. Non ha la sindrome della donna del personaggio famoso. Naturalmente può partecipare a qualsiasi conversazione, perché ha intelligenza, oltre che fascino, ma preferisce stare sullo sfondo. E questo è tipicamente orientale. Credo che lei sia la fortuna di Beppe. E da come si punzecchiano in continuazione azzarderei dire che sono ancora innamorati.

Agli inizi, ma molto prima che cominciasse davvero la sua avventura politica, Grillo mi chiedeva qualche consiglio. Credo di essere stato io a suggerirgli di spaccare i computer in palcoscenico. Un capodanno partecipai anche a un suo spettacolo allo Smeraldo, sia pur facendo la bella statuina, seduto

[10] In quel momento non avevo querele. E in ogni caso le avevo sempre vinte tutte.

su un pouff. Dissi solo poche parole. Festeggiamo la mezzanotte dietro le quinte, con Parvin e qualche amico, bevendo vino bianco in bicchieri di carta. Altrettanto semplice e molto simpatico fu un pranzo che facemmo a casa dei Grillo, a Sant'Ilario. C'erano tutti i loro figli. I due che hanno avuto insieme, i due che lui ha avuto dal suo precedente matrimonio, i due di lei. Tutti ragazzi e ragazze fra l'adolescenza e la prima giovinezza. Io ero con mio figlio, Matteo, anche lui poco più che ventenne. Non si parlò di politica, ma di cose quotidiane, soprattutto del rapporto genitori-figli. Io, probabilmente facendo una delle mie solite gaffe vista la situazione, dissi che nel cuoricino dei figli, anche quando sono ormai adulti, cova sempre la speranza che i genitori alla fine si riuniscano. «Non ci penso neanche – disse Matteo –. Io non lo desidero affatto». Ritornando verso Milano gli dissi: «Sai, Matteo, che sei proprio un bello stronzo». «Papà, la solitudine te la sei voluta, te la sei cercata» replicò lui, insolitamente duro. In genere è invece affettuoso, tenero e protettivo. Protettivo lo è stato fin da piccolo quando vedeva questo suo strano padre abbordato per strada da fan borderline e un po' farneticanti. «Ma papà!» diceva il Matteo decenne o undicenne, un po' scandalizzato. Poi i fan sono diventati più strutturati. Adesso siamo tornati ai borderline. Il cerchio si chiude.

Lui non vuole che lo nomini nei miei libri. Nell'ultimo articolo della raccolta del *Conformista* ('Caro Matteo') gli racconto la storia del partigiano Pedro, alias il conte Pier Luigi Bellini delle Stelle, che con un'azione audacissima catturò sul lago di Como Mussolini e i suoi gerarchi trattandoli con la 'pietas' che sempre si deve ai vinti. Gli racconto che Pedro non volle mai strumentalizzare politicamente quel fatto e, ingegnere, tornato alla vita civile fece una modesta carriera all'ENI. Gli racconto come il 'colonnello Valerio', il ragioniere Walter Audisio, arrivato da Milano con un gruppo di partigiani dalle divise nuove di zecca, di gente cioè che non era mai stata a rischiare in montagna, fucilò Mussolini, la Petacci, i gerarchi, quelli responsabili e quelli meno responsabili, e fu poi l'artefice dello scempio di piazzale Loreto e autore di tre articoli così laidi che la stessa «Unità», che li aveva pubblicati, giudicò più prudente togliere dalla circolazione, e come fosse premiato con un seggio al Parlamento italiano per un'azione che nulla aveva avuto di glorioso ma somigliava piuttosto a quella del boia. «Tu, a capo chino, mi ascoltavi, mi pare con attenzione (a meno che non contassi i formiconi che evoluivano sotto il tavolo, in giardino). Alla fine ti ho chiesto: 'Allora, preferiresti essere Pedro o Valerio?'. Hai risposto 'Pedro'. E mi ha fatto piacere». Quando gli ho fatto leggere l'articolo, Matteo ha gridato, disperato: «Io non guardavo i formiconi!». «Matteo, era solo una sottolineatura ironica». «Io non guardavo i formiconi!». Aveva solo undici anni. Ma quella storia dei 'formiconi' non gli è mai andata giù e ogni tanto me la rimprovera ancora oggi, che di anni ne ha trentasei. Povero figliolo mio. Ligio ai rigidi insegnamenti ottocenteschi di mio padre, non gli ho mai dato una mano e il mio nome l'ha solo danneggiato.

Quando Grillo cominciò a fare sul serio con 5Stelle Parvin mi disse che sperava che non gli andasse bene. Probabilmente preferiva godersi in pace il marito e la sua bella famiglia allargata. Poi le cose sono andate diversamente. Molti, di questi tempi, mi avvicinano chiedendomi di procurargli un contatto con Grillo, credendo che io sia una sorta di criptoideologo dei 5Stelle. Ho molta simpatia per Beppe, ammiro l'enorme dispendio di energie, intellettuali e fisiche, che ha messo per costruire il suo movimento, ma nei confronti della sua azione politica conservo la distanza critica che un giornalista deve sempre mantenere di fronte a ciò di cui si occupa. Ogni tanto nei miei articoli critico le sue sciocchezze o ingenuità, come quando si incaponì a sostenere per la Presidenza della Repubblica quel vecchio arnese radical chic, buono per tutte le stagioni, di Stefano Rodotà. Poi gli mando un sms: «Hai visto?». E lui risponde: «Avevi ragione, come sempre». Ma poi continua a fare i cazzi suoi, com'è giusto che sia.

La mia conoscenza di Gianroberto Casaleggio, oltre a essere del tutto episodica, è molto più recente. E il modo con cui l'ho conosciuto dice di quanto io sia fuori dal mondo.

Quelli del blog di Grillo mi chiamarono per un'intervista. Andai in via Morone 6, la stessa strada dove, d'angolo, c'è la casa del Manzoni. Prima dell'intervista mi introdussero in una stanza dove era seduto un uomo sulla cinquantina, alto, allampanato, con una bizzarra capigliatura. Mi dissero il nome che io percepii come 'Ze Roberto'. Il tipo mi tenne una ventina di minuti parlandomi del tema dell'intervista, che verteva su questioni internazionali come son quasi tutte quelle che mi fa il blog di Grillo, e di altre questioni generiche. Io friggevo: «Ma quando mi fanno l'intervista? Non ho tanto tempo da perdere». Finalmente entrammo in un piccolo studio e lo strano tipo mi pose le domande. La seconda volta si ripeté la stessa scena, ma l'intervista me la fece un ragazzo dello studio, Paolo Pegorari, molto bravo a montare e a dare ritmo e senso a quel che dico. Alla fine chiesi a Paolo: «Ma quello là si chiama proprio 'Ze Roberto', come l'ex mezzala del Bayer Leverkusen?». «No, si chiama Gianroberto. È Gianroberto Casaleggio». Avevo incontrato il tenebroso e ambitissimo Casaleggio, che ogni giornalista vorrebbe intervistare, e non me ne ero neanche accorto. Fuori dall'ambito professionale l'ho incrociato una sola volta. Stavo consumando un breakfast con Grillo e la mia fidanzata, in via Morone, la sede della società. Beppe parlò soprattutto con lei, architetto, di biolaghi e di tecnoecologia che è uno dei suoi pallini e che io non condivido perché, come mi disse Paolo Rossi, filosofo della scienza. «la tecnologia come risolve un problema ne apre altri dieci ancora più complessi». Casaleggio entrò nella stanza, si fermò pochi minuti e sparì senza prendere parte a quel frugale pasto. Di lui so quindi quello che sanno tutti. È timido e riservato. A me è sembrato una testa fine, un partner ideale per Beppe che un po' arruffone lo è.

Nemmeno Berlusconi, ovviamente, si è mai venuto a sedere sul mio divano rosso. Però ho avuto con lui tre incontri, a loro modo divertenti. La prima volta è stata nel giugno del 1989, ad Arcore, per un'intervista sul calcio. Da tre anni era presidente del Milan. Era già notissimo, come palazzinaro (Milano Due e Milano Tre) ma soprattutto perché era diventato il padrone assoluto delle TV private. Con qualche illegalità ma anche con molta abilità. Finché Telealto ce l'aveva la Rizzoli non aveva portato a niente. Lui partendo da quella piccola emittente aveva costruito, con l'aiuto di Carlo Freccero, Canale 5, Italia Uno e Rete 4 ed era diventato 'Sua Emittenza'. Ma non era ancora il Berlusconi Superstar di quando sarebbe 'sceso in campo' in politica.

«L'approccio fu molto semplice, facile, cordiale. 'Pronto, casa Berlusconi? Cerco il Cavaliere'. 'Attenda'. Dopo qualche secondo sento una voce con una lieve inflessione lombarda: 'Buongiorno. Alle sei ad Arcore. Le va bene?'. 'Certamente'. 'Allora d'accordo. Alle sei. Anche se... Ma no, va bene così'. Avverto nella sua voce una sfumatura di incertezza, forse di timidezza. 'Dica pure, Cavaliere'. 'È che potrebbero anche essere le sei e un quarto. Sa, se non vado a Como a vedere il Milan poi Sacchi se ne ha a male'.

Quando, puntuale, arrivo alla famosa villa di Arcore, Berlusconi non c'è ancora. Vengo fatto accomodare nella veranda che dà sul grande e splendido parco. Lui arriva poco dopo, vestito con un maglione nero, la camicia aperta sul collo. 'Allora – chiedo – è andato a Como?'. 'No. Sono stato così vicino al Milan in questa settimana che posso permettermi almeno oggi di rimanere a riposo'.

È un Berlusconi inusuale quello che siede davanti a me. Non solo non ha la giacca e la cravatta d'ordinanza, ma è un Berlusconi stanco. Niente sorrisi smaglianti. Forse è la stanchezza che viene, improvvisa, dopo che si è raggiunto un obbiettivo cui si teneva molto. Forse è il riflesso della stanchezza più generale d'un uomo che lavora quattordici ore al giorno. Ma cosa strana per me che ho un debole per tutte le debolezze, la sua stanchezza non mi intenerisce. È, per così dire, una stanchezza incellofanata, come il suo sorriso televisivo. Mi rendo conto di non provare per quest'uomo, che pure è uno dei più potenti d'Italia, alcuna attrazione. Né positiva né negativa. Non ha l'arroganza regale di Agnelli. Né la sanguigna corposità di Lucchini. Ma nemmeno la protervia di De Benedetti. Caso mai colpisce un certo candore. Dopo averlo visto da vicino, mi sentirei di escludere che alle sue spalle ci sia, come si dice di ogni grande ricchezza, un delitto» (*Il mio calcio*, «L'Europeo», 23/6/1989). Su questo punto mi sbagliavo completamente, come i fatti e le inchieste giudiziarie avrebbero poi dimostrato. Sul candore non so. Berlusconi è di quelle fortunate persone che credono alle proprie menzogne. Eppoi è un uomo che insegue sogni. E li realizza. «Nelle parole di Berlusconi – mi diceva il mio ex collega alla Pirelli, Marcello Di Tondo, che è stato il suo primo braccio destro nell'avventura televisiva – c'era sempre qualcosa di vagamente delirante, che mi lasciava perplesso. Poi però mi affacciavo alla finestra, vedevo le costruzioni di Milano Due e mi dicevo: però tutto questo lo ha fatto lui».

Durante l'intervista si indispettì. «Ma lei fa solo domande al negativo». «Presidente – risposi – il mio compito è quello di fare le domande, il suo di dare le risposte che ritiene più opportune. Se io le dico ciò che vuol sentirsi dire, l'intervista viene uno schifo».

Difficilmente ho visto un uomo così fuori posto a casa sua come Silvio Berlusconi nella settecentesca villa dei Casati Stampa ad Arcore. Non c'entrava assolutamente nulla. Non per niente quella villa, insieme a un immenso contado, l'aveva scippata, con mano lesta, alla marchesina Annamaria Casati Stampa, minorenne, orfana, scossa da uno dei più clamorosi fatti di cronaca degli anni Settanta. Il marchese Casati Stampa si divertiva a veder scopare la bella moglie da dei giovani amanti. Ma un giorno lei si innamorò di uno di questi ganimede. Il marchese, pazzo di gelosia, uccise la moglie e l'amante a colpi di fucile e si suicidò. Il caso volle che protutore della minorenne Annamaria fosse Cesare Previti, già sodale di Berlusconi. Circonvenire la ragazza, che nel frattempo era riparata in Brasile per sottrarsi al clamore dello scandalo, pagandole tutto quel ben di Dio una cifra risibile, fu per Berlusconi e Previti un gioco da ragazzi.

Verso l'imbrunire comparvero nel parco due belle bambine, le figlie che ha avuto da Veronica, infiocchettate come un 'parvenu' pensa debbano vestire le figlie dei ricchi.

Dopo l'intervista Berlusconi mi fece gentilmente accompagnare a Milano da uno dei suoi autisti. Io volevo saperne di più sul suo padrone e per tastare il terreno chiesi all'uomo: «Lei per chi tifa?». «Io tengo all'Inter, ma faccio finta di tifare Milan. Tutta la servitù si comporta così». Quando l'intervista fu pubblicata, con grande rilievo, Berlusconi si lamentò col direttore dell'«Europeo»: «Sono stato il solito ingenuo. Sono caduto in una trappola». Che si potessero avere delle opinioni diverse dalle sue, sul calcio o su qualsiasi altra cosa, non stava proprio nei suoi cromosomi.

La seconda volta che l'ho incontrato fu a San Siro, in Tribuna d'Onore. Era qualche anno che non andavo allo stadio, troppo impegnato col lavoro. Scoprii che c'erano delle novità. I biglietti non si prendevano più al Bar Sport. Bisognava andare al Milan Point, in centro. L'impiegata mi fece vedere la mappa e mi propose dei posti dietro le porte o in curva. «Ho un figlio di tredici anni, non posso andare lì. Mi dia un posto nelle tribune». «Non è possibile, sono tutti per abbonamento». A me a San Siro è sempre piaciuto andare nel secondo anello, il più possibile vicino alla linea di centrocampo, da cui si vede benissimo. Naturalmente per conquistare quella posizione bisognava arrivare allo stadio un'ora e mezza prima. Ma il tempo passava velocemente. Il prato non era ancora compromesso e prima della partita ci facevano giocare i ragazzi della Primavera. In anni ancora più lontani avevo visto presentare i due figli di Mazzola, il capitano del 'grande Torino' morto con tutta la squadra nella sciagura di Superga, Sandro e Ferruccio, ancora bambini, come me. Ma il calcio stava cambiando. Nel 1989 avevo portato Matteo a Roma per fargli conoscere la città. Già che c'eravamo andammo a vedere un Roma-Torino. Vincemmo 3-1, con un gol dell''oggetto misterioso' Edu e doppietta di Diego Fuser (loro avevano la sciagura a centrocampo Andrade, 'il marajah', più lento di Socrates), ma non ci furono problemi, anzi fraternizzammo con i tifosi romanisti. Allo stadio, immerso nel verde di Monte Mario, i romani ci portavano anche le famiglie, un po' come avveniva un tempo all'ippodromo del galoppo a Milano dove insieme ai mille che se ne intendono (al galoppo, a differenza del trotto dove contano i tempi, bisogna proprio essere dei conoscitori, sapere se quel cavallo va sul pesante o no, se preferisce la corda o stare al largo, se suo padre era forte in pista dritta, sul chilometro, o sulle lunghe distanze e così via) si mescolava gente confluita lì per stare un po' all'aria aperta o fiutare il 'bel mondo' che tradizionalmente ruota intorno al galoppo, come avviene in Inghilterra ad Ascot. A Roma tornammo nel 1993 per il ritorno della finale di Coppa Italia fra Roma e Torino. All'andata il Toro aveva vinto 3 a 0. Partita chiusa (anche se cercarono di ciularcela lo stesso dando alla Roma tre rigori, di cui uno ineccepibile, gli altri inventati). Ma era il pubblico ad essere cambiato. La vista di Monte Mario era impedita da una copertura in vetrocemento e adesso non ci andavano più anche le famiglie ma solo i fanatici. Noi avevamo dei buoni posti, in tribuna, e intorno della gente che sembrava normale, ma non si poteva fare il tifo senza il rischio di essere menati di brutto. Mio figlio soffriva in silenzio. Ma lui soffre sempre in silenzio, alle partite come nella vita. Io non faccio un tifo aggressivo, non insulto gli avversari, incito i miei. Ma nemmeno quello si poteva fare. Me la cavai gridando solo il nome dei miei ('Luca', 'Andrea' che poi era il gigantesco e patetico 'Pennellone' Silenzi che, sovrastando gli avversari di mezzo metro aveva segnato, di testa, quel gol del pareggio che avrebbe dovuto metterci al sicuro) ma non il cognome, rendendo così la cosa sufficentemente ambigua.

Che differenza con la partita Ajax-Torino per la finale di Coppa UEFA, che andammo a vedere ad Amsterdam nel 1992. Fu una gita bellissima. Io e Matteo abbiamo lo stesso modo di visitare le città, le camminiamo da cima a fondo senza curarci troppo dei monumenti. Lo abbiamo fatto anche a Tokyo, che pur è immensa. In Giappone ero stato invitato dall'Università di Kyoto per tenere, insieme a un filosofo di seconda generazione della 'scuola di Francoforte', una conferenza su 'Americanismo e antiamericanismo. Il ruolo dell'Europa'. Quello in Giappone è stato l'unico viaggio lungo fatto con mio figlio e il mio ultimo tranne una breve puntata alle Az-

tunata, prendemmo tre pali, l'ultimo una incredibile traversa di Sordo che aveva calciato dal limite dell'area piccola). Ci avvicinò Giancarlo Padovan, un giovane e bravissimo giornalista sportivo del «Corriere». Ci disse che ci aveva adocchiato l'anno prima a Bari per la finale di Coppa dei Campioni Olympique Marsiglia-Stella Rossa, e la cosa lo aveva incuriosito. Io ero diviso fra la passione per Dragan Stojkovic, serbo che però giocava per l'Olympique e quella per la Stella Rossa di Belgrado, perché ho sempre amato i serbi, da russo li considero dei miei cugini, mi piace la loro violenza, mi piace la loro musica, mi piace quel grande regista che è Kusturica (*Papà è in viaggio d'affari* più di *Underground*, un gioiellino perfetto che nel mio 'personalissimo cartellino', come direbbe Rino Tommasi, metterei fra i primi cinque film di tutti i tempi, dopo *Il settimo sigillo* di Bergman, *Il servo* di Losey, *2001. Odissea nello spazio* di Kubrick, *Blade Runner* di Ridley Scott). Al Parco archeologico di Vulci, fra Toscana e Lazio, sono stato a un concerto di Bregovic. Alla fine tutti erano esaltati. Io più degli altri. Ho gridato a squarciagola: «Onore al compagno Slobodan Milosevic!». E in culo agli americani che si sono permessi di bombardare, per 72 giorni, con la nostra complicità di servi sciocchi, fedeli come cani, una grande capitale europea come Belgrado.

La trasferta a Bari fu istruttiva. Per Matteo e per me. Ci aggiravamo per la Bari vecchia. Lui si era un poco allontanato. Lo vidi ritornare indietro di corsa, piuttosto scosso. Girando l'angolo di un vicolo aveva visto un ragazzo che si bucava. Era la prima volta. Viveva nell'atmosfera ovattata di Milano Tre e benché avesse tredici anni non sapeva nulla di queste cose. Gli spiegai di che si trattava.

Per vedere quella finale di Coppa dei Campioni, oltretutto fra due squadre straniere, avevo fatto carte false. Per il calcio sono capace di tutto, anche, io che non ho alcuna capacità manuale, di aggiustare, materialmente, limando il bronzo di certi fili, il televisore che si è rotto, naturalmente, a dieci minuti dall'inizio della partita. I biglietti li avevo, ma in Bari non si trovava una sola camera libera. Feci quello che non faccio mai. Telefonai al mio ex direttore dell'«Europeo», Giovanni Valentini, barese, per chiedergli se mi poteva trovare un albergo. Era un arcinemico. Quando lavoravamo insieme all'«Europeo» mi detestava. Umanamente. Non so perché. Voleva addirittura mandarmi a Mosca per togliermi dai piedi. Ma avrebbe preferito trovare un pretesto per licenziarmi. Forse mi considerava un concorrente pericoloso. Professionalmente però, sia pur a denti stretti, mi rispettava. Avevo fatto un'inchiesta in tre puntate sugli omosessuali, dragando l'Italia da nord a sud. Seduto alla sua scrivania Valentini la stava leggendo. Io gli ero di fronte. Teneva sempre una lampada da tavolo accesa, molto bassa. Finito di leggere mi mandò uno sguardo obliquo, da sotto la luce della lampada: «Forse è l'ultimo pezzo che fai per l'"Europeo", ma devo ammettere che questa è una gran bella inchiesta». Quando venne rapito Moro mi mandò a Maglie e a Lecce, di cui il leader democristiano era originario, per ricostruire il personaggio. Fu una faticaccia. Ero in Sicilia per un altro servizio. Alle quattro del mattino presi un aereo da Palermo e volai a Roma. In quell'alba limpidissima vedevo dal finestrino le Eolie, lo Stretto, la costa siciliana e quella calabra. Uno spettacolo stupendo. Da Roma volai a Brindisi. Presi una macchina per Lecce. Il ritratto che veniva fuori del Moro giovane era di un uomo molle, senza spina dorsale, un 'morticino'. Il fotografo di un negozietto di Lecce mi raccontò questo aneddoto. Delle persone erano venute a fargli sviluppare un ritratto. Quando venne Moro di persona, in carne e ossa, lui aveva fatto un balzo. Credeva che quel ritratto esangue fosse di quelli che si mettono sulle tombe. Non pensava che il soggetto di quelle foto fosse una persona viva.

Giovanni Valentini era un protetto di Aldo Moro, anche per questo era diventato direttore dell'«Europeo». Dopo che Rizzoli aveva acquistato il «Corriere della Sera» c'era una presa politica anche sull'«Europeo» che fino alle direzioni di Giglio e di Gianluigi Melega ne era stato estraneo. Giacevo, stremato, sul letto dell'albergo aspettandomi il peggio. Arrivò una telefonata da Milano. Era Valentini: «Hai fatto un bellissimo ritratto». Allora c'era ancora il gusto della professione, che superava le rivalità personali. Quella notte, prima di riprendere l'aereo per Milano, non dormii. Mi accadeva sempre così dopo un servizio faticoso. Io sono capace di concentrarmi in modo assoluto, per ore, per giorni, su un obbiettivo (era una delle mie forze a poker, perché nelle ultime ore, verso le cinque del mattino, gli altri un poco ci mollano), poi crollo. Gli americani invece di esaminare il cervello di Mussolini, di cui si portarono via un brandello sperando di scoprire chissaché, dovrebbero farlo col mio. Nella notte guardai il doppio della finale di Coppa Davis fra la coppia Panatta-Bertolucci e i 'canguri' Alexander-Dent su cui il grande coach australiano, Hopman aveva dato una sentenza definitiva: «Non sarete mai Laver e Fraser». Il doppio lo vincemmo, ma non la Coppa perché perdemmo i singolari (Mi pare sia finita 3 a 2). Comunque una grande performance che uguagliava quasi quella di Pietrangeli e Sirola che qualche anno prima avevano perso 4 a 1 appunto con Laver e Fraser. (Fu Pietrangeli a battere in singolare Fraser). Comunque erano cominciati i miei problemi d'insonnia che mi avrebbero seguito per tutta la vita.

Valentini mi aveva trovato un alberghetto. Ma sul taxi che ci portava dall'aeroporto di Bari-Palese commisi un errore che poteva essere fatale. Fissai col conducente un appuntamento per una certa ora del pomeriggio. Ci avrebbe portato allo stadio. Naturalmente non si fece vedere. Non si trovava un taxi neanche a pagarlo oro. Avevo i biglietti, ero a Bari, mi ero compromesso con l'infido Valentini ma rischiavo di non vedere la partita. Dall'alberghetto uscì un uomo piuttosto anziano, dall'aria dimessa, seguito da due giovani. Mi aggrappai a lui. «Va allo stadio?» «Sì». «Mi ci porterebbe?» «Venga». Salimmo su una macchina piuttosto lussuosa. Guidava uno dei ragazzi. L'uomo mi disse di chiamarsi Angiulo. Arrivati allo stadio ci dividemmo. Con mia sorpresa l'uomo dall'aria dimessa e i suoi due accompagnatori andavano in Tribuna d'Onore. Noi avevamo posti più modesti. L'accordo era che ci saremmo trovati alla macchina alla fine della partita. Ma Matteo che ama tutte le cerimonie sportive, e forse non solo quelle, pretese che rimanessimo fino all'ultimo, quando il capitano della Stella Rossa alzò la coppa. Anch'io sono fatto così. Agli ultimi Mondiali quando il capitano della Germania, Lahm, dopo un match sul filo del rasoio aveva alzato la coppa mi ero commosso quasi fino alle lacrime. Non perché sulla vittoria dei tedeschi avevo puntato una cifra. C'era qualcosa di più. Era il trionfo di una cultura.

Arrivammo all'appuntamento con i nostri accompagnatori mezz'ora dopo la fine della partita. L'uomo dall'aria dimessa era ancora lì, ci aveva aspettato. Senza dare alcun segno di impazienza. Sempre cortese, sempre gentile ci portò a cena in una pizzeria nel centro di Bari. Tutti lo salutavano con reverenza, alcuni venivano ad omaggiarlo al tavolo. Mi resi conto che era un boss, probabilmente un capo della Sacra Corona Unita.

Degli stadi costruiti per 'Italia '90' solo quello di Bari, opera di Renzo Piano, è un vero capolavoro architettonico sposato con la funzionalità. Le uscite sono a raggiera e dopo la partita, ci può essere anche il pienone, come fu per quella finale di Coppa, che in cinque minuti sei fuori. Lo stadio di Genova dell'archistar Vittorio Gregotti ha una particolarità: da alcuni settori degli spalti non si vede il campo. Quando gli venne chiesto conto di questo difettuccio da niente l'archistar rispose: «Embè? Che importa? Rimane uno stadio bellissimo». È come se in un Conservatorio non si sentisse la musica. Lo stadio di San Siro appaltato per 35 miliardi finì per costarne 175. Ci avevano mangiato sopra tutti. Ma quel che è peggio è che è stato completamente rovinato. I quattro pesanti torrioni innalzati per costruire un inutilissimo terzo anello ne hanno sconciato la perfetta ovalità. Ma il peggio è toccato al campo un tempo considerato, insieme a Wembley e al Prater di Vienna, il migliore d'Europa. Non per nulla San Siro, prima di diventare Meazza, era considerato 'la Scala del calcio'. Anche qui, come a Roma, hanno messo una copertura di vetrocemento pare, per proteggere giocatori e spettatori dalla pioggia. Gli spettatori non li protegge certamente perché l'acqua, spinta dal vento, ha il vizio di entrare in diagonale. Il terreno di gioco è rovinato. Chiunque abbia tirato due calci al pallone sa che la buona tenuta di un campo di calcio dipende dalla sua equilibrata esposizione al sole. Quell'assurda calotta la impedisce. Così adesso ogni tre mesi devono rinnovare completamente il terreno sostituendolo striscia per striscia. Poi c'è l'afa. Ho visto, sempre col fido Matteo, Germania-Olanda dei Mondiali del '90 a San Siro. Noi eravamo dietro una delle porte, abbastanza vicini al terreno. Non si respirava. Immagino i giocatori in campo. Ma fu bello lo stesso, proprio per la posizione in cui eravamo. Quando i tedeschi, schierati dalla parte opposta alla nostra, avanzavano compatti, su due linee, nella classica tenuta, maglia bianca e calzoncini neri, facevano impressione. Sembravano la Wehrmacht. Vinsero 2-1 con un gol decisivo di Brehme che allora giocava nell'Inter.

E così in questo San Siro-Meazza nuovo di zecca mi trovavo in un pomeriggio del 1991 a seguire Milan-Toro. Era il Milan stellare dei tre olandesi. Noi avevamo dei posti regali. Ce li aveva ceduti il vicesindaco democristiano di Milano, Zola, anche lui tifoso perso del Torino. Io stavo proprio sulla linea di centrocampo a metà della Tribuna d'onore, né troppo in basso né troppo in alto. La posizione ideale. Il mio posto era all'esterno, accanto ai gradoni che dividono la Tribuna Vip da quella dei SuperVip. Berlusconi arrivò all'ultimo momento e salì i gradoni a quattro a quattro in modo un po' scimmiesco. E andò a sedersi dall'altra parte, non esattamente sulla mia linea ma una indietro. Era a meno di tre metri da me. Fra me e lui c'era solo Galliani, che occupava anche lui il sedile esterno, dall'altra parte dei gradoni. Se avessi avuto una pistola – in Tribuna d'Onore non si fanno controlli – avrei potuto fare secco il Cavaliere con estrema facilità. Ma non volevo passare alla cronaca, se non proprio alla Storia, per aver ucciso Berlusconi. Erostrato incendiò perlomeno il Tempio di Artemide a Efeso. E in ogni caso non avevo la pistola. Nell'intervallo si affollarono intorno a Berlusconi importanti giornalisti del «Corriere», della «Stampa» e di altri giornali per omaggiarlo. Durante la partita mi ero divertito a vederlo diventare sempre più livido perché il Milan non riusciva a piegare il Torino (mettemmo Corradini su Van Basten e fu 1-1). Alla fine si ripeté la scena degli omaggi. Io stavo uscendo con mio figlio. Berlusconi piantò in asso il gruppo dei leccaculi e puntò dritto su di me. «L'ho vista ieri al Costanzo show». «Ah, ma vede proprio tutto, Presidente» e me ne andai. Lui sapeva bene che ero un 'antipatizzante'. Ma Berlusconi si stupisce, sinceramente si stupisce, che ci possa essere qualcuno che non lo ami. E quindi il suo è un eterno gioco di seduzione. Sia pur per un narcisismo ipertrofico è un uomo attento agli altri. E questo gli ha dato sempre un grande vantaggio sugli esponenti della cosiddetta sinistra la cui spocchia è estremamente fastidiosa e irritante perché non ha più alcuna ragione d'essere. Ce l'aveva, forse, ai tempi degli Amendola, dei Pajetta, dei Togliatti, forgiati da esperienze drammatiche, non ha alcun senso in questi 'quaquaraquà'.

Il terzo incontro con Silvio Berlusconi fu un non-incontro. C'erano le elezioni del 1996. Mi telefonò la direttrice di «Annabella»: «Vogliamo fare due interviste, una a Prodi e una a Berlusconi. Ma vogliamo che chi li intervista non sia un giornalista compiacente, ma che sia anzi un antagonista. Per Prodi abbiamo pensato a Giordano Bruno Guerri, quella a Berlusconi vorremmo che la facessi tu». «Ma guarda che a me l'intervista non la dà». «Figurati, siamo sotto elezioni e Berlusconi ha tutto l'interesse a parlare su un giornale 'femminile' come il nostro. Eppoi siamo già d'accordo. Devi solo telefonare all'ufficio stampa di Milano di Forza Italia». Telefonai. L'accordo era che avrei fatto delle domande scritte cui Berlusconi avrebbe risposto e poi ci saremmo visti per un *vis-à-vis* di 45 minuti ad Arcore. Mandai le domande all'Ufficio Stampa di Milano che le trasmise a quello di Roma per un vaglio definitivo. Dovevo quindi telefonare a Roma. Mi rispose Paolo Bonaiuti. «Ah, sei tu?» domandai un po' sorpreso. Quando eravamo stati colleghi al «Giorno» negli anni Ottanta Bonaiuti era di sinistra, per lui io ero un mezzo fascista. «Ma qui ci sono delle domande...». «Paolo, sono domande scritte, lui, o chi per lui, ha tutto il tempo di rifletterci sopra e di rispondere a tono». «Ma ci sono queste domande sulla mafia...». Avevo posto la questione più o meno in questi termini: «Lei dà molta importanza ai valori di lealtà e di fedeltà. Ma questi sono anche i valori omertosi della mafia. In che modo i suoi concetti di lealtà e fedeltà si differenziano da un legame mafioso?». All'interno delle tre domande che vertevano su questo argomento davo naturalmente per scontato che per Berlusconi i valori di lealtà e di fedeltà fossero interpretati in modo molto diverso da quello dell'omertà mafiosa. Ma questo a Bonaiuti non bastava. «Non potresti togliere quelle tre domande? Eppoi ce ne sono anche un altro paio...». «No». «Fammici riflettere. Ne parlerò col Presidente. Ti richiamo io». Non richiamò. Quell'intervista non si fece. Mandai a Berlusconi un biglietto: «Egregio Cavaliere, io l'ho sempre criticata ma non le ho mai negato il coraggio. Vederla fuggire, come una lepre impaurita davanti a tre domandine scritte non mi pare degno di lei. Massimo Fini». Il biglietto glielo avevo mandato *brevi manu* spedendo ad Arcore un fattorino dell'«Indipendente». Dopo nemmeno tre ore suonano alla mia porta. È un gigantesco valet gallonato che mi consegna una lettera. È di Berlusconi che mi copre di insulti di ogni genere. Ma, come scrive Nietzsche, «anche la lettera più villana lo è meno del silenzio». Anche questo, a suo modo, era un segno di attenzione. Che poteva importargli di una zanzara, sia pur molesta, quale ero io ai suoi occhi?

Considero Silvio Berlusconi deleterio nella storia del nostro Paese, perché, col supporto dei suoi 'servi liberi', ha contribuito a togliere agli italiani quel poco di senso della legalità, e oserei dire anche della dignità, che gli era restato. Quanto a me, me lo sono trovato fra i piedi in ogni campo. Del resto per vent'anni è stato onnipresente. Comprando Gigi Lentini per una cifra, completamente fuori mercato, distrusse la mia squadra del cuore, il Torino, che quell'anno era arrivata terza in Campionato e lo stesso giocatore. È tipico del despota compiere atti di protervia che alla fine non giovano a nessuno, nemmeno a lui. «Il Re fa rullare i tamburi / il Re fa rullare i tamburi / Vuol scegliere fra le dame un nuovo e fresco amore ed è la prima che ha veduto che gli ha rapito il cuore /

Marchese la conosci tu, marchese la conosci tu / chi è quella graziosa / E il marchese disse al Re: Maestà è la mia sposa / Tu sei più felice di me / tu sei più felice di me d'aver dama sì bella / se tu vorrai cederla a me sarà la favorita / Signore se non foste il Re / Signore se non foste il Re vi intimerei prudenza / ma siete il Sire e siete il Re vi devo l'obbedienza / Marchese vedrai passerà, marchese vedrai passerà d'amor la sofferenza / io ti farò nelle mie armate Maresciallo di Francia / Addio per sempre mia gioia, addio per sempre mia bella addio mio dolce amore devi lasciarmi per il Re e io ti lascio il cuore / La Regina ha raccolto dei fiori / La Regina ha raccolto dei fiori celando la sua offesa / E il profumo di quei fiori ha ucciso la marchesa» (De Andrè).

A seguito del mio divorzio mio figlio è andato ad abitare, dai suoi sette ai diciotto anni, a Milano Tre, il posto dove meno avrei voluto che crescesse. Fra quel ceto medio borghese e piccolo borghese che si specchia nella propria nullità e non offre nessuno stimolo. Oltretutto io gli avevo proibito il motorino, che tutti gli altri ragazzini avevano, cosa che accettò senza protestare, disciplinatamente, come sempre, e quindi era praticamente prigioniero. Solo tornando a Milano si è un po' ritrovato.

Berlusconi ha bloccato la mia carriera. Non perché un suo sgherro e un Don Abbondio mi hanno impedito di fare un programma televisivo, avevo già sessant'anni, era comunque troppo tardi. Ma per altre ragioni. Feltri (quattro volte), Belpietro (due), Giordano (una) e Sallusti un paio l'ultima due anni fa con un ingaggio al limite della corruttela, mi hanno in questi anni proposto di andare al «Giornale» o a «Libero». Ho dovuto sempre declinare questi inviti che pur mi hanno fatto piacere e lusingato. In questo seguo, nel mio piccolo, Montanelli: se si vuole essere dei giornalisti, e non degli agitprop, non si può lavorare in un giornale il cui proprietario è un uomo politico. E tantomeno lo si può fare se il suo mondo – banditismo a parte – è totalmente antitetico al tuo. Berlusconi ha la mitologia del vincente, io sono sempre stato dalla parte dei perdenti. E poiché la sinistra mi ha sempre detestato mi sono trovato a non avere un mercato e a dovermi rifugiare in qualche interstizio.

Non ho alcun astio nei confronti di Silvio Berlusconi. Lo vedo per quel che è oggi: un povero vecchio che dopo aver avuto tutto sta via via perdendo tutto, a cominciare dalle sue formidabili energie. Il Tempo, inesorabile, non perdona nessuno. Nella conclusione di quella lunga intervista del 1989 mi disse e credo fosse sincero: «Nonostante qualche apparenza nulla mi è stato facile nella vita. Per arrivare da figlio di impiegato di banca ho dovuto sempre lavorare, lavorare e ancora lavorare. Mia madre mi dice a volte: 'È una grossa condanna la tua, niente ti riesce facile', e io rispondo: 'Mamma, sangue, sudore e lacrime. È l'unica ricetta che conosco. E continuo a praticarla. Finché reggo reggo'». È arrivato il momento, drammatico, quali che siano le sue responsabilità, in cui non regge più. Ecco tutto.

La vecchiaia assopisce tutte le passioni. Il furore innanzitutto. Ma anche l'odio e il disprezzo se uno li ha coltivati. Hai incrociato la lama con i tuoi coetanei, ma alla fine ti rendi conto che la tua è solo una storia generazionale e che, anello di congiunzione fra altre generazioni, protagonisti o comprimari, avete condiviso lo stesso tempo anche se lo avete vissuto in modo diverso. E le antiche divisioni, che sembravano irriducibili, non hanno più alcuna importanza.

At the end of the river

Per tutta la vita mi sono sentito un uomo solo. Ma se mi volgo indietro non è così. Sono stato sposato, ho un figlio, ho avuto relazioni sentimentali importanti, donne quanto basta per disgustarsene, amicizie intense. Né posso essere così ingeneroso con me stesso da dire che nella mia esistenza non ho combinato nulla. Benché isolato quasi fin dall'inizio perché per temperamento – è una cosa che sta nel mio carattere e di cui non vanto nessun merito – non mi sono mai imbandato, in partiti, lobbies, conventicole, camarille di sorta, sono comunque riuscito a diventare un giornalista discretamente quotato, ho scritto libri, alcuni dei quali, ne sono convinto, rimarranno nel tempo, almeno per un po'. Ho fatto l'attore, sia pur improvvisato, e ho scritto testi di teatro, ma soprattutto il mio mestiere mi ha permesso di appagare la mia inesausta curiosità nei confronti degli esseri umani e di entrare in situazioni limite in genere precluse alla maggioranza. Una vita ricca, all'apparenza. Avevo un eccesso di energie e per molta parte della mia vita ne ho speso, malamente, la metà per autodistruggermi. Uno dei pochi, pochissimi, vantaggi della vecchiaia è che le energie vengono meno e sei costretto ad economizzarle.

Ma ora che sono giunto 'At the end of the river' e la No-

zorre con Pamela Villoresi, l'attrice. Pamela mi aveva parlato di questo locale, Peter, dove si incrociano i grandi velisti, solitari e non, perché le Azzorre sono proprio a metà fra le due coste dell'Atlantico. È un posto fascinoso, pieno di fumo, dove si possono vedere personaggi, soprattutto scandinavi, che sembrano usciti da un romanzo di Jack London. Le pareti di legno sono tappezzate di biglietti. Sono i messaggi che i navigatori lasciano per qualche amico che passerà di lì magari tre mesi dopo.

Oltretutto Amsterdam non ha monumenti, la 'Venezia del Nord' è affascinante nel suo insieme. La percorremmo dal porto (io adoro i porti e gli angiporti, in questo senso la mia città ideale è Rotterdam che ne ha uno di quattordici chilometri) allo stadio. Imposi a Matteo solo una breve sosta al Museo Van Gogh. Benché la mia fidanzata, presa dall'arte concettuale, dalle pecore tagliate a metà, dagli orsi dalla cui pelliccia fuoriesce un cazzo istoriato (ma con lei vidi, a Berlino, anche artisti notevoli, come Beuys e Vanessa Beecroft e in fondo anche Andy Warhol è 'concettuale') sostenesse che Van Gogh è sopravalutato, io trovo nella struggente malinconia dei suoi dipinti qualcosa che 'mi suona dentro'. Il colpevole è Duchamp da quando mise su un piedistallo una bicicletta e dichiarò «questa è un'opera d'arte per la sola intenzione dell'artista». Un'intuizione geniale, ma che non voleva però dire che su quel piedistallo ci si dovesse mettere un flipper o un mongoloide come abbiamo visto tante volte alla Mostra di Venezia.

Già durante la strada, ad Amsterdam, avevamo visto i tifosi dell'Ajax, i visi dipinti con i colori tradizionali della squadra, rosso e bianco. Allo stadio ci trovammo in mezzo a loro, ma non avemmo nessun problema. In Olanda – e parlo di esperienze più recenti – lo spettacolo dello stadio ha ancora il sapore della 'kermesse', com'era da noi negli anni Cinquanta e nei primi Sessanta.

Sulla via del ritorno, all'aeroporto di Amsterdam, ero insolitamente allegro nonostante avessimo fatto 0-0 un risultato che dava la Coppa all'Ajax (una partita tremendamente sfor-

bile Signora ha già alzato la sua falce, l'occhio, spietato, che da sempre mi guarda vivere mi pone col suo linguaggio muto l'eterna e inesaudita domanda: che senso ha avuto la tua vita? Nessuno, rispondo. Ho troppo presente ciò che scrive Nietzsche, non in una delle sue opere ma in un appunto a margine di *La filosofia nell'epoca tragica dei Greci*, come fosse una bagatella ma che contiene invece una cruda verità, ammesso che mai ne esista una: «In un angolo remoto dell'universo scintillante e diffuso attraverso infiniti sistemi solari c'era una volta un astro su cui animali intelligenti scopersero la conoscenza. Fu il momento più tracotante e menzognero della storia del mondo: ma tutto ciò durò solo un minuto. Dopo pochi respiri della natura, la stella si irrigidì e gli animali intelligenti dovettero morire. Qualcuno potrebbe inventare una favola di questo genere, ma non riuscirebbe tuttavia a illustrare sufficentemente quanto misero, spettrale, fugace, privo di scopo e arbitrario sia il comportamento dell'intelletto umano entro la natura. Vi furono eternità in cui esso non esisteva. Quando per lui tutto sarà nuovamente finito, non sarà avvenuto nulla di notevole».

Indice dei nomi

Stampato da
Grafica Veneta S.p.A., Trebaseleghe (PD)
per conto di Marsilio Editori® in Venezia

EDIZIONE

10 9 8 7 6 5 4 3 2 1

ANNO

2015 2016 2017 2018 2019